Grundlagen der Musikgeschichte

音楽史の基礎概念

カール・ダールハウス

角倉一朗・訳

白水社

音楽史の基礎概念

序文

「音楽史の基礎」というい かにも僭越な表題[1]は窮余の一策である。いっそう的確でこれほど大袈裟でない表現がどうしても見つからなかったので、それを償うために、あるいは少なくとも容赦していただくために、著者としては読者が読みはじめる前に警告として次のことをはっきり申し述べる以外にない。すなわち、著者が以下の歴史理論的反省を行なうにいたったのは、自分自身の周縁的な学問領域（＝音楽史学）における理論の欠如と、一般史学、社会学および（科学哲学に引きさがる）哲学における、まさに過剰ともいうべき理論生産との著しい不均衡に触発されたからであって、これはけっして音楽史の基本的事実への手引き書ではないし、ベルンハイム流の歴史学方法論の教科書[2]でもなければ、ヘーゲルとマルクスを継承する歴史哲学やイデオロギー批判[3]でもないということである。かりに手本を探すとすれば、ヨーハン・グスタフ・ドロイゼンのけっして凌駕されることのない『史学概論』（一八五七年）[4]が最も近いということになろう。

しかし、イデオロギー批判との境界を定めることは難しい。イデオロギー批判の領域においては――あるいはそれが自分のものだと主張する領域においては――ある主題の選択そのものからして、互いに争いあう立場のうちどれを採るかという決断と常に結びついていると思われるからである。たとえば、われわれが議論するのは歴史の社会学ではなくその論理なのだと一見無邪気に主張し、したがって外的関連を追及する知識社会学(5)と内的関係を調べる歴史理論との差異に固執するとしよう。しかし、隠された党派性は露《あらわ》な党派性の唯一の逃げ道にすぎないと考えるマルクス主義者の目からみれば、これも形式的な議論を盾にとるうさんくさい保守的態度と思えるであろう。この不信感を和らげることは不可能であって、ひたすら耐え忍ぶほかはない。せいぜい、学問の現場においては方法論上の格率《マクシム》と政治的含意とのあいだに、理論が主張するほど明確な関連をいまだ発見するにいたっていない、と反論するしかないであろう。構造史は出来事よりも本来的《アプリオリ》に「進歩的」だとする観念は、ヤーコプ・ブルクハルトやヴィルヘルム・ハインリヒ・リールの仕事を考えれば馬鹿げたものであろう。(6)また、ロシア・フォルマリズム(7)やチェコ構造主義(8)の「反動的」性格という〔マルクシズムの〕命題も、歴史の歪曲であることが明らかになった。そして不信の的とされた「理　解《フエアシユテーエン》」という方法(9)は、たんに好古的な態度、つまり現世逃避的な過去への沈潜と結びつくだけではない。それは、過去をよく知れば知るほど過去をますます謎に満ちた異質なものとして認識するという距離をおいた態度、つまり逆説的にいえば、近づけば近づくほど距離を意識する態度、とも一致しうるのである。

数十年このかた、歴史的思考の危機が語られてきた。それは当初——エルンスト・トレルチ（『歴史主義とその諸問題』(10)一九二二年）からアルフレート・ホイス（『歴史の喪失か』(11)一九五九年）まで——歴史学内部からの脅威としてではなく、つまり歴史学が出発点とした前提、自らに課した目標、そこに到達するために歩んだ道程に対する疑問としてではなく、歴史学が人びとの意識のなかで果たしていた機能の解体として感じられ、嘆かれたのだった。しかし近年になると、歴史学が巻き込まれた原理上の困難さは、人びとが最初——もっていれば安心感をあたえてくれた「メチエ」と個人の問題であった「世界観」との違いを信頼して——信じたほど、あるいは信じようとしたほど、日常の研究と無関係ではありえないということがますます明らかになってきた。その例証として個人的な脱線を許していただけるなら、音楽史学に関する以下の諸章は「俗事を超越した」哲学者ではなく、音楽史学に直接かかわる人間の反省である。それは抽象的な理論上の功名心から生まれたのではなく、十九世紀の音楽史を書こうとして著者がさまざまな困難に陥ったからこそ生まれたのであった。(12)

音楽史の基礎概念　目次

第一章
歴史の喪失か

数十年このかた、歴史家は歴史に対する関心の喪失に脅かされ、ときには、社会制度化された自分たちの存在さえ危ういと感じてきた。学問的に捉えられた記憶である歴史はもはや、われわれが自分自身とわれわれの生きる世界を理解しようとするとき、指針にしたり支えを期待すべき最高の権威《インスタンツ》ではないようにみえる。物事の本質を把握するためにはその由来を知らねばならぬという格率《マクシム》は、十九世紀と二十世紀初期に信じられていたような自明性を大幅に失ってしまった。

音楽史の特性

音楽史はしかし政治史とは原理的に別の前提に基づいているから、あるいはそのように見えるから、政治史（これこそ論争の主たる対象である）の効用と欠陥をめぐる支配的な見解や偏見に直接巻き込まれてはいない。もちろん音楽史といえども、歴史学は社会学の後塵を拝すると考える「時代精神《ツアイトガイスト》」から逃れることはできないのであるが。音楽史記述の役割はいつも曖昧であった。音楽史的な記述はしばしば過去の説明として読まれるのではなく、音楽作品の歴史的注釈として――辛辣にいえばコンサートやオペラの解説として――利用される。しかしこれをまったくの誤用として片づけるのではなく、音楽史記述の特性を物語る証《あかし》と捉えることもできる。音楽史の――すべてではないにせよ――主たる対象は、現代の音楽文化に生きつづける重要な音楽作品である。したがって作品の美的現在性が――選択基準として、また認識目標を決定する要因として――歴史的過去の記述に介入してくる。その限りにおいて作品の成立史や作用史[1]の説明は、一方でその作品が生まれたときの前提条件を解明し、他方では現在の聴き手とその作品との関係がもつ意味を明らかにする、という機能を果たすのである。（ある作品の作用史は、現在におけるその作品受容の前史にほかならない。）作品にせよその作品に対するわれわれの関係にせよ、ある物事の基盤をなす歴史的条件を知ったとき、われわれは物事をいっそう正確に理解することができる。

「かつて存在したものがわれわれの関心を引くのは、それがかつて存在したからではなく、それがまだ作用し、ある意味で今なお存在しているからである」とヨーハン・グスタフ・ドロイゼンはその『史学概論』で述べている。[2]だとすると歴史記述の正しいあり方は、記述の対象がどのように「ある意味で今なお存在している」のか、つまり現在の行動規範と制度のなかでたんに前史として存在するのか、コンサート・ホールの作品として生きているのか、それとも博物館の遺物としてあるのか、によって左右される。音楽史学がさまざまな作品の歴史的脈絡を説明しようとするとき、その対象に暴力を振るうべきでないとするなら、その作品の一部が美的現在性をもっているという事実をけっして無視するわけにはいかない。過去の音楽が、過去の政治と同じように、現在の出来事や状況のなかにただ間接的に前史としてのみ残っている、と考えるのは悪しき抽象であり、恐ろしく馬鹿げたことであろう。昔の音楽作品はたんなる記録としてではなく、むしろ作品として現在に属している。そしてこのことは音楽史学の役割が、現在の渾沌とした出来事や状況のなかで過去を思い起こすことが決定的な指針としての価値をもつか否か、それをめぐって揺れ動く見解だけによって決まるのではない、ということをまさに意味するのだ。音楽史記述を正当化する尺度と政治史の記述を正当化する尺度は別物である。音楽史が政治史と異なるのは、過去の重要な遺産である音楽作品がまず第一に美的対象としてあたえられていて現在の一部をなし、ようやく第二義的に過去の出来事や状況を解明するための史料となる、という点にある。厳格に政治史を手本とした音楽史――たとえば『第九交響曲』のスコアをドキュメントとして扱い、他の証拠と並べてその初演やのちの演奏をめぐる出来事の再構築にのみ利用するような記述――はまぎれもない茶番であろう。「出来事」がどうでもよいというのではない。しかし重点はあくまで作品の理解におかれ、――政治史の遺物と違って――作品こそが歴史研究のたんなる出発点ではなく目標を形成する。出来事ではなく作品の概念こそが音楽史学の中心的カテゴリーであって、音楽史学の対象は、アリストテレス流にいえば、プラクシスすなわち社会的行為によってではなく、ポイエーシスすなわち形象の制作によって成立するのである。

音楽作品の美的現在性から出発したとしても、――ニュー・クリティシズム[3]が非難されたように――けっして作品との歴史的距離を忘れたり隠したりする必要はない。むしろ、伝承されたテクストは――言語のテクストであれ音楽のテクストであれ――最初の素朴な接近によっては部分的に理解できないところが残り、それゆえ歴史的前提や含意を追及する解釈によって解明されねばならない。これがシュライアーマッハー以来、歴史的解釈学の基本的格率である。[4]歴史的解釈学は自分と疎遠なもの、時間的・民族的・社会的に遠く隔たったものを理解して自分のものとする。つまり、疎遠なものと自分との内的・外的隔たりを否定するのではなく、――歴史的把握によって物事を遠ざける代わりに――その距離を現在の脈絡における解釈の部分契機へと変貌させる。換言すれば、他者性の意識が、歴史的洞察を背後にもつ美的現在性のなかで解消されるのではなく、そのなかに含まれているのである。もちろん、歴史的解釈の結果が余すところなく美的観照へと溶け込むことはありえない。しかし〔歴史的解釈と美的観照とを〕部分的に調停することはまったく可能であって、いずれにせよ、〔体験の〕「直接性」を求める美学、歴史学が行なう回り道を脱線だと感じる美学の支持者たちが考えるほど、それは難しいことではない。〔彼らは忘れているが、彼らが固執する美的〔体験の〕直接性は二次的な直接性かもしれないし、複雑な作品や歴史的に遠く隔たった作品の場合には二次的であらざるをえないのである）。『マタイ受難曲』の作曲〔一七二七年〕とわれわれとのあいだに二世紀半の距離があるという感覚は、けっして美的観照を妨げるものではなく、むしろ美的観照の一部をなしている。（しかしながら、美的洞察へと移行する歴史的洞察を、古楽の受容にしばしば侵入しそれを潤色する時代的遠さの漠然たる感情と混同したり同一視したりしてはならない。過去を夢見る感覚は歴史的関心の前提でありうるが、それはまた、知的理解による精密化を余計で邪魔なものと見なすことによって、むしろ障害ともなりうるのである。）

音楽史記述の諸問題

以上で簡単に述べたとおり、音楽史と政治史のあいだには、つまり、まずもって美的現在としてあたえられた対象の歴史的解釈と、前史としてのみ生き残っている過去の再構築とのあいだには、基本的な違いがある。しかしそうはいっても、音楽学においても歴史への不快感、音楽学をとりわけ音楽史学だとする伝統に対する不信感と苛立ちが感じられるようになったことは否定できない。したがって、このように気分が変化した理由とその変化を支える論拠を検討することは無駄ではないであろう。音楽史学の基本的特徴を素描する本書の試みは、その試みに抵抗する難問を自らの主題とせざるをえないのである。

（1）**作品の概念**　一方では最も新しい音楽の経験から、他方ではイデオロギー批判へ向かう傾向の拡大から、「作品」の概念こそ音楽の――したがってまた音楽史記述の――中心的カテゴリーだという前提が、ますます疑問視されるようになった。一方では、聴き手が受動的に作品を追って理解するよりもむしろ自ら創造に参加する「開かれた形式」が現われ、また他方では物象化《フェアディングリッヒユング》現象と疎外化《フェアフレームドゥング》現象に対する疑惑も拡大した。そしてこの両者が結びついて、音楽においては伝承可能な「不動の文字」よりも音楽的プロセス、つまり作曲家の構想、それを現実化する演奏、そして一定の形式を感じとる聴き手、この三者の関係において成立する「出来事《イヴェント》」のほうが重要だという信念が生まれた。つまりこれは相互に作用しあう関係で、演奏家と聴き手を作曲家の独裁に従属させるべきではない、というのである。（作品の「権威」を語ることは「虚偽意識」の証拠とみなされる。）

作品概念の解体がもし無限定に行なわれたら（目下のところその心配はないが）、音楽史記述にとってどんな結果をもたらすか、その影響範囲はほとんど予想もつかないほどである。しかし、作品に対する音楽的プロセスの優位性という命題には、音楽史学の格率《マクシム》としていくつかの欠陥があり、それを指摘することはさほど難しくない。第一に客体化、つまり作曲家の意図をひとつの作品ないしテクストのなかで現実化することを疎外化と安易に同一視することは、哲学的に致命的な誤りである。実は、対象化と物象化のあいだのわずかな、しかし決定的な差異を明らかにすることこそまさに重要なのだ。第二に、歴史家が過去の音楽的出来事――テクストと演奏と受容との複雑な絡み合い――の再構築に成功したとしても、その結果がどうして貧弱で色褪せたものに終わらず、作品分析の成果とどうして太刀打ちできるものとなりうるのか、それはほとんど想像することもできない。そして第三に、「開かれた形式」は「閉じられた形式」と同様、音楽史全体を包括し支配するような原理にまで普遍化されえない、と反論できるであろう。音楽が常に狭い意味での「作品」だったわけではない、ということはたしかに否定できない。しかし、異論の余地なく作品ないしテクストとしての性格をもつ近代ヨーロッパの芸術音楽(5)を軽視するいわれはないし、作品の美的現在性という体験から出発してそのような音楽のなかに音楽史学の中心的対象をみる歴史家を、偏狭な地域主義者だとして非難する理由もまったく存在しない。聴き手が受け入れ「追作曲」する音楽「作品」は音楽の正当な存在形式であって、音楽的「プロセス」の劣等かつ抽象的な様態ではないのである。

(2) 歴史意識 歴史に対する関心の衰えは、十九世紀に思考形式として広まった「歴史意識」の停止を意味しない、あるいは必ずしもそれを意味するとは限らない。むしろ、精神現象と社会現象は「徹頭徹尾歴史的である」[6]という確信は、歴史学を過去に関する「好古的」学問として軽蔑する人びとにおいてさえ、少しも途切れてはいない。歴史学をもたない歴史主義についてさえ語りうるほどで、そのような歴史主義は歴史性という概念において変わりやすさという側面だけを強調する。その反面、伝統的な歴史記述を支えていた前提、すなわち、現にあるものへの洞察はそれがいかにして生じたかという認識から生まれる、という格率は放棄される。歴史性というカテゴリーのなかに(過去は現在の土台であり支えであるという観念のなかに)含まれている肯定的な要素に代わって、批判的な要素が強調される。つまり、物事の実態は、それが自然の産物ではなく歴史的に生じたものほど変化し覆りやすい、と言いたいのである。

過去への眼差しではなく、つまり「存在するもの」をその「歴史的生成」によって規定するのではなく、いつも無常の意識としての歴史意識の名において、ユートピア的未来——エルンスト・ブロッホ流にいえば「現実ユートピア的」未来[7]——を指針とすべきだということになる。伝統的な歴史記述を支えていた格率が、その対立命題から挑戦を受ける。つまり、ある物事が現に何で「ある」かを決定するのは、(その物事が置き去りにした)由来であるよりもむしろ、その物事に潜む可能性の総体だ、という命題である。すなわち、ある物事がいかにして現にある姿になったかではなく、その物事がこれからどうなるかが決定的な意味をもつというのである。

そうなると歴史学は、それを余計なものとして見捨てるのでないかぎり、未来の漠然とした輪郭がすでに現在予示されていると信じ、その未来を追及して、未来の先取り現象を探索することに変貌してしまう。われわれは歴史の集積所を探し回って、未来の構想を支持したり例証するのに適した在庫品を探すことになる。片隅に忘れられていたものが、ユートピア的意識によって取り込まれるやいなや、思いがけずも重大な意味を獲得する。目立たない序奏部や推移部や付録のような終止部が、つまり以前には陰に隠れていた音楽の形式部分が、フェルッチョ・ブゾーニが『新音楽美学の構想』[8]で描いた束縛されない音楽という夢のなかでも、またアーノルト・シェーンベルクが「進歩派ブラームス」[9]という論考のなかで素描した音楽的散文[10]の理論においても、音楽が他律的な規則に従うのでなくそれ自体に、つまり音楽本来の本質へと到達する、未来の状態への先取りという役割を演じる。（近代の革命家は「歴史主義者」だという点で、それ以前の反逆者たちとは違っている。彼らは歴史を「生産可能」だと考え、国家と宗教と文化――ヤーコプ・ブルクハルトの言う三つの力《ポテンツ》[11]――は「徹頭徹尾歴史的である」という前提から出発して、歴史家たちが口にする変化は現実に実行できるという結論を引き出すからである。革命家の「歴史主義」と対極をなすのが保守派の伝統主義である。それはつまり、古い真理をそれが古いがゆえに真理と見なすだけでなく、それが真理であるがゆえにこれまでも常に妥当したのだと信じて、「古い真理」を信奉する考え方である。）

（3）音楽における偉大さ

「歴史意識」の基本カテゴリーとして過去ではなく未来を強調することは――このような力点の移動は歴史学を政治に従属させる態度の表われだと思われる――、昔の歴史家が一致して「歴史の一部」をなすと考えた現象への不信感と深く結びついている。かつては「歴史を作る」とされていた「偉人」への敵意は、偉人の陰に隠れて歴史の重荷を背負わざるをえなかった大衆への共感と裏腹をなしている。

音楽史学の場合、このような視点の変化は次のことを意味する。つまり、無数に生産されたもののなかで特に傑出している「偉大な作品」だけが厳密な意味での「歴史」に属するのでなく、日常的な音楽の現実において大きな比重を占める想像もつかないほど大量の「通俗音楽《トリヴィアールムジーク》」もまた、歴史を書くときに瓦礫として置き去りにされるのではなく、やはり歴史の一部をなすということである。しかし同時に、通俗音楽を「作品」として捉え判断してはならず、それを美学的ないし作曲技法的に分析することは、もう最初からこのジャンルの在り方を見誤ったことになる、とも考えられている。通俗音楽はむしろ社会的事実として、社会的プロセスや社会状況の部分要素として捉えるべきだというのである。換言すれば、近代の芸術観に基づく音楽の作品史とか作曲史は、音楽の形象をその機能という面から説明する社会史によって置き換えられ（調停派によれば「補足され」）なければならないということになる。

偉大なものの前では歴史の他の対象が犠牲を払わねばならないので、音楽上の「偉大さ」も政治上の偉大さと同様にいかがわしいもので、内的矛盾を孕んでいるといわれる。しかしこの説には納得できない。（音楽においてベートーヴェンがいかに大きな権威になったからといって、誰も重荷を背負う必要はなかった。）「偉人」を攻撃目標にする議論は、それを政治史から音楽史へ移したときに歪んでしまう。それに加えて、規範的判断――どうあるべきかという要請――と記述的判断――どうであったかという認識――を混合したり混同したように思わせるのは、方法論的にいって好ましくない。やがて将来は、傑出した作曲家たちを探求するよりもむしろ、文化の名に値する音楽の大衆文化に迫ることが、道徳的にいっそう筋が通っていて、また避けがたいことなのかもしれない。しかしながら近世のヨーロッパ音楽史が、アルフレート・アインシュタインが著書名に用いた「音楽における偉大さ[12]」を旗印にしていたことは、否定すべからざる事実である。

音楽の作品史や技法史を採るか社会史や機能史を採るかという方法論上の決断はしかし、「認識関心」――この関心は歴史家個人の選択に委ねられるが、学問外の動機に影響されることも少なくない――に左右されるだけでなく、少なくとも部分的には対象それ自身、つまり音楽の実態そのもののなかに予示されている。ある音楽の現実に対して作品史が適しているか機能史が適しているか、あるいはまた両者を媒介する方法が適しているか（その場合でも重点の置き方は決めざるをえない）、その度合いは研究対象とする時代、地域、ジャンルによって変化する。原理的にいえば、いかなる研究対象もこれらの方法のどれも避けることができない。（たとえば、美的感受性を無視できるなら流行歌を「作品内在的に」分析して、それがひとつのテクストだと主張したり、また逆に、バッハのカンタータをその典礼的意味に還元して、それがある機能を果たしたと強調することもまったく可能である。）それにもかかわらず、学問上の経験が教えるとおり、研究結果が興味深いもので説得力をもつか、それとも不十分で怪しげなものであるか、それはほとんど常に判断できるし、意見の一致をみることができる。

成功した少数の通俗音楽と、生まれてすぐに「消滅の女神《フリア》」[13]に捕まる無数の曲とを区別するものはそもそも何なのだろうか。この問題は、芸術音楽や教育的な音楽から抽出した作曲技法上の論拠によって処理することが困難である。また逆に、バッハのカンタータをもっぱら機能の点から解釈すると、過去の再構築のみに関心をもつ歴史家でさえ無視できない作用史上の事実を説明できなくなる。それはつまり、バッハの作品は十九世紀に絶対音楽の真髄かつ模範《パラダイム》だと解釈し直されただけでなく、この再解釈を通してはじめて、十八世紀の同時代者たちがまったく意識していなかったような歴史的偉大さへと高められた、という事実である。このように根本的な意味の変化を経てはじめて、バッハの作品はいわば「発見」されたのである。そのとき発見されたものがバッハの音楽に「本来」備わっていたものなのかそうでないのかは、著者のように歴史哲学のドグマの前で尻込みしてしまう歴史家には、なんとも決定し難い問題である。

したがって方法論争を和らげるには、あくまで普遍性を主張して抽象的に攻撃しあったり、相手を尊大な「エリート主義」だとか横柄な「反芸術主義」だとして相手のイデオロギーを非難しあうのではなく、競合する二つの立場をいろいろ混ぜ合わせ、その有効性を歴史の実情に即して確かめればよい。だからといって、原理的な論争を停止すべきだというのではない（差異をぼかすような宥和は誤りであるばかりか無益でもあろう）。しかし論争は、学問現場の実例と経験に基づいてはじめて意味のあるものとなる。たんなる経験的知識が盲目であるように、実例と経験を欠いた理論の構想も空虚だからである。目下のところ、社会史的な音楽史記述の主張者たちは、伝統的な作品史の欠陥を批判できるという不当な優越感をまだ主な糧としていて、自分たち自身の——いまだに乏しい——成果を正当化するにはいたっていない。現場の歴史家に対する綱領派の勝利が長続きすることは稀である。

（4）歴史の連続性　連続性という概念は歴史を物語るという意味での歴史記述にとって基本的なカテゴリーであるが、この概念は歴史哲学的懐疑の対象となってしまった。もちろんこの問題は、物語りうる関連という意味での歴史に常に内在していて、自分の仕事《メチエ》に反省を加えた歴史家たちはいつもこの問題に気づいていた。歴史的事象の連鎖を、それが現実に起こったとおりに細部まで完全に再構築することはけっしてできない。そのことを最も明確に述べたのがドロイゼンであった。彼はランケ(14)に代表される物語的歴史に対して、「あたかもわれわれが歴史事象の完全な経緯、出来事や動機や目的の切れ目ない鎖を見ているかのような」「幻想」を抱かせるといって非難した(15)。隙間のない連続というこの美的虚構は小説からの流用であって、伝承された事実が実際には首尾一貫していないと意識しつつ物語るために使われたものだが、この虚構ですらしかし決定的な要因ではなかった。十九世紀の歴史家たちは——ランケもドロイゼンも——、どんなに頑張って再構築しようとしても必ずや筋の通らない部分が残る「現実《ヴィルクリヒカイト》」と、その光に照らしてはじめて事実の集積が意味と構造を獲得する歴史の「真実《ヴァールハイト》」とを区別した。人間性とか民族精神といった理念のうちに歴史を動かす原理を認めるならば、諸事実はほとんどおのずからグループ化されて歴史的発展というひとつの像を結ぶことになる。そしてその像が首尾一貫性をもちうるのは、個別的事実の相互作用によるよりもむしろ、事実の背後に潜む意味を互いに結びつける「内的きずな」だということになる。過去を歴史として物語るとき——少なくともプルーストやジョイスの影響(16)をまだ受けていない伝統的な形で物語るとき——、過去はしたがって隙間のない事象の連鎖という美的幻想を通して現われるか、あるいはまた——

こちらのほうが決定的なのだが――歴史家が予め採用した理念に基づいて姿を見せることになる。この理念に照らして本質的なものと非本質的なものとが区別され、雑然とした経験的現実がひとつのまとまった姿を見せるからである。(アーサー・C・ダントが歴史家を導く「説明的スケッチ」という言葉を用いるとき[17]、彼は一般に信じられていた歴史の「真実」に代えてひとつの発見的手法のモデルを提示したのであって[18]、そのモデルの有効性は、諸事実が筋の通った範型にどの程度無理なくまとめられるかによって決まるのだという。つまり形而上学がたんなる方法論へと萎縮してしまうのである。)

けれども、その現実化として歴史が理解可能になった理念を放棄すると、歴史の連続性、つまり出来事間の内的まとまりが瓦解して、「歴史に属する」ものとそうでないものを区別する根拠が失われてしまう。もっとも、基本的な原理を絶対的にではなく相対的にのみ妥当するものと考えて、その妥当性の主張が弱まった分だけ経験的事実に頼るとすれば、意見の対立を――調停とまではいかないまでも――少なくとも和らげることはできるように思われる。

(5) 作品史としての音楽史

作品史とは、たとえ作品自体よりも作曲家について多くを語り、その伝記のうちに説明の根拠を求める場合でさえ、音楽作品を基本的な骨格とする歴史である。そしてそのような作品史としての音楽史は自律的芸術という理念に基づいている(政治史における民族精神と同様に、この理念も「説明的スケッチ」の役割を果たす)。音楽史家が新しさとか独創性という理念を指針とする――彼らにとってはそうすることが、反省するまでもないほど自明なことに思える――とき、彼らは音楽の発展を自律的かつ個別的で、反復不可能な、それ自身に根拠をもち、それ自身のために存在する、芸術作品の発生史として記述する。そして作品史の相関概念をなすのが作曲史ないし音楽技法史である。それは「音楽的論理」――たとえば主題・動機労作[19]、発展的変奏[20]、精細化されているのと同時に広い範囲にも及ぶ和声的・調的関連――の歴史であって、この種の音楽史は音楽がその自律性――

つまりそれ自身のために聴かれるという要求——を正当化する手段の記述となる。

公言されることこそ少ないものの絶えず実際に適用されている格率《マクシム》によれば、音楽作品は質的に新しいことによってはじめて「歴史に属する」もの、つまり、変化の連鎖として捉えられた歴史の一部となる。けれども、伝統的な歴史記述を蔑《さげす》む人たちのなかで歴史哲学の素養がある人はこの格率に抗議して、それは十八世紀と十九世紀の美学的前提、つまり作品が真　純《オーセンティック》であるためには独創的でなければならないという信念を、無条件かつ無反省に音楽史全体の原理にまで高めたのだとして非難する。彼らによれば、そのときどきに新しいものをある時代やある世紀の主要な歴史的実体だと主張して、変化の連続からひとつの物語的歴史を構築しようとする歴史記述は中世音楽の現実を歪め、それに誤った眺望をあたえることになる。たしかに彼らも十二世紀や十三世紀の音楽文化で「新しさ」が一定の役割を果たしたことを否定するわけではない（もっともこの時代には、われわれが「音楽」に数えるような現象だけを抜き出してまとめる正当性は存在しないのだから、厳密にいえば、そもそも「音楽文化」として記述することさえ適当ではない）。しかし、この時代に新しさが果たした役割は、十九世紀の歴史哲学から出発した歴史記述におけるほど決定的ではなかった、と彼らは主張する。

歴史を書くとき、対象とする時代の人びとの——もっと正確にいえば彼らのうちで有力な集団の——意識において重要であったものを強調しようとすると、出来事や作品の連鎖という通常の叙述に代わって、入れ替わったり共存したり融合したりする状況を記述せざるをえなくなるだろう。そもそも「新しさ」という原理を基準としてはじめて自立しうる作品史は、文化史によって追放されることになるだろう。文化史においては古いものと新しいものがひとつにまとめられ、その時代にとって特徴的と感じられた意識構造と理念、制度と創造物の特定の配置図が、過去のなかから抜き出され強調されるからである。

作品史と同様な抗議を受けたのが、それと深く結びついている作曲史や技法史であって、これは過去の事実を選択し結合するための原理を手に入れるのに「音楽的論理」、すなわち自覚的な芸術音楽が主張する自律性――音楽外的目的からの解放――を美学的に正当化するさまざまな音楽的手段を指針とするものである。十八世紀と十九世紀の音楽においては、形式構成にかかわる和声的調性[21]と主題・動機労作の成立と分化のプロセスが中心的な歴史事象として登場し、これを強調することはその時代の作品美学に根ざしていた。このことはほとんど議論の余地がないであろう。しかしながら、それ以前の時代を対象とする場合、構造や手法の発展を歴史家がどの程度まで中心課題とすべきなのか、それはあまりはっきりしていない。たとえば十五世紀の前提から出発する歴史記述は、多声ミサ曲が典礼の脈絡から突出して芸術作品としての多部分統一体となることを可能とした手法[22]を強調するよりも、音楽外的機能と音楽的手法のあいだのある特定の関連がいかにしてミサ曲というジャンルの規範として形成され定着したのか、そちらのほうをむしろ重視すべきなのかもしれない（もちろん祝典的な目的をもつ若干の作品は例外である。そうした作品では、グラレアーヌスがジョスカンについて非難したような「天分の誇示《オステンタツイオ・インゲニイ》」[23]が、むしろ要求されたからである）。

しかしながら、歴史事象を選択し結合するとき、歴史家は自分が対象とする時代の思考形式やものの見方の習慣にどの程度まで自分を合わせるべきなのか、それは依然としてはっきりしない。極端な場合、歴史意識を欠いた時代――伝統が途切れることなくつづいていて、現在は繰り返された過去にほかならないような時代――は歴史記述から排除すべきだというような、怪しげな結論に導かれざるをえなくなるだろう。この結論を支えているのはヘーゲルの主張、つまり、「起こった事象」（res gestae）は「起こった事象の歴史的記述」（hitoria rerum gestarum）のうちではじめて厳密な意味での「歴史」にまで高められる、という議論である。[24]（だとすると、記録ではなく遺物のみを拠りどころとする考古学に基づく歴史は、前史にすぎないことになってしまう。）

様式史の問題

これまで略述したのは歴史記述全体を脅かすかに見える一般的な難題であるが、それに加えて、明らかに音楽史学特有の難しさが存在する。めざましい論争にはいたらなかったものの、ここ何十年かのあいだに様式の概念と、その概念を中心的カテゴリーとする歴史記述の方法が色褪せ空洞化して、今世紀初頭に様式という語をめぐって蓄えられたさまざまな見解はほとんど抜け殻を残すのみとなった。しかし歴史的意識というものは、その意識自体も、またその意識を客観化する方法も、ともに歴史的なものだという意識を含んでいるのだから、一方で様式史記述が崩壊した理由を究明し、他方ではグィード・アードラーとフーゴー・リーマンが解決しようと試みた諸問題を再考することも無駄ではなかろう。それらの問題は、時代ごとに移り変わる答えほど急速に古びるものではないと思えるからである。

様式概念を定義する場合の決定的な難しさは明らかに、様式的特徴の関連は内部から理解すべきだという要請と、ある様式を規定するためにはそれを他の様式から区別し、他と異なる特徴を本質的な特徴と見なすという方法とを、無理なく調停しなければならない点にある。しかし、様式概念のさまざまな錯綜した定義に踏み込まなくても――つまり根本的な諸問題に深入りしなくても――様式史記述という構想を崩壊へと導いた理由を、少なくとも概略的には知ることができる。それゆえ私がこれから述べるのは様式概念そのものではなく、この概念と結びついていた歴史記述上の観念である。

(1) 有機体モデル　グィード・アードラーが一九一一年に音楽学における様式概念の理論を提唱したとき[25]、彼はエーリヒ・ロータッカーがのちに有機体モデルと呼んだモデル[26]から出発した。このアプローチはたしかに怪しげなものだが、様式批判による音楽事象の規定を前提として歴史を記述しようとすれば、それはほとんど避けがたいものだったように思われる。（一九六五年になってもまだ、エドワード・A・リップマンはMGGの「様式」という項目において、先ず最初「ひとつの様式の歴史と有機体の一生のあいだにある驚くべきアナロジー」ついて語り、そのあとでしかし実質的な相違を強調し、形式上の類似を前提とするのではなく、それをむしろ研究の対象とすべきだと求めている。[27]）アードラーによれば、「ある時代、楽派、作曲家、作品の様式は、そこに現われ出る芸術意志《クンストヴォレン》のたんに偶然の表現ではなく、生成の法則、つまり有機的発展の成長と衰退の法則に基づいている」[28]（『音楽における様式』第二版、一九二九年、一三ページ）。比喩としては許されるだろうが歴史哲学の定理としては疑わしいこのアナロジーが、アードラーによって音楽史を支配する「法則」にまで高められる。しかし方法論的機能という点からみるならば、この素朴な形而上学はけっして偶然の欠陥などといえるものではなく、それを訂正しようとすれば様式史記述の構想そのものを大幅に変えることになってしまう。だからこのアナロジーはアードラーの議論にとってむしろ必須のものなのである。なぜなら、個々の作品であれ、ある作曲家の全作品、あるいはひとつの時代全体のものであれ、その様式を規定するためには、内部的にまとまりをもち互いに排除しあうような複数の集合体を想定して、それらを「外側から」——まさに有機体モデルによって——関係づけなければならないからである。それによってはじめて、各集合体が発展段階として認識されるのである。複数の集合体が共存している場合には、様式批判によってさらに包括的な上位の単位を捉え、それによって複数の集合体をひとまとめに括ることもできる。しかし、その結果生じた様式概念のピラミッドを、ひとつの発展過程という姿に変形することはなかなか難しいであろう。作品の内部における複数様式の共存をアードラーが「疑似的歴史記述の残骸《デイセクタ・メンブラ》」と呼んだとき（一三九ページ）、彼はまさに自分の構想の弱点を指摘したことになる。しかし、自分が細部において鋭く指摘した問題点が、大きさの単位こそ違え時代様式の場合にも本質においては変わることなく繰り返されることに、彼は気づかなかったのである。

（2）古典期の優位性

様式批判に基づく歴史記述の条件という意味での有機体モデルが、アードラーの場合、古典的様式の優位性という美的先入観と結びつくのも偶然ではない。

ある様式傾向の発生、開花、衰退の過程においては、中央に位置する時代が主要な比較基準になる。様式の判断基準はこの中央グループを基点として設定される。たとえば単旋聖歌の成長過程においては十世紀と十一世紀の様式が、ア・カペッラの多声音楽においてはそれが完全に成熟した十五、六世紀の様式がこれに当たる。それと同時に、初期段階と末期段階の歴史的意義と重要性も認識されるし、また認識されなければならない。たとえば中央グループの全音階的聖歌に対して中間音を備えた初期の聖歌やリズムの均一性に傾く終末期の聖歌、また最盛期の厳格に声楽的なポリフォニーに対して付加的ないし補助的に楽器を加えた初期段階や、楽器による充塡声部が付いた後期のように、細かい点では決定的な様式基準と異なっていても。（『音楽史の方法』[29]一九一九年、二〇―二一ページ）

歴史家アードラーの語る言葉からは、美学者アードラーの信奉する古典主義の声が聞こえる。その一方、この形而上学的で歴史哲学的な図式を方法論的な図式に言い換えて、この歴史の設計図を「救い出し」たくなるかもしれない。しかしアードラーは、対等な声部をもつ対位法[30]がポリフォニー様式の古典的頂点を示し、それに対して機能のうえで区別のある（したがって旋律の性質が異なる）諸声部からなる構造は古くさい初期段階やマニエリズム的な衰退段階と見なすべきだと考えているので、この美学的前提が根拠のないものだということになると、彼の歴史的構想は、たとえそれを形而上学としてでなく方法論と解釈しても、その意味と有効性を失ってしまう。その場合に語りうるのは発展の段階ではなく、せいぜい様式理想の交代のみであろう。そして様式は有機的発展の法則に従って古めかしい初期段階から古典的段階をへてマニエリズム的段階へ進むという観念にみられるようなアードラー流の問題解決を、それは比喩を歴史法則へと実体化したという理由で放棄するやいなや、様式の交代――たとえば機能のうえで区別された諸声部から対等な声部をもつポリフォニーへの、さらにその逆への移行――をもたらした動因が、未解決のまま残されるのである。

（3）古典概念の変質　バロックという語は、遅くとも一九二〇年代の音楽史記述において、様式衰退期の名称という恥辱から解放された。[31]それと同時に古典という概念が中性化されて、規範的なカテゴリーから時代様式のレッテルに変わる傾向が現われた。傾向といったのは、意味の転換が完全に起こったわけではないからである。（たとえばプレイエル[32]やコジェルフ[33]のような作曲家に古典概念を適用することには、いまだにためらいを感じざるをえない。学問の世界でも日常語――その慣行がその学問の精神傾向を反映する――としてはプレイエルを古典派の作曲家に数えるが、彼を古典的作曲家と呼ぶことはありえないだろう。）

さまざまな様式カテゴリーに含まれていた規範的な意味合いが溶解すると、様式史の有機体モデルも影響を受けないわけにはいかない。なぜなら、様式批判においてはアードラーの言う「中央に位置する時代」が「主要な比較基準」をなすかぎり、様式批判はまぎれもなく古典的なもの、つまり完成されたものとか模範的なものという観念を指針としているからである。だから「古典」の概念が記述的カテゴリーに格下げされると、中央の段階が様式的にいつも傑出していると考える有機体モデルも影響を受けたのである。（まったく不思議なことに、老人を尊敬した時代でも、様式の後期段階をその頂点として称賛することはなかった。）

生物学的比喩ないしアナロジーと様式発展の頂点という規範的な古典理念との関連が緩むと、ある音楽様式ないし特徴の集合体を、一方では「その内部から」統一体として理解し、他方では隣接する様式からそれを明確に区別しようとする試みは、無意識のうちに、またほとんど必然的に、陳腐な世界観に頼る対立概念――「古典派」と「ロマン派」の議論を思い出してほしい――を形成しがちになる。そして対立概念による議論の誘惑に屈すると、移行つまり様式の変化を描き出すことはほとんど解決不可能な問題になってしまう。様式の変化は唐突に起こるのではなく、絶えず進行しつづけるものだからである。「質的飛躍」が連続性にいわば「刻み目を付ける」のは事実だが、それは連続性を突き崩すのではなくむしろ前提としている。様式史家が発展の恒常性を否定するというわけではない。しかしながら、「バロック」「古典派」「ロマン派」といったものを特徴の集合体として捉え、その内的なまとまりがある時代内部の歴史的変化を通じて同一でありつづけるひとつの中心的な理念もしくは複数の理念の集合に基づくと考えるかぎり、つまり、歴史家が方法の圧力に屈して古典派の末期と初期のあいだに近親性を発見し、それは古典派末期とロマン派初期の近親性よりも大きいと考えるかぎり、発展の恒常性を記述することはほとんど不可能になる。時代という塊を並列するだけでは歴史記述といえない。そして様式史家は不幸な二者択一の前に立たされているように見える。つまり、規範という意味合いの重荷を背負った有機体モデルの怪しげな形而上学を採るか、あるいは互いに孤立した時代様式の記述を採るか、つまり歴史記述の放棄に等しい類いの歴史記述を採るか、という選択である。

(4) 様式史の方法は今世紀の初頭、事実の瓦礫を集積するという古くさい方法に反対して、また、作曲家の伝記に頼って音楽作品を説明するという、落ちぶれた表出美学に支配された原理に反対して確立された(結局はカリカチュアに終わったのだが、因果律を見習うことによって、様式史には自然科学のような科学性に到達することが期待されたのである)。実証主義とは対照的に、様式史は芸術諸学にたえず問われてきた問題を解決しようとした。それは真の意味での芸術史、つまり作品分析の集合にとどまらないと同時に、伝記的ないし社会的条件のみでなく芸術そのものを対象とする歴史、要するに、歴史記述の原理が「芸術としての芸術」に基づいているような歴史をどのようにして書くか、という問題である。ここでいう様式、つまり十八世紀の芸術理論がいうような交換可能な文体ではなく「内部から」生み出された特色は、自分の美的良心と歴史的良心を和解させようと努めた芸術学者たちによって、一方では作品の芸術性をなすものの真髄として、また他方では歴史とともに変化する実体として理解されたのである。

様式論は音楽の歴史性と芸術性をひとつにして捉えようとした。しかし、どちらにも無理強いすることなく美学と歴史学を仲介しようというこの目標は、様式史がそれに到達しようとして歩んだ道のりの途中で、いつのまにか見失われてしまった。つまり、個々の作品様式の研究から（個々の作品についての記述はその芸術性について語ることだといえる）、また個人様式の研究から（技巧的なものと詩的・表出的なものを同一視する独創性美学を前提とすれば、個人様式もやはり作品の芸術性に収斂する）、時代様式や国民様式へ進むにつれて、つまり本来の歴史に近づくにつれて、音楽形象は「隔離された独自の世界」（ルートヴィヒ・ティーク）[34]である芸術作品から、芸術の外部に重点のある思想や事象や構造の実例に変わってしまう。要するに芸術作品がある時代や国民の精神とか社会構造のドキュメントになってしまうのである。こうして美学と歴史学の断絶が、作品様式や個人様式の意義と時代様式や国民様式の意味との断絶として、様式概念そのもののなかでも繰り返される。独創性をひとつの判断基準とする芸術性というものにとって、作曲家の個性は不可欠の要素である。しかし時代精神とか民族精神については、それが（たんなるドキュメントとしてではなく）「芸術としての芸術」の性格を決定するとはとても言い難い。（もっともヘーゲルとともに[35]――そしてのちのマルクス主義とともに――内容的な要素を芸術の本質と見なして、内容が形式を決定するのではなく形式が内容を決定するのだというもっと新しい美学の認識を無視するのなら、また話は別である。）

第二章
歴史性と芸術性

たいへん広く読まれているドナルド・J・グラウトの音楽史教科書『西洋音楽史』（一九六〇年）の付録には「年表」が付いていて、それは「音楽史に背景をあたえ、読者が個々の作品や作曲家をその時代との関係において見ることができるようにすること」を目的としている。(1) たとえば一八四三年という年は『さまよえるオランダ人』〔ヴァーグナー〕、ドニゼッティの『ドン・パスクァーレ』、キルケゴールの『不安の概念』によって代表され、一八四五年は『レ・プレリュード』〔リスト〕と『タンホイザー』〔ヴァーグナー〕とデュマの『モンテクリスト伯』、一八五二年はルイ・ナポレオンのクーデターと『アンクル・トムの小屋』〔ストウ夫人〕、一八五三年は『椿姫』〔ヴェルディ〕とクリミア戦争によって代表される。だが読者はここから何を読み取ったらよいのか、それがよくわからない。ヴァーグナーの作品とキルケゴールの著作のあいだにひそかなアナロジーがあるということなのだろうか。それとも逆に、これらは外的同時代性のもつ内的非同時代性つまり無関係さを物語り、すべての分野に等しく浸透する時代精神の一体性というきまり文句を年表によって例証しようとするとそのことが滑稽なほど露呈する、ということなのだろうか。音楽は作曲家を取り巻く現実の反映なのか、あるいはそれと反対の世界を語ろうとするのか。音楽は政治的事件や哲学思想と同じ根で結ばれているのか、それとも音楽が書かれるのは昔から音楽が存在したからであって、作曲家が自分の住む世界に音楽で答えようとするからではない、あるいはそのような理由は大きくない、ということなのだろうか。

芸術と歴史の関係という、音楽史学にとっても基本的な問題は、美学と歴史記述それぞれのドグマに固執するかぎり解決することができない。そのドグマとは、芸術は内的に完結した作品を隔離して眺めたときにのみその本来の姿を示すという美学の格率《マクシム》と、歴史は原因と結果、目的と手段という連鎖の内にのみ存在するという前提である。芸術の歴史としての音楽史は、それが一方では自律性美学を前提とし、他方では連続性という概念に固執する歴史理論を前提とするかぎり、実現不可能な企てのように思われる。なぜなら音楽史は、それが個々の作品の構造分析の集合であるかぎり芸術の歴史ではないし、音楽作品から思想史や社会史の事象に立ち戻り、それらのつながりによって歴史の物語に内的まとまりをあたえようとすると、それはもはや芸術の歴史ではなくなるからである。(2)

芸術理論の歴史性

形式主義の芸術概念は十九世紀に由来し、そのパトスを密室的な近代精神《モデルネ》に負っている。しかしながら、芸術哲学の素養があって音楽史記述を軽蔑している人たちに対して音楽史家が自分を弁護しようとするとき、出発点となりうるのはこの芸術概念だけではない。また、機能的規定論(3)と自律性美学の対立はここ数十年来、激しい、必ずしも「超利害関係的《インテレッセロース》」でない論争に火をつけたが、音楽史学を芸術理論的に基礎づけるためにはこれもまた十分ではない。単純化することをけっして恐れない場合でも、――耐えうる範囲内にその単純化を留めようとするなら――われわれは少なくとも五種類の芸術理論的アプローチを区別しなければならない。歴史性と芸術性との関係について判断を下す前に、まずそれらがもたらす歴史記述上の帰結を検討すべきであろう。

歴史学と美学の関係は循環構造をもっている。つまり、音楽史記述を担いうる芸術理論上の諸前提も、それ自体がやはり歴史的なのである。（それらを超時代的な規範へと硬化させることは、いかがわしい意味でのドグマとなるであろう。）事実関係と年代関係をやや大まかに見るならば、それぞれの時代を支配していた芸術理論の出発点は次のようなものであったといえよう。すなわち、十六世紀と十七世紀には社会的機能と作曲技法との関係、十七世紀と十八世紀には芸術表現の対象すなわち情念《アフェクト》、十八世紀と十九世紀には作曲家の人格、そして十九世紀と二十世紀には自足的に完結した作品の構造であって、およそこの二十年来は作品をドキュメントとして捉える傾向が広まっているといえる。「現代の芸術ですら、すぐさま歴史的距離をおいて批判的にドキュメントとして受け取られる傾向が増している」（O・K・ヴェルクマイスター）[4]。

（1）**機能的芸術理論**　十七世紀の機能的芸術理論はまず第一に音楽ジャンルの理論であって、さまざまなジャンルはそれが果たすべき社会的目的と、その目的のためにふさわしいとされる音楽的手段とのあいだの、規範によって規定された一定の相関関係として形成される。クリストフ・ベルンハルトは教会様式と室内様式と劇場様式について音楽修辞学的フィグールのレパートリーを区別したが[5]、芸術理論的にいえば、このことは音楽的手段が、それが代表する歴史的段階よりも、むしろ実用的な目的と関係づけられたことを物語っている。教会様式と第一作法《プリーマ・プラティカ》、劇場様式と第二作法《セコンダ・プラティカ》との対応関係を新旧の違いだと誤解してはならない[6]。たとえば教会様式は、距離をおく歴史的意識という意味での「古い音楽」として様式化されたのではなく、典礼に適した書法のほうが早く生まれたのであり、この書法の特徴をなす年輪が、この書法の真理指標とみなされたのである。（モンテヴェルディが第二作法を擁護したのは[7]、それが進歩だったからではなく、それをさらに古い真理、つまり古代の音楽概念の復興として言明し称賛したからである。）

（2）**情念論《アフェクテンレーレ》**　二番目の音楽的「規範《パラダイム》」である十七世紀と十八世紀の情念論は、けっして表出《アウスドルック》の理論ではなく、対象に向けられた描出《ダールシュテルング》の理論である。[8]作曲家が音楽によって提示するものは、音楽的情念の本質に対する洞察力の度合いである。したがって音楽作品の理解は、作曲家の心の動きへの感情移入によってではなく、作曲家が音楽によって形式化した客観的な真理を――したがって情念の描出は音画と同様に「自然の模倣《イミタツィオ・ナトゥレー》」である――耳で追体験することによって行なわれる。音楽によって記録された他人の精神を捉えることがいかにして可能なのかという問題は、十八世紀中頃まで提出されなかった。理解とは、音楽の事実内容に関する合意を意味したのである。

（3）**表出美学**　それに対して、多感主義《エンプフィントザムカイト》[9]と疾風怒濤《シュトルム・ウント・ドラング》[10]の時代に生まれた表出美学にとっては、自分自身について語る主体としての作曲家そのものが、音楽的理解の主たる対象となる。美学的に決定的なのは、描出された物事や歌詞内容や情念ではなく、作曲家の個性についての情報をあたえてくれるかぎりにおいての表現の仕方なのである。（様式とは、「作品の背後にある」人格の表われと見なされ、作曲家が習得し、題材や状況の要求に応じて別のものと交換できるようなたんなる書法ではなかった。）もちろん、作曲家を重視するといっても、伝記や逸話的な好奇心に終わってしまうというわけではない（十九世紀にはしばしばそうなったのだが）。音楽作品を内部から理解するために行なう感情移入の対象となる個人とは、低次元の経験から解放された「超感性的な自己《イヒ》」であった。作曲家が中心的な美的判定基準とされたのは、彼の私的な存在においてではなく、あくまで作品の作者としてであった。しかしそうはいっても、作品の美的実体が探し求められたのはひとつの人格、個性のうちにおいてである。音楽の芸術性をなす「詩的」要素は、「作品の背後にある」個性の認識可能性と結びついていた。作品の芸術性とドキュメント性——ある人格の証拠としての作品の解釈——は、表出美学においては排他的関係にあるわけではなく、分かち難く結びついているのである。

（4）**構造主義**　二十世紀になると作者重視の態度が攻撃されたが、これにはさまざまな理由があった。まず第一に、問題それ自体のうちで、つまり作曲家と作品との関係において、いろいろな点で変化が起こった。たとえばストラヴィンスキーがベートーヴェンとヴァーグナーに向けた不信感の少なからぬ部分は、ロマン主義的な作曲家の美学への反感であった。[11] 極端にいうと、二十世紀には作品が作曲家の関数なのではなく、逆に作曲家が作品の関数とみなされる。そしてこのような現実の歴史的変化は、思想史的な変化——歴史を解釈する方法の変化——と深く結びついている。たとえばベートーヴェンやヴァーグナーと彼ら自身の作品との関係が、二十世紀になると十九世紀とは違ったように解釈される。（『トリスタン』の構想はマティルデ・ヴェーゼンドンクへの愛が動機だったのか、それとも、パウル・ベッカーが推測したように[12]、その関係は逆であったのか？）しかしながら、「実際にどうであったか」という問題はほとんど解決できない。なぜなら心理状態というものは、歴史上の人物の意識のなかでその時代の美的観念によってすでに色づけされていて、その着色を無視して「本来の」心理状態を再構築することはけっしてできないからである。（理念は現実を反映するが、逆に現実も理念を反映する。）

ここで決定的なのは、美学的格率の違いである。二十世紀の思考法と十九世紀のそれとの根本的な違いは、伝記的要因から生じる影響は十九世紀に考えられていたほど大きくないという事実判断ではなく、その影響は美的に、つまり音楽作品の芸術性にとって、重要ではないという価値判断なのである。芸術作品を作者に関するドキュメントとしてみる解釈は、議論の対象にされるというより、芸術的には無関係なものとして完全に拒否される。（すでに「腐朽した感情美学」に対するエードゥアルト・ハンスリックの攻撃においても、第一に問題とされたのは、しばしば誤解されたように感情美学が心理的に現実性を欠いていたということではなく、その美学が芸術性とは無関係だという点であった。[13])

二十世紀には形式主義ないし構造主義が、議論の余地なくというわけではないにせよ、支配的な美学として確立された。この美学は、それ自体のうちに中心をもつ作品と、テクストの外部に基準点があるドキュメントとの区別を強調する。「作品の背後にいる」作曲家ではなく、――形式的要素と内容的要素のまとまりある機能関連としての――作品自体が音楽理解の本来の対象となる。個人への感情移入が形象の分析に席を譲る。(美学上の構造主義における構造概念には内容的な契機も含まれるが、だからといって「形式主義」――あまり適当なレッテルではないが――の諸原理が損なわれるわけではない。決定的なのは、作品が「外側から」ではなく「それ自体から」理解されるという点である。)

(5) **ドキュメントとしての作品**　それ自体で完結した個別的作品という概念を中心カテゴリーとするこの二十世紀の美学は、その存在と意義が危険に曝されている。「音による伝記」という音楽作品の見方が崩壊し放棄されたかにみえたその瞬間に、別の側面から、芸術作品のドキュメント性が美学の前庭からふたたび中心へと移された。第二次世界大戦末以後の現代音楽の受容にとって特徴的なのは、作品が代表する傾向への関心が作品自体への関心を押しのけるという点である。極端な場合、作品はそれが具現する音楽技法の在り方を示す情報となる。作品は自足した美的形象としてではなく、作品のなかを通り抜けていくひとつの歴史的プロセスについての情報として、歴史的関心に基づいて聴かれる。観照、つまり音楽の事実内容と真理内容への没我的な集中は、情報通となることによって犠牲にされる。それはつまり、現代とそのなかに位置する自分の存在を歴史家のように距離を置いてみることを学んだ、消息通の態度にほかならない。

美学と歴史

以上でさまざまな芸術理論の格率を略述したが、現実の歴史におけるそれらの関係は大まかな図式で見るよりもいっそう錯綜している。支配的な見解という役割からすれば、たしかにジャンル論は情念論によって、情念論は表出美学によって、表出美学は構造主義によって解消された。しかし他方では、周縁的にせよ古いものが新しいもののかたわらに生き残るし、またある見解が「支配する」ということ――つまり判断を下すにふさわしいと社会が一般に認める人びとの集団に受け容れられるということ――は、必ずしもその見解が他の見解よりも広く普及していたことを意味するわけではない。

したがって美学的格率の見取図は、歴史研究が到達する結果というよりも、むしろ歴史研究が出発点となしうる「理念型」(14)である。だとすると、美学上の前提と歴史記述上の前提とのあいだに単純で一定した帰属関係が存在するとはますます期待できなくなる。歴史からの離反は構造主義のひとつの可能な、またたしかに自然な結果でもあるが、けっして逃れえない結果というわけではない。また、歴史家が美学的には表出原理を信奉したとしても、――個人の「詩的」表出ではなく――ジャンルの規範へと定型化した社会的機能と作曲技法との関係こそがまるで音楽本来の実体であるかのように、十九世紀の音楽史を主にジャンルに従って整理することもありうるのである。

それに加えて音楽史家は――政治史家と同じように――方法論上の折衷主義に向かう傾向がある（折衷主義というものは哲学的にいえばたしかにいかがわしいが、歴史記述においてまったく無益かどうかはまた別問題である）。つまり音楽史家は、作曲家についてのモノグラフィー、作品断片の分析、ジャンル史の概略、さらには文化史や思想史や社会史のパノラマを気楽につなげて並列するという手法に走り、自分がその歴史を書いている対象は厳密にいっていったい何であるのかという問題には関わりあわない、といった傾向がある。(音楽史家が考慮に入れるすべての事実が「音楽」——その概念は定義されないままである——と多かれ少なかれ関係していることはなるほど否定できないが、だからといってそれだけで十分な情報だとは言い難い。)

それでもなお美学的格率と歴史記述の方法とのあいだのいくつかの関係を略述しようとするなら、問題となるのは歴史家が音楽史記述という日常的な仕事のなかで行なっている「実際の」対応ではなく、物事の論理に基礎をもつ「理念的」対応関係である。

構造主義の命題、つまりそれ自体において完結した個々の作品こそが芸術本来の実体だとする命題は、極端な場合、歴史記述の放棄という結果をもたらす。ここ数十年来、音楽史家は大まかで総括的な記述を評論家に任せてきた。察するにその理由は、専門化が進んで細部まで目が届かないという不安感だけでなく、歴史記述を困難にするような美学的信条にあるのだと思われる。音楽作品を鎖の一環と捉える見方は芸術と無縁だと——作品の芸術性に抵触するものだと——感じると、歴史記述として意味のあるのはただひとつの形式、しかも厳密にいえば形式とはいえないようなものだけだということになる。つまり幾つもの個別研究を集め、どの側面に照明を当てたいかによってそれらを自由に並べ替える、という形である。(しかも、この空想の美術館[15]のなかで自分が発見したと思う関係をいっそう浮きだたせるためなら、年代関係を無視することさえ辞さないのである。だから構造主義の美学に特徴的なこの「隔離的な」手法は、分析者が関連づけを放棄するといった意味ではない。それは一方である特定の関連、つまり歴史的・年代的な関連が最も本質的な関連だとはいえないということを意味し、また他方では、つながりに対する関心を、作品から離れてつながりそのものに向けるのではなく、そのつながりを示す作品自体に向ける、ということを意味するのである。)

この同じ美学的前提が到達するもうひとつの帰結は、〔美学と歴史の調停を〕いわばすっかり諦めて、美的な重要性と歴史的な重要性とを最初から峻別する歴史記述であろう。つまりそれは、――これほどはっきり表明されることはほとんどないが――音楽はそれが芸術という観念に関与しなければしないほど歴史的である――つまり歴史的な研究対象となりやすい――という考えから出発する。この考えからすれば、古典という地位にまで高められた芸術はその本質上、歴史を――つまり歴史的認識の介入を――超越する。そして逆に、ある作品の特徴が歴史的な説明によってはじめて明らかになるという状況は、美的にはひとつの汚点と見なされる。（この命題のなかには、「歴史性」について二つの異なる見方が絡み合っている。ひとつは、芸術作品を歴史の鎖でつなぐと作品の本質が損なわれるという観念であり、もうひとつは、美的現在としての「現在性」と、美的には死んでいる過去としての「歴史」を対置する考え方である。この区別はたしかに上記の立場を細分化するが、それを解体させるものではない。）

芸術の歴史は自己矛盾的な企てだとするこの信念――つまり芸術の歴史は芸術の非芸術的側面の歴史としてのみ可能だとする信念――と対極をなすのが、相互の影響を記録することによって作曲家と作品を関係づけるという、十九世紀に生まれたやり方である。（自らの戯画となることを恐れて、この方法が混じり気のない形で実行されることは稀である。そこにはほとんど常に、伝記的なスケッチや作品の構造に関する観察や文化史的な「過去の姿」が散りばめられている。だがそれでもこの方法の場合には、音楽史における事実の並列を首尾一貫した物語に変える基本パターンが影響関係である、という事実は変わらない。）作曲家相互の影響関係が音楽史の純歴史的な実体をなすかのように考えるこの音楽史記述の方法は、二つのものが出会った結果として生まれた。ひとつは、音楽の「詩的」本質つまり芸術性を、音楽で表現された作曲家の個性のうちに認めたロマン主義美学であり、もうひとつは歴史記述上の実証主義、つまり音楽作品を個々の要素に解体して、具体的に把握できると同時に歴史的なつながりへとまとめられるような事実に到達しようとした実証主義である。作品を諸要素に分解することと、音楽の芸術性は作曲家の分かち難い個性に根差すという美学的格率は、互いに矛盾している。この矛盾はたしかに感じられていたのだが、それこそが音楽史記述の特徴だとして中和された。つまり、美的「存在《ザイン》」と歴史的「生成《ヴェルデン》」、つまり観照と経験的研究とのあいだの方法論的差異は、形而上学的な二項対立だと考えられたのである。

伝記的方法

実証主義のひとつの変種が伝記的方法である。これは音楽作品を作曲家の生きざまの音による表現だと考え、作品を理解するためにはまず作曲家の生涯を知らなければならない、という前提から出発する。伝記的動機を探すことは、作曲家相互の影響関係を探すことと同様に、ロマン主義の表出美学と、音楽史記述に学問としての市民権をあたえるために具体的な事実を求めようとする要求との結合に基づいている。十九世紀の尺度によれば、伝記的方法は三つの理由からその存在が保証された。第一にそれは当時の支配的な美学によって正当化されたこと、第二には、歴史学が——自然科学を範として——厳格に経験的な方法を採るための条件を満たしたこと、そして第三には、作曲家の生涯の連続性が作品の連続性を保証するかに思えたので、伝記的方法は一貫した歴史記述を可能にしたことである。しかしながら、この手法がもつ経験的な信頼性が、美学的には一種の粗略化を招いた。つまり、具体的な事実への要求が強まるにつれて、美的体験においては音楽を語る主体として機能した作曲家の人格が、理解の対象である自己《イヒ》という高みから経験的な自己《イヒ》という下層へ引き下げられたのである。作品を証拠とする内的伝記と、報告や記録文書からわかる外的伝記との差異はますます小さくなった。伝記研究はこうして、経験的な事実のために美的洞察を犠牲にするか、それとも反対に美的洞察のために経験的事実を犠牲にするかというジレンマに陥った。

そのジレンマは、理想主義的な伝記と現実主義的な伝記をめぐる論争によく現われている。つまり、理想主義的な伝記は美化された潤色だと罵られ、現実主義的な伝記は芸術と無縁だという非難を受けたのである。

社会史と作用史

二十世紀になると、伝記研究は表出美学ともども次第に衰退し、その領域は学問の世界から追放されてジャーナリズムの専売となった。そしてその後継者となったのが社会史と作用史の方法である。その美学的前提は、音楽を歴史的に理解するためにはその社会的機能において――つまり作品のテクストだけでなく作品の演奏や受容も含むプロセスとして――捉えなければならないという主張にある。歴史をもっているのは――テクストおよび作品としての――音楽そのものではなく社会のみであって、音楽は社会の生命過程の一部をなす、というのである。

社会史的手法の支持者は自律性原理の撲滅に倦むことを知らないが、彼らの反論はほとんど常に不十分である。

（1）第一に、ある対象をその脈絡から個別的に抽出することは、その脈絡の存在を否定しないかぎり、方法論的にいってまったく正当なことである（「悪しき抽象」と非難しながら、抽象が行なわれた――そのことは誰も否定しない――というだけでなぜそれが悪いのかを指摘しないのは、たんに議論のためのトリックにすぎない）。音楽作品の社会的コンテクストに触れないからといって、それは必ずしも社会的コンテクストを軽視しているからではなく、それが認識目的――作品の芸術性を形成する内的機能関連の洞察――にとっては瑣末なことだからにすぎない。

（2）第二にこの方法は、音楽をそれが生まれた時代の社会的生命プロセスのなかへ連れ戻さねばならないと要求するが、そうなると、作品を中心とする歴史記述に対抗できるような形で歴史を書くことが難しくなってしまう。歴史家が自律性原理を批判するだけでなく、それに対抗するこの方法をいざ実行に移そうとすると、社会史的・作用史的アプローチはたちまち受容史史料の乏しさと画一性に悩まされ、この方法自身が求める具体性は色褪せたものになる。

（3）第三に、自律的作品というカテゴリーへの反論のなかには、ほとんど両立し難い二つの傾向が綯交《ないま》ぜになっているようである。つまり、作品をそれが示している発展段階に関するたんなる情報として捉えるやり方と、視点を作品そのものから、その作品が属している社会的コンテクストへ移すという傾向である。このようなドキュメント的な関心と社会史的な関心に共通しているのは、いずれも自足的構造としての作品への美的没入を認めないという、ネガティヴな特徴だけである。その点を除けば、ドキュメント的な関心は機能性原理と自律性原理の差異を超えたところに位置している。なぜならそれが求める情報は、社会的コンテクストにも音楽の技法にも、等しく利用できるからである。

（4）第四に、美的自律性というものは、歴史家が受け入れることも拒否することもできるひとつの方法論的原理であるだけでなく、彼が認めざるをえないひとつの歴史的事実でもある。（美的意識というものは音楽のなかで起こることに対するたんなる反応ではない。そうではなく、美的意識そのものが真に音楽的な事実を形成するのであって、この事実を音響的な下層のうちに探そうとする歴史家は、美学的に許しがたいほど幼稚だという非難を免れることができない。）十八世紀末以後、芸術音楽が聴き手にとって権威をもつテクストとして捉えられたことは事実である。しかしその一方、十九世紀に音楽が自律化される過程で、もともとは特定の機能を果たしていた作品がそこに加えられたこともやはり否定できないであろう。受容過程を重視し、作品成立時の受容だけが真純《オーセンティック》だとする歴史哲学的偏見に屈しない歴史記述こそ、実用的な目的をもった形式が自律的な作品へと変貌したことをけっして無視してはならないのである。（十九世紀の最も記憶すべき出来事のひとつが「バッハ・ルネサンス」であった。つまり、もともとは音楽以外の目的をもっていた作品が、自己完結的な音楽構造の範例《エクセンプラ・クラシカ》として捉えられ、評価されたのである。絶対音楽の理念は、逆説的にいえば、解釈の変更によってはじめて絶対音楽というカテゴリーに組み込まれた作品によって形成されたのであり、十九世紀がこのカテゴリーの最奥の意味を理解したのも、まさにそうした作品を通じてであった。)

歴史の物語形式を危うくしないために二十世紀の芸術理論を意識的に無視するような音楽史記述は、常に良心のやましさを伴う歴史記述でありつづけるだろう。その美学的な不安感は、追い払ったり麻痺させることはできても、けっして解消されることはないだろう。しかしながら、歴史記述と呼べるような過去の像を構築するためには、芸術作品についての分析的なメモをモザイクのように並べるだけでは十分でない。それと同様に、文化史的、思想史的、あるいは社会史的な記述も妥当なものではない。それはさまざまな事実を物語形式の歴史へとつなげることはできても、作品をドキュメントとしての価値に引き下げるという、高い代価を支払うことになるからである。

それでも、音楽作品の歴史性と芸術性を同時に正しく評価し、しかも一貫した歴史記述も芸術概念も犠牲にしない可能性、つまり自律性美学と歴史的意識を仲介する可能性はないのだろうか。(近年は、ドキュメント的な解釈を文化史的・外的アプローチから直接の音楽体験において有効な美的・内的アプローチへ高めようという試みがあって、ここでいう芸術概念はそれによって脅かされてはいるが、今のところ重大なダメージは受けていない。)その可能性があるとすれば、個々の作品のなかに潜む歴史を捉えることによって個々の作品の歴史的位置づけを可能にするような解釈、そうした解釈以外にはないであろう。歴史家が作品の内的構成からその作品の歴史的本質を読みとれれば読みとれるほど、彼が最終的に到達する歴史記述は芸術に疎遠な、外側から作品にもち込まれ事実の配列に留まることなく、美学的にも実体のあるものとなるのである。

ロシア・フォルマリズムの文学理論(16)はこの仲介に成功した例であるように思われる。というのも、その出発点となった美的価値基準すなわち手法の新しさと特異性というものは同時に、隙間なくつづく歴史系列の構築を許すような、ひとつの歴史的要素でもあるからである。たしかに、革新――日常的で皮相で類型的な知覚に対抗する価値基準という意味での革新――という概念が美的現実と歴史的現実を正当に判断するために十分かどうか、それを疑うことはできるだろう。しかしこの反論を重大に受けとめなければならないにしても、客観的にみてロシア・フォルマリズムが、再び放棄すべきでない少なくとも一部の真理を述べていること、またそれが美的アプローチと歴史的アプローチの融合として、方法論という点で模範的だという事実を忘れてはならない。

アドルノの場合

テーオドル・W・アドルノは『美の理論』（一九七〇年）のなかでこう述べている。――「芸術の関係はそれ自体は静止させられている個別的な作品を通してのみ歴史的なのであって、作品の外的関連を通して、いわんや作品が相互に及ぼすと考えられている影響を通して歴史的なのではない」[17]（大久保健治訳）。しかし、この命題に潜んでいる歴史記述上の要請をアドルノが実際に行なった歴史哲学的な記述――つまり『新音楽の哲学』において彼は音楽素材の歴史的動向という命題を、作品の分析によってよりもむしろ「和音」「不協和」「対位法」といった抽象的なカテゴリーに基づいて例証したという事実――と比べると、その矛盾は明らかである。これらのカテゴリーは作品の分析を前提としていると明言したにせよ、その矛盾を取り除くことはできない。だがこれは偶然の欠陥でもないし、ましてや著者の失敗でもなく、ほとんど解決不可能と思える原理的な難しさ、つまり、どの程度まで抽象化が許されるかという問題である。すなわち音楽史記述が細部に溺れることなく、しかも他方では個別的な作品から遠ざかりすぎないためには、どの程度まで抽象化が可能かという難問である。作品から遠ざかりすぎると、特殊なものや繰り返しのきかないものにまで立ち入った歴史的考察や個別性へのこだわりがもはや感じられなくなり、本来意図した作曲史のなかで、音楽技法史しか残らなくなってしまう。

アドルノが十二音技法の作曲史的起源を示すために『新音楽の哲学』(一九五八年)で企てた弁証法的理論構成(18)は、過度の抽象化によって陥った困惑をよく物語っている。

伝統的な音楽は、特に垂直面で、極度に限られた数の音の組合わせでやりくりしなければならなかった。その音楽は、一般的なものの位置関係を変えることによって絶えず特殊なものに出会うこと、つまり逆説的にいえば、その位置関係の変化が一般的なものを一回的なものと等しいように見せることで、満足しなければならなかった。……それに対して今日では、和音は、それが具体的に使われるたびごとに、交換不可能な要求に合わせてそのつど特注されている。作曲家がここで、しかもここでのみ必要とする響きを、作曲家に禁じるような取り決め《コンヴエヌス》は存在しない。……素材の解放と同時に、素材を技術的に支配する可能性も増大した。

アドルノが言うこの「技術的支配」は明らかに、和音が個々の作品の機能関連のなかに隙間なく嵌め込まれていることを意味する。「不協和音の解放(19)」によって、解決の要求ともども和音進行の必然性は放棄された。しかしそののちも、和音は依然としてひとつの関係体をなしていて、ただ無関係に並んでいるわけではない。だがそのことはもはや誰にとっても自明というわけではないので、それぞれの作品ごとに改めて示さねばならなかった。アドルノが言う「取り決め《コンヴエヌス》」の崩壊とともに、和音の役割に関して、つまり和音がそもそもまだ作品のまとまりを形成する機能を果たすのかどうかについて、一般的な主張をすることができなくなるのである。

調的な西洋音楽のさまざまな次元——旋律法、和声法、対位法、形式、楽器法——は、互いに関係なく、無計画に、そしてその限りでは「野生状態で」歴史的に発展してきた。たとえばロマン派時代における旋律法と和声法の関係のように一方が他方の関数となった場合でも、本当に一方が他方から生じたのではなく、互いに同化したというにすぎなかった。

ある計画によって音楽がその「野生状態」から解放されるというのが悪しきユートピアだということを別にしても、アドルノの議論には重点の置き方が恣意的だという欠点がある。不協和音の解放が十二音技法への道を拓いたといっても、伝統的な音楽の場合、不協和音は常に和声だけでなく旋律（予備と解決の要求）によっても、また拍節（小節内の位置による不協和音処理の違い）によっても規定されていた。そしてまた、十九世紀における旋律法と和声法の関係を外面的な順応と呼ぶか弁証法的な調停と呼ぶかは、用語の選択に委ねられる問題で、その選択を客観的に根拠づける判断基準は今のところ欠けている。

音楽の生産力は、特にベートーヴェン以来、盲目的に発展してアンバランスな結果を生んだ。歴史の流れのなかである素材領域が独立して発展したときには他の素材領域がいつも取り残されて、作品の統一性という点からすれば進歩とはいえないことが明らかになった。……そのようなアンバランスはしかし技術的な細部に限られるわけではない。それは全体の歴史的な力となる。なぜなら、個々の素材領域が発展し、ロマン派における楽器の音色と和声のように、そのいくつかが融合されるにつれて、あのアンバランスを取り除くために、音楽素材全体をすっかり合理的に組織化するという考えがますますはっきりと浮かび上がってくる。……彼〔シェーンベルク〕の音楽においては、すべての次元が同じように発展しただけでなく、すべてがお互いのなかから生み出されて、すべてが一点へ収束するにいたった。

シェーンベルクに由来する要請、すなわち、非整合性を避けるためには音楽のさまざまな素材領域が等しく発展しなければならないという要請が、アドルノの議論では「歴史的な力」に変わってしまう。美的規範を歴史的傾向へと読み替え、それによって十二音技法の前史を構想するというのは、彼の歴史哲学における基本パターンのひとつをなしている。しかしながらここで疑問なのは、抽象的な要請と現実の傾向を混同していることだけでなく、そもそもアドルノの出発点となった前提そのものが問題なのである。つまり、音楽素材の不均衡な発展が美的にも作曲技法的にも欠陥を生むという主張は、分析によって実証することが困難である。それは個々の作品へ没入した解釈の結果ではなく、歴史哲学の宣言のように思える。それに加えて、ヴァーグナーやブラームスにおけるリズム法の「取り残され」という説がそもそも何を意味するのか、それがよくわからない。たしかに、『トリスタン』のリズム法を外側から――たとえば『春の祭典』〔ストラヴィンスキー〕に照らして――評価するのはまったく不適当であろう。しかし、『トリスタン』における和声法とリズム法のアンバランスを証明しようとするのも無意味なことであろう。他方、シェーンベルクの十二音作品において「あらゆる領域の均等な発展」について語ることは難しい。水平的な側面に比べて垂直的な側面が「取り残されている」ことは否定できないからである。アドルノの議論はしたがって悪い意味で抽象的である。その出発点をなす前提、それが目指す歴史的結論、そしてそれが辿る歴史哲学的道程、このすべてが等しく疑わしいのである。

このように、怪しげな方法論に頼ることなく美学と歴史を仲介しようとする試み、また一方では全体的な歴史記述を可能にし、他方では作品の美的存在形態を損なって作品を音楽のアイデア史や技法史の例証に終わらせないためには、どこまで抽象化が許されるのか、それを決定しようという試み、つまり、作品のなかにあってその芸術性にまで関わる歴史と、歴史のなかで作品が辿る歩みとのあいだに、切れ目ない橋を架けようとする試みは、原理的に不毛だという反論に曝されている。これに対抗する説が二重言語説、つまり、美学と歴史は同じ対象——音楽作品——について語るが、相互に翻訳不可能な別の言語とみなさねばならない、という主張である。この説によれば、それぞれの用語で表現される作品の美的な側面と歴史的な側面は相互補完的な関係にあるが、その両方が同時に正当化されることはない。美学の立場に立つ者は歴史の立場を放棄せざるをえないし、その逆もまた成り立つというのである。

この説は魅力的にみえるが、次のような事実を無視しているという欠陥がある。つまり、音楽作品の美的体験に歴史的認識を取り入れたり、逆に美的体験を歴史的研究の出発点とすることが、自己矛盾なしに可能だという事実である。(『英雄』の「内在的な」解釈に支えられていなければ、十九世紀における交響曲の歴史記述は方向を見失うであろう。)たしかに、芸術作品を音楽における思想史や社会史や技法史のドキュメントとして分析することは、作品の美的あり方を侵害することになる。しかし、だからといって、芸術作品の芸術性を解釈するとき、このような歴史研究の結果を無視すべきだということにはならない。美的な考察とドキュメントとしての考察は、なるほど正反対の関心に動機づけられているが、けっして相異なる排他的な事実群に基づいているわけではない。どのような種類の事実が歴史的な解釈に使われるか「内在的な」解釈に使われるか、それはアプリオリに決まっているわけではなく、個々の場合に応じてのみ決定できる問題である。作品の芸術性ゆえに「内在的な」解釈が不可欠だと考える人がいても、その人が「外在的な」ドキュメントを故意に無視すべきだということにはならない。その人はただ、どの事実が「本質的」でどれがそうでないかを決定するためには作品の「内的」機能関連こそが裁定者だ、という主張を固く守っているにすぎないのである。美的で内在的な考察とドキュメント的で外在的な考察との区別は、主たる関心方向と選択原理の決定によるのであって、事実の種類やその事実を獲得する方法によるものではない。

第三章
音楽史の事実とは何か

音楽史の事実とは何か、それは誤解の余地なくはっきりしているようにみえる。音楽作品とその演奏、その作品を書いた作曲家の生活環境、作品の用途を決めた社会制度の構造、さらにはある時代の美的理念や音楽のジャンルを支えていた社会層、これらが一片の音楽史を構築するための事実に属することはこれまで疑われたことがない。そして音楽史的事実の範囲には原理的に限りがないということを知っても、音楽史家が特に不安を感じることはない。ある任意の事態が――前章で述べたような音楽史の一貫性にとって決定的な――事実をなすか否かは、明らかに、何を問うのかという問題提起の内容に左右される。しかし作品、作曲家、制度、思想がいずれにせよ音楽史的事実の中核をなすことは確かで、限界がないとはいっても、その確かさが揺るぎない支えになっている。

しかしながら、音楽的事実と音楽史的事実がどのような関係にあるのか、そしてある音楽的事実がそもそもどのような意味で音楽史的事実となりうるのか、そのことを認識しようとわずかでも試みると、われわれはたちまち迷路に迷い込んでしまう。そしてわれわれを巻き込むこの困難は、歴史家の仕事《メチエ》にとって無縁で不必要な思弁の産物だというわけではない。時間の隔たりという意識が美的体験に影響するとはいえ、百五十年も前に書かれた作品に関する現在の美的体験が音楽史的事実の把握と同じものでないことは明らかである。だとすると、「作品」がひとつの音楽史的事実を示すという主張は、いったい何を意味するのであろうか？　どこに歴史的性格が見出せるのであろうか？　不十分ながらも歴史家が再構築しようとする作曲家の意図のうちにあるのか、形式史やジャンル史の基準によって分析する音楽構造のうちにあるのか、あるいはまた、作品がひとつの「出来事」となったその当時の聴衆の意識――たしかに個人の意識は知りようがないが、少なくともある時代や世代や社会層に特有な一般的な特徴は知ることができる――のうちにあるのだろうか？

データと事実

ドキュメント、つまり歴史家にあたえられたデータと、彼がこのデータから再構築する事実とは区別しなければならない。これは歴史学の基本法則のひとつである。つまり、史料そのものではなく、その史料が示す事象がひとつの歴史的事実――つまり歴史記述の構成要素――をなすのである。しかしこの法則の基本的な性格にもかかわらず、歴史家でさえときにはこの法則に違反したり、それを忘れてしまうことがある。たとえば「ドキュメントによる伝記」[1]は、歴史家による歴史記述がけっして達成できないほど歴史的現実との近さを読者に感じさせるという点で、歴史的方法の基準からするとまったく内部矛盾を抱えたジャンルである。ドキュメントにまといつくローカル色が魅力的なことは間違いない。しかし厳密にいうと、ドキュメントは「本来どうであったか」を語るのではなく、そのドキュメントを書いた筆者がある出来事についてどう考えたかを伝えるにすぎない。ドキュメントを本来あるべき姿で読むためには、いくつかの予防策が必要である。その予防策は歴史家にとっては第二の天性となっているが、「ドキュメントによる伝記」を読む普通の読者がそのような予防策を講じられるとはとても思えない。（「ドキュメントによる伝記」は、読者の意識において、今や古色蒼然となった歴史小説の代役を引き受けた、という可能性さえ排除できない。）

歴史的な反省意識をもってドキュメントを読むためには、一種の「史料批判的循環」を行なって、そのドキュメントが語っている人物や事物や出来事についての知識を、筆者自身に関する知識、たとえば彼の信頼度や傾向、あるドキュメントが果たそうとしていた目的、それが依拠していた表現形式の伝統と、絶えず照らし合わせなければならない。チャールズ・バーニーがフィーリプ・エマーヌエル・バッハについて報告していることは、(2)バッハについてだけでなくバーニーについての史料でもある。そしてわれわれがそのテクストを一方の方向で正確に理解すればするほど、もう一方の方向でもそのテクストの解釈がいっそう信頼のおけるものになる。もっぱらドキュメントが語る対象にだけ興味をもっている場合でも、その筆者について調べるのはけっして無駄なことではない。つまり、その筆者が何を目にし、何を耳にしたか、また彼が真実を述べない理由があったかどうかを問うだけでなく、彼が何者であったか、また彼の考えや感情がいかなる前提によって支えられていたか、それを問うべきなのである。

データと事実の区別は、ドキュメントの場合には具体的に示すことが難しくないが、音楽史学の中心的対象である作品についてはうまくいかないようにみえる。ヨーハン・グスタフ・ドロイゼンは『史学概論』の講義（一八五七年）で言っている。――「文学や芸術の歴史の場合、つまり求めていた客観的な事実がわれわれの眼前にある場合、この種の批判的な方法をどう扱ったらよいのだろうか？」(3)われわれはむしろ、音楽作品はどのような形で音楽史を構成する「求めていた客観的な事実」となるのか、と問うべきかもしれない。歴史家の美意識に提示された――したがって部分的には主観的な要素によって規定された――音楽の構造としてなのだろうか？　それともありのままの史料としてなのか、あるいは史料批判が割り出した「真　純《オーセンティック》なテクスト」としてなのか？　あるいはまた、他のドキュメントも使いながら楽譜テクストから再構築しなければならない作曲家の意図なのだろうか？　作品という概念は音楽史の最も確かな実体のようにみえるが、この概念は史料、真純な楽譜テクスト、作曲家の意図、さらには、楽譜テクストが素描したり現実化の仕方を指示している音響的な実体、についての歴史家の観念へと解体してしまう。

事実は仮説である

ドロイゼンが明らかに言おうとしていた音楽作品と政治的事象との差異、つまり制作《ポイエーシス》と行為《プラクシス》との差異は、けっして曖昧にしたり軽視してはならない。なぜなら音楽作品は演奏のたびごとに美的現在となりうるのに対して、政治的な出来事は一回限りの過去に属していて、報告や残滓によってのみ現在にまで達するという点で、両者は原理的かつ根本的に異なるからである。だがその一方で、音楽作品が美的意識のなかで現在化されるとき、それは（美的体験を色づける歴史的意識にもかかわらず）けっして歴史的事実として認識されるのではない、ということも忘れてはならない。そして歴史的な意味における音楽伝承の論理的地位をはっきりさせようとすると、音楽作品の史料も講演や手紙や建物の廃墟と同様に「残滓」なのだという想定にいやでも追い込まれてしまう。つまりそれは、求めていた歴史的事実そのものを表わしているのではなく、そこから本来の歴史的事実を推論しなければならないたんなる所与としての遺物なのである。

「事実」という言葉を聞くと何か明白なものを想定するという根強い習慣があるが、歴史家はこの習慣に抵抗しなければならない。なぜなら歴史的事実というものは、はっきりいえば、ひとつの仮説にほかならないからである。歴史家が出発点とする報告や遺物は、――現在まで生き残っている――データを形成しているのであって、歴史家は過去の出来事に関する何らかの想定によって、そのデータを説明しようと試みる。そしてあたえられた材料ではなく想定された出来事こそが、はじめて彼の求める歴史的事実を意味するのである。

データと事実の区別が相対的なもので、いわば階層的な段階をもっていることは、けっして否定すべきでない。

しかし歴史学の理論においては、感覚的なデータとカテゴリーとして形成された知覚との関係を問題にする必要はない。認識論者の問題は歴史家の問題ではないからである。そうはいっても、歴史学の——そしてまた音楽史学の——内部においてさえ、データと事実はいくつもの段階で区別される。たとえば、個別の史料は推定すべき「真純な楽譜テクスト」という事実のためのデータであり、真純な楽譜テクストは——音楽的意義の機能関連という意味での——「作品」という事実のためのデータであり、作品が今度は「作曲家」という事実のためのデータになる。そして歴史を刷新の連なりと解するならば、歴史のなかに位置する作品の歴史的性格は、この作曲家の独創性、つまり新しさと根源からの《アブ・オリギネ》、反復不可能な個性の内奥からの誕生との交わり、という意味での独創性に左右される。したがって歴史的解釈というものは、ほとんど常に解釈の解釈である。

しかし、歴史的事実は厳密にいえば仮説なのだという主張は、そこに潜んでいる曖昧さが誤解を生まないように、もう少し細かく規定しなければならない。この主張は一方で、歴史は過去のものだから直接に知覚することができない、という月並みなことを言おうとしている。つまり、歴史家が直接手にすることのできるドキュメントは、それ自体が過去の出来事なのではなく、その反映ないし残滓にすぎない。しかし、事実を仮説だとする日常語では耳慣れない主張は、その一方で次のことを言おうとしているのである。つまり、歴史家が本当に求める事実は、見たり聞いたりできる出来事そのものよりも、むしろその出来事を生じさせた動機や思想や傾向のうちに存在するということである。「史料のような残滓がわれわれにとって歴史の材料となるのは、それが過ぎ去った時代の出来事に関する知識を、つまり、かつて現存し影響をあたえ、われわれが歴史という形で再び思い描こうとするものを確かに生じさせた意志の行為に関する知識を、あたえてくれるからである」(ドロイゼン『史学概論』九八ページ)[4]。

だとすると歴史学の中心課題は、過去における人間の行為を理解したり説明することだということになる。(意図に基づく解釈と因果的ないし機能的説明との違いについては、あとで別の話題のなかで説明する。）そして政治的・社会的行為と作品制作との違いがいかに根深いものであっても、歴史的認識の基本構造にはほとんど違いがない。つまり歴史家はいずれにせよ、記録された事象や伝承されたテクストの根底にある意識的ないし無意識的な動機を問うのであって、その動機に現実性があるかどうかは、歴史家が自分自身や他の人間についての経験に基づいて判断するのである。（歴史の心理学や人間学は差し迫って必要だろうが、その試みは目下のところほとんど見当たらない。）

歴史の事実は常に解釈に基づくという認識が、違和感をあたえることはないだろう。解釈学の問題に悩まされたりそれに辟易すると、歴史家はよく「生《なま》の事実」という言葉を使うが、厳密にいえば生《なま》の事実などというものは存在しない。われわれが事実について存在判断を下そうとすれば、同時に、われわれが語る言語によってその事実を認定しなければならない。たとえば、ベートーヴェンの『荘厳ミサ曲』が一八二四年四月十八日にサンクト・ペテルブルグで初演されたという一見問題のない文章は多くの概念に基づいていて、それらの概念はけっして生の事実《ファクトゥム・ブルートゥム》を語っているのではなく、暦や典礼や政治（「サンクト・ペテルブルグ」）の、また美学の（「初演」）体系に由来するものであって、その体系の外部ではこうした概念を理解することができないであろう。第二、第三段階の解釈へ進むと――たとえば史料からテクストへ、テクストから作品へ、そして作品からそれを支えている作曲家の意図へと解釈を進めると――歴史家をいつも悩ます不確実さの感覚がさらに強まるかもしれないが、だからといって、歴史的事実にとって逃れえない仮説性という基本はいささかも変わることがない。データと事実の階層構造《ヒエラルヒー》のなかで、どれが歴史家の求める「本来の」歴史的事実なのかということは、したがって「認識関心」に左右される。過去における人間行為の理解が歴史学の中心課題だという前提に立てば、音楽史の関心はまず第一に、ある作曲家の作品の基礎をなす制作論《ポエーティク》に寄せられることになる。

事実の時代性

原理的な困難が生じるのは、作者の人格を捨象してもっぱら作品の構造を芸術学の名に値する学問の対象とするような、そうした芸術理論を歴史家が採用したときである。この種の構造主義は、芸術に近寄ろうとして歴史とは縁遠いものになる。そして構造主義の判断基準からすれば、音楽史記述はジレンマに囚われた不可能な企てだということになる。なぜならそれは、——個々の作品の構造分析の集合にとどまって——歴史記述の体《てい》をなさないか、あるいは——ただ「外的」条件や状況を語るだけで——芸術学の一部たるべき音楽学の対象としては的外れだからである。作者の意図も芸術作品の過去性も無視する厳格な構造主義者にとっては、歴史家が音楽史の事実として再構築するもの、つまり過去の思考世界としてのある作曲家の思考世界は、意味のないものとなる。けれども、音楽の芸術性を行動主体としての作曲家に関係するカテゴリー——独創性とか表現内容といったカテゴリー——と結びつけるような芸術理論が支配するかぎり、音楽史記述は過去の人間行為が歴史学の主たる対象をなすという格率《マクシム》と両立できて、しかもそれが他方で芸術とは無縁だという非難に晒されることもない。

しかし作曲家を音楽史の担い手および主体として強調することは、それ自体が歴史的な、したがって変化しうる美学的前提に基づいている。だから、古典・ロマン派時代には自明なことと思われていたこの前提を、無条件にそれ以前の時代やそれ以後の時代に転用することは許されない。たとえば十五世紀の音楽史を——現在の音楽実践によって捉えなおされた過去としてではなく、過ぎ去った現在として——正しく理解しようと試みるとき、まずもって作曲家の個性から出発してよいかどうかはけっして確かではないし、むしろきわめて疑わしいのである。さまざまな「個人様式」を区別することが虚しいとか無用だというのではない。しかし、独創性という前提を——暗黙のうちに――指針として、伝承された無数の事実から、新しさとか個性の刻印という基準で本質的な、そして「歴史に値する」事実を選び出そうとする音楽史記述は、十五世紀に関しては疑わしいし、――たとえ無意識であっても――時代錯誤といわなければならない。

したがって音楽史学の方法は、それ自体が変化しうる芸術理論的前提に基づいているように思われる。十五世紀《クワツトロチエント》に関する記述は、十九世紀について述べるときとは――たとえば同じ種類の別の事実によってというだけでなく――別の種類の事実によって行なわれるのである。音楽史上の事実は――ともかくその中心的な事実は(前述のとおり、音楽史のなかに入るものの範囲には原理的に限界がない)――一方で、「歴史的」事実として、歴史の物語や歴史構造の記述を構成するという機能を果たさなければならず、他方では、「音楽的」事実として、ある時代や地域や社会層において支配的であった音楽概念に、つまりはそこでそもそも何が音楽として理解されたかに左右される。音楽史はいつの時代にも主として作品と作曲家の歴史であったわけではない(もっとも、音楽史が作品史でなかった時代の音楽史は本当の意味での歴史ではなかった、という説に逃避するのなら話は別である)。

受容史の事実

受容史のなかに作曲家の歴史や作品の歴史に対抗する構想をみる歴史家も少なくないが、この受容史的なアプローチも同様に「歴史化」して、それが普遍的だと主張する構想を局部的なものへと限定しなければならない。受容史は、それがたんに周縁的な分野でなく中心的な分野であろうとするかぎり、以下のような美学的前提に基づいている。すなわち、「本来の」音楽的および音楽史的事実をなすのは、構造分析によって解明したり、ある特定の作曲家に関係づけたりできるテクストとしての音楽作品ではなく、むしろテクストとその演奏および受容とのあいだの機能関連だという前提である。もしもこの前提が音楽史記述の格率《マクシム》として定着したならば、それが音楽史記述の目的と方法を根本的に変えることは明らかであろう。

もしも音楽が主として作曲家の作品としてではなく出来事として、つまり「コミュニケーション・プロセス」として捉えられると、第一に、音楽文献学や校訂《エディション》技術において、重点はもはやもっぱら真純《オーセンティック》な――作曲家の意図を反映する――テクストに置かれるのではなく、真純でない稿も、とくにそれが広く普及した場合、受容のされ方に関するドキュメントとしてほとんど対等な歴史的証拠となる。〔受容史の立場を採ると〕第二に、作曲データよりも作用データ（これは常に曖昧だが）のほうが前面に置かれるので、音楽史の年代的骨組みが変化してしまう。たとえば、一九〇〇年前後の時代を特徴づけるのはマーラーの交響曲が成立したことよりも、むしろヴァーグナーの楽劇の評判が頂点に達した事実だということになろう。しかしながらそこで意図された「出来事史」は、抽象的なテクストよりも現実の事象に目を向けるので、いつのまにか「構造史」に行き着いてしまう。なぜなら、個人や集団による実際の受容が記録されることは稀なので、受容史家は作曲のモデル、知覚の定型、美的理念、倫理的規範、そして社会制度や役割のあいだの一般的な機能関連を記述するほかなくなるからである。受容史の美学的前提、つまり音楽が「本来」何であるかに関する命題は、歴史記述のうえでほとんど現実性をもたなくなってしまう。

したがって現実との近さという、受容史的なアプローチの魅力をなす外見は、部分的には一種の欺瞞だということになる。音楽的事象は、真純なテクストと違って、不完全にしか再構築することができない。ドキュメントが不足しているので、受容史家がたえず頼りにする証拠は型にはまっていて、構造分析が到達するきめ細かさにはとうてい太刀打ちできない。そしてこの期待外れの経験を前にすると、「死んだ文字」ではなく「コミュニケーション・プロセス」こそが本当の音楽だという主張は、ほとんど無力化してしまう。それだけでなく、ある文化が音楽と呼ぶ複合体において受容が果たす役割の程度と重みは、すべての時代やすべての音楽ジャンルで等しいわけではない。たとえば、十六世紀における社交歌《ゲゼリゲス・リート》(5)の存在様式が作曲家の意図とほとんど関係なかったのに対して、十九世紀における交響曲演奏会の聴衆が文句なしにベートーヴェンの権威に服したということは疑いない。したがってそこでは、受容史の求める「理念型」としての聴き手とテクストの背後にある作曲家の意図を同一視することができる。両者のずれは知覚の欠如や不十分さと判断されたのである。

事実と解釈

したがって、音楽史の事実が一方で——音楽的事実として——何を音楽と見なすべきかという変わりうる観念によって規定されるとすれば、それがひとつの歴史的事実であるためには、他方であるコンテクストの一部として、たとえば歴史の物語や歴史的構造記述の一部として現われなければならない。過去に起こった事象（res gestae）は、過去に起こった事象の歴史的記述（historia rerum gestarum）のうちではじめて厳密な意味での歴史的事実になる。「起こったことは、解釈によってはじめてまとまりのある事象として、原因と結果、目的と手段の複合体として、要するにひとつの事実として理解され一体化される。そして同じ個別事象が、他の人びとによっては違ったように解釈され、別の原因や結果や目的と結びつけられる」(6)（ドロイゼン前掲書、一三三－三四ページ）。事実は、それらをつなぐ連続性によって歴史的事実となる。「それゆえアリストテレス以前には、叙事詩に歴史があるとは誰も考えなかった。そして今世紀の中頃まで、音楽の歴史について語ることなど誰にも思いつかなかった」（ドロイゼン前掲書、一三八ページ）。バーニーやホーキンズやフォルケルの音楽通史(7)を考えれば、音楽史的意識がいつ起こったかというドロイゼンの説は当たっていないが、それはどうでもいいことである。ここで重要なのは、出来事の連続がそもそも歴史となるためには、そこに歴史的意識が浸透していなければならないという、ヘーゲルを想起させる思想である。

歴史は過去そのものではなく、歴史的認識が過去について捉えうるもの、つまり歴史家の網にかかるものである。歴史的認識によって捉えられる対象は、認識の条件、選択し概観し分類するという認識の性格によって色づけられる。過去の出来事を現実につないでいた因果の鎖は、けっして復元することができない。歴史家が提案する諸事実の結びつき――つまりデータやありのままの史料をそもそも歴史的事実に変えるコンテクスト――は、原理的にいって知的構築《コンストラクション》の産物である。

歴史家が歴史を物語るとき、それを支えるために築いた骨組みが隠されていることも稀ではない。しかしそれは、歴史物語をいっそう効果的にするひとつの手法であって、そのような骨組みがもつ建築的な重要性は少しも変わらない。たとえば十九世紀の音楽史で、E・T・A・ホフマンのオペラ『水の精《ウンディーネ》』の舞台装置が一八一七年にベルリンの旧劇場《シャウシュピールハウス》の火災の犠牲になったという事実と、その四年後にヴェーバーの『魔弾の射手』が新劇場のおひろめ公演のひとつとして上演されたという事実を、なんの説明もなしに併記したとしよう。それでもこれらの事実は、劇場の焼失と再建が象徴するひとつの音楽史的関連を暗示している。つまり、『水の精』の作用史は大惨事によって壊滅したが、この作品はドイツ・ロマン主義オペラの歴史において『魔弾の射手』の「前段階」として、その美的・歴史的本質がのちに完成されたヴェーバーの作品でいわば「拾い上げられる」試験的な試みと見なされるのである。「ロマン主義オペラ」というジャンル概念の視点からすれば――この概念の実体的な内容はけっしてはっきりしていないが――、この二つの出来事の外的対応関係は、それが内的対応関係を比喩的に物語っているがゆえに、音楽史として語りうるのである。

知的構築に基づく前後の脈絡がなければ、過去の断片に関する記述はマックス・ヴェーバーが言うように「無数の個別的知覚に関する『存在判断』のカオス」(8)（『科学論文集』一九五八年、一七七ページ）でしかなくなるであろう。そしてその場合でさえ、無条件に存在判断ができるかどうかは疑わしい。歴史の実体はさまざまな概念体系によって解明され、また同時に歪められたりもするのだが、そうした概念体系に頼ることなく歴史の実体を捉えようとする者は歴史家たることをやめ、神秘家になってしまう。

　歴史家の頭のなかで行なわれる過去の出来事の結合は、現実の因果関係のつながりにはけっして達することがない。「知的構築《コンストラクション》」という表現を使ったのは、そのことを特にはっきりさせたかったからである。この言葉はしかし、歴史家が小説家のような想像力を使って好き勝手に振る舞っていいということではない（もっとも、まったく相反する、しかし同じように史料の裏付けをもつ知的構築《コンストラクション》を前にすると、歴史的事実が果たすまず最初の仕事は、出来事のつながりに関する互いに矛盾し互いに相容れない仮説に妥協することではないか、という疑念を抱かされるのではあるが）。歴史記述が、小説と間違われないためには、ありのままの史料に支えられていなければならない。しかし悩みの種は、史料の数も、それらのあいだに考えうる歴史的関連の数も、原理的に限りがないということである。なぜなら、知的構築というものは――それがデータによって十分に立証されている場合でも（何が十分かは歴史家たちのコンセンサスによって決まる）――必然的に選択によって行なわれるし、しかもその知的構築はさまざまな概念に基づいていて、そうした概念の大部分は歴史のなかに、つまり歴史上の行為者の意識のなかにあるのではなく、歴史家によってもち込まれたものだからである。誠実な歴史家が見るものはたしかに事実であって空想の織物ではない。しかしその事実は歴史的「認識関心」に基づいて選択されたもので、その歴史家が責任を負うべき概念体系によってはじめて、ありのままの史料から歴史的事実になったのである。

　したがって、歴史の構造は歴史家がその構造を明らかにする言語に依存しているという事実と、歴史家の発見はたんなる作り話だと誹謗する粗雑な懐疑主義とを取り違えてはならない。歴史学は経験科学であって、カテゴリーによって形成されたデータであっても、徹頭徹尾データに基づいている。そして構造や連鎖も、史料によって歴史家に伝えられた現実のなかに予示されている。ただそれらは、歴史家が構想する概念体系を通してしか明示されない、というだけである。歴史の構造は特定のパースペクティヴのなかではじめて姿を現わす。その構造がそもそも見えてくるためには、そのことが必要条件である。これは歴史家がけっして乗り越えることのできない条件であって、さもないと歴史家は、己れの影から逃れることは不可能なので、自分は虚構の迷路を歩いているのではないかという疑念に嘖《さいな》まれてしまう。己れを知る歴史記述は、素朴な客観主義と破壊的なほど過激な懐疑主義という誤った両極の中間で、かろうじてバランスを保っているのである。

過去の事実はその事実が組み込まれる歴史物語や構造の記述のなかではじめて歴史的事実になる。このことは、歴史記述の材料が記述の形式によって規定される、と解釈することができる。そしてその形式のなかには記述の仕方、つまり物語る技術が含まれていて、それを変えると事実も同時にその色合いが変わってしまう。たとえば、音楽史の一章を「一八一四年十月十九日にフランツ・シューベルトが『糸を紡ぐグレートヒェン』を作曲した」という文章で書きはじめたとすれば、その文章の意味はそれが直接に語っている情報だけに尽きるのではない。この文章は一見他愛のない記述にみえるが、実はある解釈体系の産物であって、それを章の冒頭に置いたということが、ロマン主義歌曲の起源に関するある解釈の表われなのである。ヴェーバーやシュポーアの歌曲の成立に関する報告をこの位置に置くなどということは、とうてい考えられない。それでも、もしも「一七九一年二月二十日にカール・チェルニーが生まれた」という一文が十九世紀音楽史の冒頭に置かれていたとすると、それはある事実を伝えるというよりも、やがて遠回りの錯綜した論議が始まり、この明らかに奇異な重点の置き方があとから正当化されるということを予告していることになる。

歴史的事実が解釈に依存しているからといって、つまり歴史家によって伝えられた事実は必ずやすでにある理論を暗示しているからといって、比較的確かな事実とあまり確かでない事実とのあいだに存在する度合いの違いを忘れていいということにはならない。厳格にいえば、歴史学において生《なま》の事実というものは存在しない。それは自然科学でも同様で、科学哲学は基礎命題ないしプロトコル命題(9)の問題に悩まざるをえない。たしかにわれわれは、相反する解釈の評価基準たるべき歴史的事実そのものがある解釈のなかで、ある解釈によって、はじめて歴史的事実になる、という悪循環に巻き込まれているように感じる。しかしだからといって、いくつもの競合する歴史的解釈体系を前にしてわれわれが諦めなければならないとか、判断を放棄せざるをえない、という意味ではけっしてない。たしかに、スポンティーニやシュポーアやメンデルスゾーンについて描かれた極端に違った歴史的肖像は、多くの点で相容れないものである。そしてこれらの相異なる肖像を生み出した視点が「最終的には」補完しあう、という希望的観測にはあまり根拠がない。なぜなら、すぐれた歴史記述においては主体と客体がまさに分かちがたく融合しているのが特徴で、そのことをみれば、相異なる見解は互いに相手を否定しあい排除しあう関係にある、と考えたほうがよさそうである。

しかしそうはいっても、非常に「解釈を受けやすい」事実と並んで、ほとんど変わらないと立証されたような事実が常にあるのだから、最小限の共通の実体というものは存在する。(最も確実な事実においてさえ「ほとんど」という限定は避けられない。なぜなら、ひとつにはある事実が現われるコンテクストには原理的にいって限りがないし、他方では、ある事実がどの程度コンテクストによってはじめて歴史的事実になるのか、それについては何の基準も存在しないからである。)しかしながら、歴史の骨格をなす比較的不変の事実がたんに記録収集者でない歴史家にとって興味があるのは、事実そのもののためよりもむしろ、競合する解釈体系を追認したりそれに反論したりするときにその事実がはたす役割のためである。極端にいえば、歴史的事実の存在理由は歴史の物語や構造の記述を根拠づけたり、ネガティヴな方向では、以前の歴史家たちの意見が脆いものだということを証明するためでしかない。

第四章
音楽史の主体を問う

なぜ歴史学が危険にさらされているように見えるのか、なぜそれが「時代精神」に反しているように見えるのか、その理由のひとつは月並みな事実、つまり歴史を書こうとすると、実際にあったとおりの過去は物語れるような歴史ではなかったという疑念に嘖《さいな》まれずにはいられない、という事実に求められよう。伝統的な歴史学を蔑む人たちは、さまざまな出来事から組み立てられた物語が、素材の構造よりも歴史家の形式感覚から生まれたのではないか、という疑いを抱いている。アーサー・C・ダントが言うような「説明的スケッチ」(1)は、自然科学のように説明的ではなく「物語的《ナラティヴ》」な方法を採るという、歴史家の意図に根ざしている。そして物語られた歴史という歴史の概念には、事象の不断の関係とか隙間のない連鎖といった観念がおのずから結びついている。反省されることもないので、この観念は自明のこととしてわれわれの思考を支配しているが、しかしよく考えてみると、この観念が実はあやふやなものであることがわかる。

伝記モデルの問題

それでは、歴史の物語を可能にするように、全体をまとめる要素はいったい何であろうか？　この問いは、歴史の主体は何かという問題に向けられていることが明らかである、あるいは少なくとも明らかであるように見える。つまり、変化のうちにあってもそのアイデンティティを保ちつづけて不断の連続性を保証し、過去の事象の像が無関係な断片に解体することを防いでいる主体は何か、という問題である。この歴史の主体という観念は、――歴史を物語るための条件として――数十年前まで健全な妥当性をもっていた。そしてこの妥当性は明らかに伝記モデルのおかげであって、歴史家たちは、音楽史家も含めて、そのことをまったく意識しないときでさえ、長年にわたってこのモデルを指針としていたのである。近代の音楽史記述をいくつか簡単に分析しただけでも、「音楽史」を構成する部分的な歴史の担い手として現われるのは「音楽」――つまり作曲と演奏と受容から形成される音楽的「出来事」――ではなく、個別的な作曲家であったことがわかる。また作曲家ではなく音楽のジャンルや様式が歴史の主体をなす場合でさえ、芸術史家たちがヴィンケルマンやヘルダー以来絶えず無意識に用いている「生涯史」の比喩を見ただけでも、音楽ジャンルや様式の「年齢」が、語られた歴史に構造と明確な輪郭をあたえるために、個人年齢のアナロジーとして解釈されたことがわかる。「開花期」とか「円熟期」、また「老年期の硬直」といった表現は、それを放棄しても様式史記述の実体が侵害されることのない修辞的な添え物ではなく、顕在的にであれ潜在的にであれその記述を支えている、歴史哲学的骨組みの表現なのである。（エーリヒ・ロータッカーは芸術史記述の「有機体モデル」[(2)]について語り、その成立の理由を精神史的に説明したが、それがもつ物語技術としての機能は考慮していない。）

しかし、物語られた歴史の背骨をなすかに見えるこの主体のアイデンティティは、伝記の分野においてさえ、自明というよりもむしろ疑わしいものである。なぜなら、そのアイデンティティは自然に生まれたものではなく、主体が自分自身の――現在によって仲介された――過去をひとつのまとまりをもった歴史として確認しようとして、意識的に努力した結果生まれたものだからである。（主体は自然に歴史を「もつ」のではなく、歴史を「作り」出さねばならず、そのときにはじめてそれが主体となる。だから、歴史の主体と物語られる歴史とのあいだにはひとつの循環的な関係がある。）しかし、この主体概念は「もともと」危険に晒されているのだから、それを思想や時代に、あるいは全体としての「歴史」に転用することはますます難しいように思われる。（伝記から借用した物語の構造をあらゆる歴史記述のモデルにするという習慣はしっかりと根づいているので、音楽のジャンルや様式がいかなる意味で、またいかなる形でそもそも歴史をもつのか、ということがまったく問われることさえない。さもなければ、以上のようなことは改めていう必要もないであろう。）十九世紀と二十世紀初期の歴史家たちにとって、伝記を指針にする方法がなおのこと説得力をもっていたのは、それが歴史的解釈学を支える前提を示していたからである。なぜなら歴史的解釈学は、歴史をただ年代的に外側から物語るのではなく内側から把握するために、筆者への感情移入によってテクストを解釈するというモデルから出発したからである。歴史的認識の主体である歴史家は、自分と同様にそれ自身が主体である対象を、しかも強い意味で「歴史的に」行動する――つまり生涯史の連続性を意識して行動する――主体である対象を、自分の研究テーマにする。その限りにおいて、「歴史的な」――物語ることを目的とする――記述は明らかに妥当なものである。（カント流にいえば）物語の超越論的構造と対象の存在論的構造が一致する。）しかしながら、伝記的・生涯史的なモデルが放棄されると（それを救い出すことはもう難しくなった）、物語的な歴史記述は想像上の主体によってでっちあげられた歴史ではないか、という疑いがかけられるのである。

歴史の連続性

（伝記モデルによれば）歴史の連続性を記述できるかどうかは、歴史記述の主体がアイデンティティを貫き通せるかどうかにかかっている、つまりネガティヴにいえば、アイデンティティという観念が失われれば、連続性という観念も危険に曝される。しかしこの前提がもつ妥当性は、この前提をもたらした伝記研究の外部では自明のこととはいえず、むしろ疑わしいように思われる。八百年近くにもわたるモテットの歴史を書こうとすると、十四世紀の（世俗的で、多歌詞で、声と楽器による、アイソリズムの）モテットと、[3] 十六世紀の（宗教的で、単一歌詞の声楽で、通模倣[4]による）モテットとのあいだには、（多声という以外）ひとつとして共通の特徴を挙げることができない、という困難に直面する。それにもかかわらず両者のあいだには、たんに用語だけでなく、ある音楽ジャンルが伝承されたといえるような歴史的関連が存在する。（それに反して、十四世紀のマドリガーレと十六世紀のそれを結びつけるものはその名前でしかない。十五世紀に起こった伝統の断絶を考えれば、このジャンルの一貫した歴史について語ることはできない。）したがって歴史の連続性が前提とするものは、具体的な特徴を保ちつづける歴史の担い手のアイデンティティではなく、隙間のない連鎖にすぎないのである。（アイデンティティというものは連続性によって保証されると規定する可能性もあるが、それはここで無視していいだろう。それは歴史記述の問題には関わりのない哲学的な議論だからである。）

　しかし次のような疑問が出てくるだろう。つまり、十四世紀のイングランドにおける典礼的な実用音楽は「ネーデルランド楽派」のモテットを支える歴史的前提のひとつであるにもかかわらず、なぜそれをまだ「モテット」と呼んでいけないのか、また一方、十七世紀の宗教的コンチェルトは[5]——様式的にではないにせよ——歌詞や機能の点で十六世紀モテットの遺産を継承したにもかかわらず、なぜそれをもはや「モテット」と呼んでいけないのか（当時の用語法は一貫していない）、という疑問である。どのような特徴群をジャンル史の連続性にとって重要なものと見なすべきなのか、また逆に、いくつかの特徴が保持されていても、どのような変化がジャンルの交代を意味するほど根本的なものなのか。その判断にしばしば歴史家の恣意が含まれることは否定できないであろう。それでも、ある特定の時代についてジャンルの伝統が保持されたか断絶したかを判断するとき、歌詞や機能の、様式や作曲技法の、また用語法の、連続性や不連続性をどの程度相対的に重視すべきかは、（ただ規範的・教義的に決めるのではなく）経験に基づいて決定することが原理的にまったく可能である。だから、たとえば宗教的コンチェルトと十七世紀モテットとを区別することは、歌詞や機能の視点よりも、ポリフォニックな模倣的手法からモノディ的・協奏的手法への移行[6]という、様式や作曲技法の視点のほうがいっそう本質的だという――ほとんど常に暗黙の――前提に基づいている。そして判断基準の軽重を決めるときには、自律的芸術作品という理念に縛られた二十世紀初期の先入観を避けるために、十七世紀の前提に立ち、その前提によって正当化されなければならないであろう（これは難しいことかもしれないが、不可能ではないと思われる）。

したがって歴史の連続性は、歴史物語の主体がもつ――特徴複合体の持続性という意味での――アイデンティティといつも結びついているわけではけっしてない。だとすれば、われわれはさらに進んで、そもそも連続性というものが歴史を物語るための必要条件なのか、と疑うことさえできる。ジークフリート・クラカウアー[7]とハンス・ローベルト・ヤウス[8]が示したところによれば、十九世紀の歴史家たちの連続性概念は実質的に〔当時の〕小説家のそれと関係していて（極端な言い方をすれば、ランケの物語手法はたとえばウォルター・スコット[9]のそれを養分としていて）、また逆にプルーストやジョイス以後、現代小説の基礎をなす形式感覚と現実体験は、歴史家たちが事実や仮説をつなぎ合わせるやり方に影響をあたえたかもしれない、というのである。しかもそれは、そもそも現実とは何であり、どうすれば現実を言葉で捉えられるのかについてのここ数十年来の意識状態に、歴史家たちが近づいたという意味においてである。言葉を換えれば、小説の形式と構造がそれまで沈黙していた現実の断片を言語化するための手段だとすれば、歴史家たちが――偏狭さと紙一重の学問性を装って――現代の物語手法に頼ることを原理的に拒み、その代わりに使い慣れた方法に迷うことなく固執すべき理由は存在しない。昔の方法とて、素朴な読者には埒もない純然たる記述的方法と見えるかもしれないが、実際には現代の手法と同様に形式原理に基づいているのであって、ただそれが古い原理だというだけの話である。（その原理が本質的に時代遅れだとはいえないかもしれないが、多くの場合に時代遅れである可能性は考慮すべきであろう。）

自分の仕事《メチエ》がもつ文学的な側面に気づいている現代の歴史家は、「実際にどうであったか」を「全知全能の語り手」として伝えられると思い上がるのではなく、むしろひとつの事象を、補足しあうというより互いに対立するさまざまな視点から述べることを好むのである。さらにそのような歴史家は、物事の始めと終わりをはっきり定めることに対して懐疑的である。(たとえばオペラが起こった時期は、以前の歴史家たちが信じたほどはっきりしているわけではない。彼らはパレストリーナおよびラッソの死〔ともに一五九四年〕とフィレンツェ・カメラータ[10]の活動が時期的に一致していることから抗《あらが》いがたい印象を受けて、二つの時代がいわば面と向かって出会う歴史の転換点がそこにあると思い込んでしまった。)現代の歴史家は、隙間のない連続性という幻想を避けるために、厄介でひねくれた事実を織り込んで物語の進行を乱すことさえする。そして彼は、自分の語る歴史が過去の断片の記述であるだけでなく、自分が置かれた現在の状況についてのドキュメントでもあることを感じさせる。過去はある特定の現在の過去なのだから、つまり変化しうる過去なのだから、過去も開かれた未来に左右されるのである。

ある事実が何らかの意図の結果としても(志向的《インテンツィオナール》にも)、ある規則の事例としても(統計的にも)、あるいはまたある体制的関連の一部としても(機能的にも)、十分に説明できないときには、物語的な歴史記述の手法、つまり事実を歴史のなかに、連続的なものであれ不連続のものであれ、直線的なものであれ遠近法によって裁断されたものであれ、とにかく歴史のなかに組み込むことによって理解可能にするというやりかたが、常に唯一妥当な手法であるように思われる。しかしながら、包括的で広範囲にわたる記述が厳密な意味でそもそも歴史物語でありうるのかどうかには疑問がある。つまりそれは、さまざまな事象が個別的にそれ自体としては目的合理性[11]によって規定されていても、そうした事象の重なり合いは——ドロイゼンがまだ観念論的な情熱で要請した——「さまざまな目的の目的[12]」によって導かれているのではなく、たんなる偶然であるようにみえる場合である。目的もなく雑然とした行為を述べることに歴史記述のモデルケースをみる歴史家は——彼の手法が不適当だと当人に教えることは困難であろう——「全体としての歴史」を「個別の歴史」とは違って主体のない寄せ集めだと見なし、それらの記述に物語としての構造をあたえることは困難だと考える。この種の歴史家にとって過去はさまざまな行為の両立や対立として現われ、個々の細部や短期間についてはそうした行為が意図から理解されるが、最後に現われる結果は何人《なんぴと》によっても意図されなかったものとして受け取られる。個人的または集団的な主体を担い手とし、——伝統的な手段であれ現代的な手段であれ——とにかく物語ることができる個別的な歴史は、主体のないプロセスである包括的な歴史のなかに組み込まれる。たとえば、十九世紀における交響詩の歴史について語るのは十分に意味のあることで、その場合の物語の主体——交響詩——は、変化していったという限りにおいて歴史をもっている。しかしこの主体を支配し、その歴史を形成した変化は、それ自体として目標も主体ももたない、ある全体的プロセス内部の潮流と反流の結果である。つまり「全体としての音楽」は、物語りうる歴史の主体ではないということになる。

交響詩の事例

フーゴー・リーマンはその『音楽史提要』の魅力的な一節で、[13] 十九世紀末における交響詩の進出を一連の前提の結果として描いたが、それらの前提はたがいに関連をもたず、——主観的・意図的にも、思想史的にも、あるいは様式的・作曲技法的にも——同じ平面には属さないものであった。

反形式主義的で、いかなる代償《ア・トゥー・プリ》を払っても新しいものを求めたポスト・ベートーヴェン時代の動きに、エクトル・ベルリオーズが最初の刺激をあたえたことは否定できないだろう。彼の影響は長いことわずかなもので、少数の作曲家に限られていた。そして最初のうちは、愛情をこめて小さな形式に没頭した抒情的なロマン主義者たちが、古典派の大形式への信用失墜がもたらした無気味な影響に対抗していた。ようやく十九世紀の末になってから徐々にこの釣り《コントル》合い《バランス》が崩れ、古い理想に対する攻撃がかなり突然に強まった。この経緯を完全に説明するためには、十九世紀におけるオペラの作曲が辿ったその後の発展を考察しなければならない。特に重要なのは、リヒャルト・ヴァーグナーの楽劇が十九世紀後半の音楽生産全体に対して絶えず影響力を増していったことである。彼の巨大な創作が、世紀の初めにベートーヴェンの交響曲がそうであったように、才能の劣る競争者たちを無気力にするような影響を及ぼしはじめたときになってようやく、器楽の分野で新境地を開こうとする新たな試みが始まった。このときになってようやく、ベルリオーズがいっそう注目されるようになった。普仏戦争〔一八七〇—七一〕後のフランスではおそらく、音楽の全戦線で主導権を得ていたドイツに対抗しようという、盲目的な愛国心も理由になっていたのであろう。しかしベルリオーズの音楽が今日もあまり定着していないドイツの場合には、先ほど示唆したような別の理由からであった。つまり、古典派器楽の純然たる亜流は、世紀の中頃にはもう破産して、すっかり信用を失っていた。抒情的なロマン主義者たちの交響曲と室内楽も、リスト風の穏健な標題音楽と汎独音楽協会[14]によって輸入されたスラヴとスカンディナヴィア音楽の前で次第に色褪せていった。……最後に、そしておそらくけっして小さくなかったのが、歴史家たちの研究によって誘発されたバッハをはじめとする古楽への関心に対抗する勢力で、彼らも急進的な革新を強く主張して自分たちに注意を引きつけようとした。再び過去との接点をいっそう強く求めた第一人者ブラームスへの評価が絶えず高まり、これも、あらゆる手段を講じて後戻りを阻止しようとする動きにいっそうの拍車をかけた。そして事実、リヒャルト・シュトラウスが数多くの交響詩によって、ベルリオーズやリストにもまして、標題音楽を勝利へと導いたのである。

リーマンの文章で目立つのは軍事的な比喩で、それは当時の音楽史記述が無意識のうちに政治史に依存していたこと、そして政治史自体が外交政策を最重要視していたことを物語っている。

リーマンが抒情的ピアノ小品と標題交響曲との「釣り合い《コントルバランス》」という想定によって言おうとしたのは明らかに、ベルリオーズが——豊かな伝統をもっていたので、思いつきそうな刷新の可能性がすでに汲み尽くされていた——交響曲において手堅さを犠牲にして手堅さと表出性のバランスを崩したが、このバランスは古典派ではほとんど存在しなかった抒情的ピアノ小品というジャンルでは少なくとも保たれていた、ということである。リーマンの説はその暗黙の美的判断ゆえにまったく疑わしいし、歴史哲学の構築物としても脆いものである。しかしそれだけにいっそう説得力があるのは、標題音楽へ向かった十九世紀後期の交響的音楽が二重の意味でヴァーグナーの影響を受けていたという主張である。つまりポジティヴには、それが美学や様式の点でヴァーグナーに依拠し、またネガティヴには、ジャンルの決定にあたって楽劇を避けたという意味である。

リーマンはフランス芸術《アルス・ガリカ》からロシアとチェコ音楽（そのまさに民族的な性格が国際的な評価の助けとなった）へ、さらにそこから伝統主義と反伝統主義の弁証法へと、論拠を階層化している。それは物語の構造をもつというよりも、地質学的な事象の報告に似ている。そしてリーマンの表現をひとつの体系的な記述に変形するという試み、つまり、（そこから最後に交響詩の進出が生じる）いくつもの関連のない前提の集積という印象を避けるという試みは、けっして見込みのないことではない。その場合、われわれは以下のような事実から出発することができよう。（1）フランス芸術《アルス・ガリカ》という宣言は、世紀後半の国民主義を通じてロシアとチェコ特有の音楽（十八世紀と十九世紀初期にもチェコの作曲家はいたが、厳密な意味でチェコ音楽といえるものはなかった）の発展と関連していた（音楽の国民主義という概念を「周縁的な」音楽文化だけに限定することには正当性がない）。（2）民俗的・民族的な色合いは——芸術音楽の伝統的な調性からの旋法的な逸脱として——リスト的な意味で進歩的に、しかもなお民衆的に作曲するチャンスを提供した。(3)音楽における亜流は美的正当性を失い、楽長音楽[15]の存在理由《レゾンデートル》は消滅したが、それは抒情的ピアノ小品でも交響詩でもその基礎になっていた美学的前提の結果であった。すなわち、音楽の芸術性はシューマンが理解しその評論のなかで語ったような「詩的内容」、つまり作曲家のユニークな個性としておのずから作品に備わる内容のうちに存在する、という前提である。

引用した一節でリーマンが行なったような歴史記述は、主体と関係づけられた物語的な歴史とも現代の構造史ともつかず、その中間に位置している。なぜならリーマンは物語的な歴史を超えているし、構造史が念頭にあったかもしれないが、さまざまな傾向の記述を結びつけることなくただ集めているだけで、構造史の原理を捉えそこなったからである。

ブルクハルトの箴言

「全体としての音楽史」はひとつのプロセスであって——少なくとも部分的には——思想史的および社会史的構造との関係で記述できるが、はっきりした主体と関係づけることができないという主張は、まったく月並みなものに見えるかもしれないが、実はおおいに議論の余地があるものである。歴史記述の「出発点」は「現在、過去、未来を問わず常に耐え忍び、行動し、努力する人間である」というヤーコプ・ブルクハルトの箴言は、[16]不動のものすべてをとどまることなく溶解してしまう経過性という観念に縛られた、厳格な歴史主義者たちが考えるほど時代遅れなものではない。音楽史家のなかでもジャック・ハンジンほどの人物がブルクハルトの前提に賛同している。[17]この人間中心主義的な信条は——方法論的にみれば——探知できる歴史的事実のカオスから選択することを可能にし、またそれを根拠づけるという機能を果たすのである。つまり「全体としての歴史」に属するのは、国家、宗教、文化という「三つの力《ポテンツ》」(18)によって存在が規定される「人間」にとって意味のあるものである。現代のようにイデオロギー批判に傾く時代にあっては、次のような反論も出てくるだろう。第一に、「宗教」という用語がひと括りにしている内容は多岐にわたるので、懐疑家なら、「宗教」という形式的な規定は人間の具体的な定数というより、抜け殻のような言葉だと主張するかもしれない。そして第二に、「宗教一般」の死滅という考えはまったく現実的なもので、けっして馬鹿げたものではないようにさえ見える。それでもブルクハルトの箴言は一定の限界内で、とにかく何千年かにおよぶヨーロッパの歴史を含む限界内においては、経験的に有効な意味をもつのであって、使用可能な直感モデルを探す歴史家なら、ラディカルな哲学談義によってその意味を打ち壊す必要はない。

十八世紀がまだ試みたように人類の発展全体を眺めようとすると、人類史の輪郭がぼやけてしまうということはまったく否定できない。また他方、数十年、あるいは長くとも数世紀にわたる時代を記述するときに歴史家のテーマとして迫ってくるのは、まず第一に絶えざる変化だということもまた否定できない。しかし、日常的な歴史記述という仕事に潜む諸前提を少しでも反省してみれば、個別的な時代について述べるときには、ブルクハルトの人間中心的な定数が——歴史を物語るときの暗黙の基点として——常にもう前提とされていることがわかるだろう。さらにまたこれらの定数は、たしかに世界史的な構想においては(その方法が誠実な経験的知識から離れすぎないかぎり)もう捉え難いものへと溶解してしまうが、——形而上学的な不可解さと発見的手法《ホイリスティッシュ》による自明さの中間にある——「中規模」の構想においては、経験的な手法による研究のテーマをなすことがまったく可能だ、ということもわかるであろう。そしてこの種の研究においては、「芸術」といったカテゴリーの明らかに深く本質的な変化が、それなくしては「芸術史」という概念が瓦解してしまう恒常的な要素と関係づけられるのである。

マルクス主義の立場

「歴史そのもの」の主体――包括的な全体の主体――は何かという問いに対して、パリ草稿[19]におけるマルクスは、歴史家が物語っている歴史は「まだ前提たる主体としての人間の真の歴史ではなく、せいぜい生産の行為、人間の成立史である」という言い方をした[20]。〔マルクスによれば〕これまでの歴史は、全体の流れに目を向けて意識的に努力する人間によって創られたのではなく、個別的にはたしかに目的合理的な行為であっても、全体としては対立しあう行為やその連鎖から偶然に生まれた結果である。しかし未来の歴史はたんなる「前史」の段階を超えて、その行為によって人間性の理念を実現した人間の仕事となるだろう、というのである。言い方を換えれば、歴史家たちがいかがわしいと考えている歴史哲学、つまり「人間そのもの」の「歴史そのもの」といった思弁に溢れていたり、あるいは「歴史そのもの」がプロセスであるだけでなくプロセスの能動的な主体でもあるかのように語る歴史哲学こそが、待望され期待される未来を予見しているのだということになる。歴史家によって語られた複数の歴史をくまなく包摂するような単数の「歴史」はまだ存在しないし、経験的な方法では達成もできないが、われわれはそうした歴史を産み出すことができるし、また産み出すべきだというのである。

人類の未来の歴史という観念は、それを信じる者にとって、音楽史を含めた歴史記述の方法論においてすでに影を投げかけている。なぜなら、マルクス主義の前提によれば、歴史的な事実――厳密な意味で「歴史に属する」事実――の選択にあたって決定的な基準《インスタンツ》をなすのは「人間の成立史」にとっての意味、つまり本来は普遍的に実現されなければならない、人間能力の形成にとっての意味だからである。そのときに重点が置かれるのは芸術性のための芸術性ではなく、その芸術性が果たす社会的機能である。そしてこの機能は、原理的にはたしかに未来の機能だとされていて、したがって眼前の現在がもつ制約に縛られるわけではない。しかし抽象的なユートピアに陥らずにこの機能を実現可能なものとするためには、現在の諸条件との調停がはかられなければならないのである。

第五章
歴史主義と伝統

ニーチェはかつて骨董的歴史、記念碑的歴史、そして批判的歴史を区別した。[1]そしてこの区別のなかには、重点の置き方こそ違うものの、現在の歴史主義論争においてある中心的なテーマをなす差異が含まれている。それは歴史記述を過去の同化とみるか、伝統批判とみるかという差異である。俗な先入観によれば、歴史家というのは好古家であって、彼が行なう過去の再構築は過去に対する忘我的な崇敬、集め保存することへの共感に支えられていて、その裏返しとして現在の重圧からの逃避がみられる、というのである。しかしこの見方はまったく一面的である。学問としての歴史記述を生んだもともとの動機は、伝承されたものをわがものとしたいということではなく、それに根本的な批判を加えたいという欲求であった。歴史主義は、歴史家自身の現在が欲するものと、過去から現在に伝えられたものとのあいだの距離感に根ざしていたのである。

伝統批判の現われ

ヘーゲル派の教会史家フェルディナント・クリスティアン・バウアーによれば、啓示と伝統を対置させ、伝統批判という形で歴史意識をもたらしたのは、十六世紀のプロテスタンティズムであったという。

カトリック教徒にとってはそもそも歴史的生成などというものはまず存在せず、時間とともに生成したものも最初からあったものと見なされたのに対して、プロテスタントが自分の教会を見たときに真に歴史的な意識が起こった。彼らは教会の起源とその後の発展をまったく等しいものと考えることができず、両者の本質的な違いを区別しなければならなかったからである。(2)

十七世紀末と十八世紀には、古代の文芸や芸術と近代のそれとの優劣をめぐる「古代人と近代人の論争」(Querelle des anciens et des modernes) から、いささかの歴史意識が生まれた。つまりこの教条論争から——調停策として——遠い過去であれ現在であれ、すべての時代は他の時代の尺度で測るのではなく、その時代そのものから理解しなければならない、という考えが起こったのである。ただしこの調停の方式は主として伝統批判の色彩を帯びていた。なぜならその方式は、古代の伝統から近世のための規範を引き出すことができるという古典主義の命題を破壊した、あるいは少なくともそれを弱めた一方、近代の擁護者たちは、現代があらゆる時代の尺度だと認めたわけではないにせよ、古代の前提に縛られつづけるのではなく、ともかく自分自身の美学的前提を考え出すことも許される、という主張を貫いたからである。

プロテスタンティズムに根ざす宗教的な伝統批判、また「古代人と近代人の論争」から生じた美学的な伝統批判に加えて、啓蒙主義の時代になると、十六世紀から十八世紀にいたる地理的・人類学的発見と結びついた道徳的な伝統批判が形成された。異文化の体験によって、ヨーロッパの旅行者と旅行記の読者たちは距離を置いて自分自身を見なければならなくなった。「高貴な野性」という観念(3)や、中国には神学をもたない崇高な倫理があるという事実を知って、彼らは珍品収集家の高慢さを捨て、道徳的態度をとるべきだと悟ったからである。自分たちの文化は自明なもの、唯一理性的なものとか唯一自然なものといったそれまでの輝きを失い、伝統批判という形で歴史的反省の対象となった。異文化が道徳的に劣っているとはとても思えなくなり、それゆえ自分の存在を支えている原理は不変の人間性に基づくという信仰が崩れはじめたので、人びとはその原理の起源を歴史のなかに求めたのである。それまでヨーロッパの伝統の規範は、それに優るものの経験を欠いていたため反省の対象とはならず、不動の位置を確保していたが、それが今や特権的な妥当性を失ってしまった。つまり、自分たちの過去は地域的に限られたひとつの特殊な過去だと認識され、ほかにも同様な水準の過去があるのだと認めざるをえなくなった。唯一の過去が現在に介入しそこで生き残るのではなく、今や多数の伝承が歴史的考察の対象とされ、それを対象化することによって、距離を置いて見られるようになる。歴史家の関心が原則としてオリエントや中国やメキシコの文化にも等しく拡がるにつれて、ヨーロッパの伝統はその他の過去に優るという地位を失い、他の過去も同様に研究テーマとして選ばれることになる。ユルゲン・ハーバマースは歴史家が自分の文化の過去と関わるときに「統御された異化」を要求したが、遠く離れた文化の研究は、おのずからこの「統御された異化」へ導いたので、方法論的にひとつの範例と規範を示すことにもなった。

十八世紀の「教養」思想

音楽史をふくめて十八世紀の歴史記述の特徴であった世界史への傾向は、主に伝統批判として理解された歴史主義がもつ教育的な前提と密接に関連していた。それはすなわち、距離を置いて自分の過去を対象化することは、疎外化のプロセスというよりむしろ人間形成《ビルドウング》〔教養〕のプロセスだという前提である。現にある自分の宗教的、道徳的、美学的諸前提がもつ歴史性を――ということはつまり、それが限定されたものであり変化するものだということを――認識することによって、人は反省の欠如ゆえに歴史学以前の伝統主義的意識につきまとっていた特殊性を乗り越え、ヘルダーが――たんに数のことではなく質的な意味で――「人類《メンシュユハイト》」の段階と力をこめて呼んだ段階に達することができる、というのである。ニーチェは歴史的意識によって獲得された自分からの距離を疎外化だと感じ、それが見境なく材料を積み上げる歴史家を「中性人間」に退化させる、といって軽蔑した。(4) しかし十八世紀の熱烈な人文主義者たちは、それをむしろ人間形成の過程と捉えたのである。〔彼らによれば〕見知らぬものの他者性に思いをいたすことは――視野の狭い科学主義ではなく哲学的に考えれば――目標ではなく、自己に戻るための道程なのである。その場合の「自己」とはしかし、歴史を知ることによって自分の特殊性に気づき、それによってこの特殊性を、取り除くことはできないとしても、大局的に見るようになった自己である（その自己は自分の地平がもつ限界を限界として認識することによって、その限界をすでに「人類意識」の方向へ乗り越えたことになる）。伝統――現在のなかで生きつづける過去――を対象化することは、それに対して距離を置くことを意味する。しかし十八世紀の場合、距離を置くということは、他者のなかで自己を見失う自己疎外として捉えられたのではなく、次に逆転が起こって、自分が出発した伝承を再び同化するための第一歩だと考えられた。そしてこの再同化は――自分自身を他者として見る距離化の段階をすでに経ていたので――特殊性を普遍性へと高める、あるいは少なくとも高めようと努めたのである。

十九世紀の歴史主義

距離化と同化の弁証法から生じたこの人間形成《ビルドゥング》〔教養〕という理念は、伝統批判という動機や世界史記述という構想とともに、十九世紀の歴史主義によって放棄された、ないしは周縁へ（そして通俗的な歴史記述という地下室へ）

押しやられた。ハンス・フライヤーの言葉を借りれば、世界史は「ヨーロッパの世界史」へと収縮してしまった。(5)歴史学は今や学問的に制度化された形で自分自身の過去を想起することとして理解され、人びとがこの歴史学に期待したものは自分自身の存在を支えている前提への距離感ではなく、むしろ自分自身を確かめることであった。つまり、現在あるものへの理解は、その起源を再構築することによって得られるはずだというのである。けっして異文化の研究が放棄されたわけではないが、そうした研究は歴史学から切り離され、民族学として独立した。そして見知らぬものや疎遠なものへの没頭は、十八世紀がもっていたような情熱《パトス》を失ってしまった。そうしたものへの関心は、人間としての驚きを物語るというより、実証主義的で中性的なものに変わってしまった。つまり、遠く離れた対象が研究されはしたものの、そこから自己意識を高めるような結果は生まれなかった。「異化《フェアフレームドウング》」をとおして汎人間性《ヒューマニティ》へと自己形成するという理念は死んだ。十九世紀に普遍的なものが求められたとすれば、それは人びとがスメタナやムソルグスキーだけでなくショパンやヴェーバーの音楽にもみられると考えた、民族的なものの深化によって行なわれた。

〔伝統批判と世界史と人間性理念とのかつてのつながりをわずかに示す名残りは、異文化の音組織に関する音楽理論上のなかば抑圧された論争に見ることができる。それはフェティス、ヘルムホルツ、エリスに一時期姿を見せたが、最後まで追及されることはなかった。(6)〔当時の〕音楽理論と音楽史記述においては、近代ヨーロッパ音楽の和声的調性(7)が音楽と人間の不変の自然《ナトゥーア》に基づいているという観念がしっかりと根づいていた。一見自然なものや合理的なものが実は歴史的に生まれたもので、それゆえ変わりうるものだと捉える伝統批判、また民族学上の経験を歴史哲学的に真摯に受けとめる世界史記述、さらにはまた、自分自身の過去に対して距離を置くことによって特殊性から汎人間性《ヒューマニティ》へと高まることを期待する人間形成《ビルドゥング》の理念が、かりに十九世紀の歴史意識を規定していたとすれば、そのような調性観は疑いなく放棄されたことであろう。しかし啓蒙主義が崩壊した結果、人びとは支配的な体系を乱すような奇異な現象をただ記録するだけで、そこから新たな結果を得なければならないとは感じなくなった。音楽史記述が頼りとしたヨーロッパ中心主義の音楽理論は、侵害されることがなかったのである。)

しかし十九世紀の歴史学を正当に評価するためには、先入観の解体を目指した「実質的な」伝統批判と、伝承された歴史物語への不信感をいわば制度化し、ほかならぬ歴史学派(8)によって極端にまで推し進められた、「方法論的な」伝統批判とを区別しなければならない。十九世紀の歴史家たちは過去を——まず第一に自分自身の過去を——真摯に再構築しようとした。彼らは過去を批判しようとしたのではないが、その過去を伝えた証人たちに対しては疑いの念を抱いていた。彼らは——現在にまで及び、現在のなかで生きつづける過去という意味での——伝統の精神を保持しようとして、伝承された字句に厳しい批判を加えたので、文献学的・歴史学的手法がいわば反対尋問に似たものとなることも稀ではなかった。

二十世紀の歴史意識

二十世紀になると、自分自身の道徳的および美的存在の前提とその存在を支えるカテゴリーを、歴史意識によって確かめられるという信頼は、ますます弱くなった。かといって、十八世紀の教養理念《ビルドウング》——つまり自分自身から離れることによって自分を特殊な存在から汎人間的な存在へと高められるという信念——を回復できるとも思えなかった。そして、手に入るものすべてを平静に捉えるような歴史学は、ニーチェが疑ったように疎外化現象ではないか、という感情が広がっていった。(過去を広く見渡すことによって得られる美的快感——悪くいえばパノラマの楽しみ——という動機は、十九世紀の教養理念に対する現在の攻撃にみられるほど過小評価する必要はない。しかしそれは、制度としての歴史学を正当化するのに十分でないことも明らかである。また現在の重圧からの逃避という動機も、政治的な狂信者たちはそれを不道徳だとしてタブー視するが、歴史的関心への刺激としてはけっして軽視できない。それはしかしあくまで個人の問題であって、公の制度たることを自認する学問の存在理由ではありえない。）

歴史主義は過去を対象化することによって過去による疎外化を引き起こし、その結果、自分の糧であるはずの伝統を空洞化してしまったという説が、近年人びとの共通見解《コンムーニス・オピーニオ》になっている。この説は歴史的方法への抵抗を物語ると同時に、自分たちがまだ歴史的方法の虜になっているという不安感の表われでもある。われわれは〔歴史研究の〕動機として伝統批判を強調しながらも、十八世紀のような熱意を共有することができない。しかもわれわれは、歴史学が――伝承された歴史物語への批判を通じて――実体的な伝統の同化だとまだ安んじて自認していた十九世紀を、ひそかに懐かしんでいるのである。歴史学を蔑視する人たちのなかで歴史哲学の素養がある人からすると、歴史記述は、厳しい言い方をすれば、伝統の不完全な様態に見えるのである（ハイデガーの『存在と時間』において、対象として目の前に提示され認識される「事物的存在者《フォアハンデネス》」が、われわれが日常的に関わりあう「道具的存在者《ツーハンデネス》」の不完全な様態であるように[9]）。

ガーダマーの見解

このように、歴史主義と伝統がばらばらになって、伝統が保たれたところでは歴史意識が未発達なままにとどまり、反対に歴史意識が定着したところでは、いつも伝統が崩壊するように見える。しかしながら、それを「ブルジョワ的」だと断罪し、マルクス主義の空虚な公式を使って歴史意識と実体的な伝統との弁証法的な統一を要請し主張しても、この問題は解決できない[10]。議論に立ちおくれないために、われわれはむしろハンス・ゲオルク・ガーダマーが歴史主義問題を論じたときの脈絡から出発しなければならない[11]。ガーダマーによれば、伝統とは対象としてあたえられたその客観的な意味を理解すべき、はっきりした形をもつ伝承の集合というより、むしろ歴史的に反省する人間がそこに「参加」する「伝承の出来事」である。「内側からの」理解を目指す歴史意識の特徴は、歴史家が研究対象たる伝統のなかに自分を「移し入れる」こと、しかも自分自身の前提を捨象したり否定したりするのではなく、常に自分自身を見失わずに「移し入れる」ことである。(他人の立場に自分を「移し入れる」者は誰でも、「自分を」移し入れるのだという事実を避けることができない。)したがって、伝統を対象化してそれを歴史研究の目的にすることは、――われわれ自身が根ざしている先祖伝来の伝承であれ、同化したいと思う他者の伝承であれ――伝承されたものに距離を置くというよりもむしろ、伝承のなかで際立っている内実を確認する形式のひとつである。歴史家は伝統を遠く離れた対象として扱うのではなく、自分自身も伝統に支えられており、伝統のなかに包み込まれていると感じる。ヴィルヘルム・ディルタイは歴史学が客観性をもつためには伝承の規範的な要求を捨象すべきだと主張したが、ガーダマーによればそれは不適切である。なぜならまず第一に、宗教的、政治的、あるいは美的価値が主張する有効性も歴史を構成する要素のひとつであって、それを切り離すと歴史の意味が損なわれるからである。そして第二に、最も公正な歴史家であっても歴史家には先入観があって、それは一方でたしかに障害になるが、しかし他方ではそれが彼の養分でもあって、そうした先入観を完全に消し去ることはけっしてできないし、また消し去ろうと努めるべきでもない、というのである。(先入観を擁護し、その正当性を示すことが、ガーダマーの著書では中核のひとつをなしている。)ガーダマーの言う意味での歴史的「理解《フェアシュテーエン》」は、伝統の要求と歴史家自身の前提とのあいだで「合意」の形成を目指すのである。つまり、あるテクストが言おうとしている具体的な内容について合意に達したときにはじめて、われわれはそのテクストを「理解する」ことになる。したがってガーダマーの記述は、全体としてみれば、歴史主義のなかで伝統と疎遠になっていた歴史的方法を、ふたたび伝統と密接に結びつける試みのように思われる。しかしながら、ガーダマーの前提と結論を採用すると、歴史家が陥る困難はけっして小さなものではない。

（1）ガーダマーの前提とは反対に、歴史家が過去を詳しく研究すればするほど、遠く隔たった時代の思考や行動はますます理解できないと気づくことが少なくない。

（2）ガーダマーは歴史研究の現実を述べているというより、何が可能かを素描しているようにみえる。たしかに、物事との無反省な付き合いから距離を置いた考察へと移行するすべての「対象化」に「疎外」という疑いをかけることは、不条理と紙ひとえの誇張だと認めざるをえない。しかしその一方で、歴史学がたんなる研究技術に成り下がると、それはしばしば境界線を越えて、対象の同化へと戻る道をまだ開いていた客観化《オブイエクテイヴィールング》が根底にはビジネスライクな無関心さしかないような物象化《フエアデイングリッヒユング》に変化してしまう、という事実も否定できない。

（3）ガーダマーは対話構造の特性から出発したが、この対話構造というものがどこまで歴史的認識のモデルでありうるかは疑わしい。人と会話をするときには、相手の発言内容の具体的な当・不当について相手と了解せずに、ただ相手の意識状態を分析するだけでは不十分である。しかし歴史の研究においては、隠れた前提や動機を再構築することはまったく正当な行為だといえる。会話においてはぶしつけと思えるような態度が、探偵でもありうる歴史家には完全に許されるのである。日常生活の場合、相手の発言内容を真剣に受けとめずに、なぜそういうのかと質問して「ごまかす」のは、具体的な了解に達するためのせいぜい方便としてのみ許されるが、歴史学ではそれが目標でもありうるのである。

（4）歴史的に距離を置くことは、芸術作品の美的・規範的要求、つまりそれ自体のために美的現在として存在し、過去の状況のたんなるドキュメントとして分析されるのではないという要求を必ずしも抹消したり否定するわけではけっしてないのだが、ガーダマーはそのことを見誤っているように思われる。ある音楽が歴史的に遠く離れたところから出てきたという意識は、むしろ音楽体験の一部になるのであって、その作品の美的存在と現在性を狭めたり消しさったりするわけではない。

(5) 歴史意識はけっして無前提ではなく、常に伝統を背負っていて、その伝統が今度は逆に研究の対象になるのだというガーダマーの命題は、伝統批判と同化との違いを考慮していない。伝統が——ともかく歴史家自身の伝統が——歴史学の対象であり同時にまた前提であることを認めたとしても、その伝統の対象化が伝統からの離反を意味するのか、それとも伝統への接近を意味するのかは、まったく決定できないのである。ガーダマーが拠りどころとする歴史意識の作用史的な基礎づけは、同化という契機の優位性を擁護する議論において説得力のある論拠だとはいえない。なぜなら、ガーダマーが要請する作用史への反省そのものが、作用史の影響を意識させ批判の対象とすることになって、作用史の影響力を減少させるからである。

歴史意識は二つに分裂している。それは一方で学問として制度化された記憶として伝統の一形態を意味しており、他方では、「統御された異化」を意味する客観化によって、途切れのない伝統主義と対立することになる。これは要するに、過去の同化としての歴史学と伝統批判としての歴史学との矛盾であるが、音楽史を考えたときには、学問としての歴史主義を音楽の実践における歴史主義と無関係に理解したり分析したりすることができないので、歴史意識はさらに細分化されることになる。

音楽の歴史主義

音楽の歴史主義は——この言葉を軽蔑的な意味で使っているのではないし、そのように使う必要もない——一方でひとつの思考形式であり、他方ではひとつの実践でもある。この思考形式の特徴は、テーオドル・W・アドルノが述べたように(12)音楽の形象が「徹頭徹尾歴史的」だという信念、つまり、歴史性というものは音楽作品を支える前提であるだけでなく、それが音楽作品の本質と実体を形成するという信念である。極論を恐れない歴史主義者にとっては、（様式史的な意味ではなく美学的な意味での）古典という概念も自然という概念も怪しげなものであり、かつては逆説とも思えたこの極論が、近年はほとんどありふれたものにさえなった。卓越した音楽作品は歴史から突出していて、――それが生まれたときの歴史的コンテクストを超越して――その美的内実を変えることなく保ちつづけるという観念は、歴史主義者からすれば素朴な形而上学のようにみえる。そしてかつては音楽の基礎だと信じられていた自然の所与は、歴史主義の時代になると、全面的に否定されないまでも、わずかな残りかすへと収縮してしまった。（今世紀の初めには、和声的調性がまだ「音楽の自然《ナトゥーア》」[13]だと見なされ、それを損なうと音楽的な意味が無意味なものに変わってしまうと考えられた。その後「音楽の自然」とされたのは協和音と不協和音の対立であり、最後には「ゾナンツ度」[14]による音程の等級化だけが残った。これは固有の尺度をもたないニュアンスの差であって、ゾナンツ度の違いは音楽素材に内在するものではなく、歴史的な慣習や作曲技法の問題であることがわかった。）

したがって、思考形式としての歴史主義が、歴史を超えた自然の規範とか美的内実の否定としてネガティヴに特徴づけられるのに対して、音楽の実践でいわれる歴史主義とは、新しいものに対する古いものの優勢にほかならない。そしてこの古いものの優勢が重荷と感じられるのである。（美学的な議論に出てくる「博物館」という言葉は、うんざり感とか、教養への嫌悪感さえをも表現している。）コンサートやオペラのレパートリーでは古い音楽が圧倒的な比重を占めていて、そのことが重圧とか束縛として感じられる。それが前衛にとってもつ最も致命的な影響は、質的にも量的にも現代音楽の適切な演奏を妨げる点にある。こうして学問の場合と違って、音楽の実践においては歴史主義という言葉がネガティヴな意味合いを帯び、自己防衛的な機能を果たすことになる。この言葉は、それが意味するものを告発するのである。

思考形式としての歴史主義と実践としての歴史主義が一致する必要はない。たとえばわれわれは、過去を復興しようと思わなくても過去を「理解」し、そこに沈潜することができる（もっとも音楽史家は、自分が発見した過去の音楽を一般の愛好家たちにぜひとも伝えたいと思うのが普通だろうが）。あるいはその反対に、音楽が「徹頭徹尾歴史的である」と信じていなくても、演奏会で過去の一部を復元することができる。思考形式と実践がばらばらになって、歴史主義という表現自体がぼやけてしまうことさえある。

　コンサートとオペラのレパートリーにおいて新しいものよりも古いものの比重が大きいことを弁護しようとする者は、一般に思考形式としての歴史主義を支えとすることはないであろう。なぜなら、音楽が「徹頭徹尾歴史的である」という思想は、音楽作品の内実が、最も傑出した作品の内実でも、変わりうるもので、はかないものだという意味を含んでおり、したがってこの思想は、少なくとも偉大な音楽の古典性とか「超時代性」という正反対の「非歴史的」信念ほどには、古い音楽の支配を弁護することにはならないからである。まさに美学的な「プラトン主義」、つまり音楽作品を「天上界」に祭り上げる傾向が、古い音楽に安心感を覚え、新しい音楽に嫌悪感をもつとはいわないまでも不信感をもつ聴衆の通俗美学となった。このプラトン主義がコンサートやオペラの聴衆の保守主義を支えていて、彼らは学問としての歴史から伝統批判の傾向を感じとり、歴史学に対してむしろ不信感を抱くのである。

　伝統主義者の場合には、古典性や「超時代性」という観念が音楽の自然性という観念と深く結びついている。十九世紀に音楽の古典とされたのは、バッハやヘンデルの「古い古典《アルトクラシク》」とヴィーン古典派が融合して生まれた国民的古典のことで、それは民謡のなかに痕跡が発見された「音楽における自然」の人為的完成として理解された。そこでは、古典の「超時代性」への信仰である古典主義と、自然への信仰である民俗音楽に対する執着が、「民族精神」という名のもとで一体化していた。それに対して二十世紀においては、音楽の自然性がもちだされるのは主として攻撃目的のためである。つまり、無調音楽であれ、セリー音楽であれ、電子音楽であれ、とにかく現代音楽を拒否し、不自然だとして忌避するときに、「音楽の自然」ということがいつも声高に語られるのである。音楽理論における保守主義は、それが十八世紀末のエドマンド・バーク以来そうであったもの、すなわちある種の対抗イデオロギーであることを、とりわけはっきりと示している(15)。

したがって実践としての歴史主義は、古典的なものと自然なものは超歴史的だと考える通俗「プラトン主義」の美学に傾く。それに対して思考形式としての歴史主義からは、復古や素朴な伝統主義に対する不信感が出てくる。シュライアーマッハーとディルタイによって構想された歴史的解釈学においては、過去を詳しく知れば知るほど、われわれと過去とを隔てる距離は縮まるどころかむしろ大きくなるように見える。直接の理解だと自認する理解は、ほとんど常に誤解である。そして——「理解」の技術論としての解釈学に基づく——間接的な方法による「理解」が明らかにするのは、身近で近づきやすい過去ではなく、むしろ疎遠で意外な過去なのである。

しかし昔の音楽を精神において——完全に死滅したとはいわないまでも——われわれから遠く隔たった時代の表現として捉える歴史家にとって、音楽の現場で過去を無条件に復元する試みの素朴さは、怪しげなものと見えざるをえない。彼は自分が歴史的に理解したものを現実の音として具体化したいと本能的に望みながらも、他方では誤解が避けがたいとも感じている。歴史的理解が進むにつれて、端的にいえば、〔過去の〕異質性や他者性がますます強く感じられるようになる、という困った弁証法をあまりにも自覚しているので、歴史家は反省もなく歴史の集積所に手をつっこむ音楽家を信頼することができない。過去に近いという感覚が誤解に基づき、逆に過去の理解からその他者性の感覚が生まれるというジレンマ、このジレンマから逃れる道はなさそうである。

しかし、過去と距離を置くことによって、歴史家は新しいもののために場所を創り出す。歴史主義、つまり音楽作品の本質的な歴史性という命題からは、それぞれの時代が過去の音楽に執着するのではなく、自分の時代の音楽のなかに自己を再認識すべきだ、という結論を無理なく引き出すことができる。（二十世紀の聴衆が十八世紀と十九世紀の音楽を「自分の」音楽だと感じているパラドックスは自明なこととなっているので、これが本来どんなに奇妙なことかにわれわれは気づかないほどである。）思考形式としての歴史主義と前衛の精神は、だからけっして両立しがたいものではない。両者は対立するというより、むしろ支え合うのである。なぜなら、音楽が「徹頭徹尾歴史的である」ということを全面的に信じる者は、音楽の「現代性《アクチュアリティ》」のうちにこそ美的体験の本質を認めざるをえないからである。そして新しい音楽に対して古い音楽に対するのと同じ公平さと敬意をもって立ち向かう歴史家は、それによってけっして自分を疎外することにはならない。歴史的意識が伝統批判を重視するかぎり、その意識のなかには前衛に好意的な先入観《パルティ・プリ》が潜在しているとさえいえよう。

　前に略述したガーダマーの前提から出発すると、美的知覚を全面的に「歴史化」することは美的知覚の意味そのものに反する、と反論されるかもしれない。〔その前提によれば〕音楽作品の本質はその「現代性《アクチュアリティ》」つまりある歴史的時点におけるふさわしさを知ることによって、あるいはアドルノが言う歴史哲学的「整合性」[16]を知ることによって把握されると信じる者は、そもそも最も肝要な芸術性の把握と、音楽形象を「時代精神」ないしは歴史的「意識水準」のドキュメントとして解読することとを取り違えていて、このような解読は、たとえそれが作品をすみずみまで説明したとしても、その作品を作品としては捉えていないことになる。作品からドキュメントへのカテゴリー転換は、芸術としての音楽がおのずからもち音楽の存在を保証する権利を侵害するというのである。

　しかしこの議論には欠陥がある。なぜなら現代音楽の場合、その音楽の古典性ではなく現代性《アクチュアリティ》を追及するような——つまり作品の永続性ではなく、その作品が同時代についてあたえる情報を問うような——「歴史化する」美的体験は、外部から押し付けられたものではなく、その音楽の本質と意図に沿うものであること、したがってそれは、歴史的な有効範囲が限られているとしても、美的観照の衰退などではなく、その完全に正当な形態を示すものである、ということも考えられるからである。(したがって美的知覚の内容だけでなく、その範疇的な構造——つまり総じて美的知覚であるもの——も歴史とともに変化する。) このことはしかし他方で、偶然ではなく現代音楽の理論で生まれたこの「歴史化する」傾向を、盲目的かつ無反省に以前の時代に転用することは、ガーダマーの前提に見られるとおり間違いだということを意味する。また反対に、不朽の古典性という概念を含むガーダマーの議論は、二十世紀の本質的な実情を無視している、ないしはそれを歪めて見ていることになる。歴史主義の理論は——伝統の同化という契機を重視するガーダマーの理論も、伝統批判を強く打ち出すそれと反対の理論も——説得力をもつためには明らかにそれ自体が歴史化されなければならない。

伝統の概念と伝統主義

歴史主義や歴史的意識というカテゴリーをめぐる観念とほぼ同様に、それに対応する「伝統」という概念もまた曖昧である。それは一方で、意識されることなく自明なものとして現在に生き残っている過去の遺産を指すこともあれば、他方では、伝承されたものの意識的な同化を意味することもあるからである。(保守主義以前の伝統主義には自覚が欠けていたという点だけを強調して、保守主義——伝統を保持し保存しようとする意識的な努力——と伝統主義とのわずかな違いを深い溝にまで拡大するのは、分類癖からくる誇張だといえよう)。したがって、歴史的な対象化と「制御された異化」〔ハーバマース〕を通して行なわれる伝統批判は、伝統の概念がその色合いを変えるにつれてその強さも変わっていく。たとえば伝統批判は、かつて習慣的で自然なものと考えられていた規範が、実はわれわれが変えたり覆したりできる歴史の産物なのだと意識させる場合もある。伝統批判はまた伝承されたものへの距離感を生じさせ、その結果、以前には問題ないと思われた同化が困難だとわかることもある。なぜならその同化が過去に由来する事態にとって適切なのか、あるいは現在の状況に適切なのかが怪しくなるからである。

われわれが伝統というものを、ほとんど気づかないうちに生じるものと見るのではなく反省の対象とするやいなや、しかも伝承されたものの総体という内容だけでなく、明確な構造をもつ事象ないしプロセスとして形式においても反省の対象とするやいなや、伝統は作用史ないし受容史という姿をとって現われる。その場合にわれわれが知りたいと思うのは、伝承された内容と同様に、いやむしろそれ以上に、どのように伝えられてきたのかという伝承形態である。そしてそれまで気づかれなかった伝承内容の変化や順応そのものが、とりわけ注目されるようになる。しかし無反省な伝統が反省の対象になると（もっと正確にいえば、反省の度合いが増すと）、伝統主義の平静さで変化を見ることがたちまち困難になる。われわれはその代わりに、変化を進歩的な態度で推し進めるか、あるいは保守的な姿勢でそれを阻んだり、復古的に変化を逆行させるかの選択を迫られる。素朴な伝統主義が、過去の遺産に対する別の姿勢へと移行するのである。

途切れない伝統を示す印のひとつは、「古来の真理」への信仰である。そのような信仰が存在するかぎり、ある物事の年輪がその妥当性の根拠になるのか、それとも逆に、ある規範はそれが真理であるがゆえに太古の昔から存在したのか、といった疑問はまったく起こりようがない。そこでは永年のしきたりと妥当性が分かちがたく融合していて、論理的にも年代的にも、どちらが先でどちらがあとかといった反省は不必要だと思われる。それに対して、ある規範が物事の自然《ナトゥーア》に基づくという観念は、すでに一種の合理化を物語っている。なぜならそれは伝統主義、つまり自然なものと慣習的なものをもともと区別せず、一方を知ることは同時に他方を知ることになると信じていた伝統主義の変換を意味するからである。啓蒙主義は伝統を恣意的なものではないかと疑い、自然なものと理性的なものをそれに対置させて、素朴な伝統感情においては結びついていたものを分断した。このような啓蒙主義に対抗する過程ではじめて、伝統主義もやはり概念的に区別する必要に迫られ、自分を正当化するために、（和声的調性の場合のように）物事の自然とその不変性を、あるいは（パレストリーナ様式を真の教会音楽の規範としたときのように）慣習とその妥当性を保証する年輪をもち出したのである。

十八世紀には、素朴な伝統主義が前述のとおり慣習と妥当性の無差別な一体化を特徴としていたのに対して、歴史主義は伝統の起源を探って伝統の移ろいやすさと非不可侵性を明らかにし、また「自然の体系」が構想されて[17]、それが純然たる慣習の恣意性と対置された。そしてこのいずれにも、ある種の伝統批判が含まれていた。それまでは不可分とされたものが取り返しようもなく分裂してから、伝統主義は、それがいやしくも自分の立場を主張するかぎり、自分の正当性を擁護するために、年輪によってその自然さが保証された規範に頼るか、あるいは、歴史的な根の深さによってその妥当性が示されるような慣習に頼らざるをえなかった。それに対して伝統を批判する側の議論は、自然なものと理性的なものを規範的な地位にまで高めて、その規範の前では伝承が慣習であり、慣習は恣意的なものであることを示したり、あるいは歴史主義的な論拠をあげて、規則や慣習の年輪は問題なく通用する真理の証《あかし》ではなく、むしろますます大きな他者性と現在の精神との隔たりの印であることを明らかにすることができた。

しかし伝統感情、つまり伝承の権威に対する不断の無反省な信頼は、過去に対する意識であるだけでなく、同様に、あるいはむしろまずもって、現在や未来に対する意識でもある。自分は前の時代の規範や制度や知覚習慣に支えられていると感じ、そこに自分が必要とする不動の後ろ盾を見いだす者は、自分自身の現在についても安心感をもち、また同時に、未来の姿もその輪郭はあまり変わらないだろうと期待するのである。過去に対する意識としての伝統主義は歴史的思考――それが伝承されたものに対する内的な距離感と一見自明と思えるものの異化を生む――によって解消され排除された。しかしそのことは、それと同時に伝統主義のもうひとつの機能、すなわち現在と未来の意識を形成するという機能が、権威への信頼感と競合する「進歩」という観念によって引き継がれなかったら、なかなか起こりえなかったであろう。二十世紀になって「希望の原理」[18]へと退化した未来へのこの強い関心は、伝承の不変性と有効性への信頼を埋め合わせるもので、しかもそれは現在意識の確立という同じような機能を果たしているように思われる。換言すれば、かつて伝統主義が果たしていた機能、つまり過去意識と現在意識の仲介という機能は、十九世紀になると歴史主義と進歩の観念のあいだでいわば分け合われた。前者は距離を置いて過去を見る醒めた歴史主義であり、後者は熱烈な進歩の観念で、これは厳格な歴史的思考によって過去のもつ魔力が失われたとき、その結果生じた形而上学的欠陥を償うものであった。

伝統と復古

素朴な伝統主義は以前のものに対して無条件に服従し、以前のもののなかに、過去のものというよりもむしろ年輪を見て、それを崇拝した。しかし十九世紀になると、この素朴な伝統主義は、前述のとおり、復古願望および保守主義という、伝承に対する別の行動様式によって追放された。

(1) 誤解を避けようとするなら、伝統と復古を同一視してはならない。両者の第一の違いは、前者が過去に対して直接的な関係をもつのに対して、後者の場合にはその関係が間接的で二次的だという点にある。伝統というものは切れ目のない連続に基づいていて、しばしばつながった鎖に喩えられる。それに対して復古というのは、途切れたり衰退したりした伝承を受け継ごうとする試みである。十九世紀にモーツァルトとベートーヴェンの作品が保持されたのは伝統のおかげであったのに対して、パレストリーナとバッハの音楽は（伝統の細い糸はいくらかあったにせよ）復古の対象であった。そして、ある作品を「古楽」と感じるかどうか、それを決めるのは復古という要素であって、たんなる時間の隔たりではない。つまり年代による外的な距離ではなく、内的な距離が決定的なのである。バッハの『マタイ受難曲』は誕生から百年後の一八二九年に[19]もう「古楽」であったが、ベートーヴェンの交響曲は、百五十年後の今日でも依然として「古楽」ではないのである。

(2) 第二に、復古は伝統と違って完全に反省的な行為である。十九世紀にはグレゴリオ聖歌の本来の姿を復興したり、――プロテスタントからも模範的だと称賛された――パレストリーナ様式に立ち戻って「純粋な」あるいは「真の」教会音楽を復興する努力が行なわれたが、それに伴って弁護や(堕落した教会音楽に向けられた)攻撃の文書がおびただしく現われたのも偶然ではなかった。[20]オリジナルなもの、無傷なものを復元しようとすると、「概念の拡大解釈」をしなければならないという矛盾が、復古につきまとう病である。シラー流に言うならば、途切れない伝統が「素朴《ナイーフ》」なのに対して、復古は「情感的《ゼンティメンターリッシュ》」である。[21]伝統はそれが健在であるかぎり、説明するまでもなく自明なものである。だからこそベートーヴェンは通奏低音を、基礎的な作曲規則の真髄として、無条件に受け入れなければならないと信じたのだった。伝統は正当化する必要がなく、むしろそれ自体が正当化の根拠をなすのである。十七世紀や十八世紀には、平行5度の禁則を合理的な根拠によって説明すべきだとは誰も思わなかった。平行5度は「響きが悪い」という、伝統によって深く根づいていた確信がいわば音楽聴の「第二の天性」となり、疑いようもなく明らかな事実となっていたからである。しかし伝統が無意識の世界に深く根ざしていればいるほど、伝統を変えるような要素が入ってくると聴き手はなおのこと取り乱し、最初は憤慨して、それを音楽の発展ではなく破壊だと感じてしまう。ある音響形象を聴いたとき、それが音楽を装ってはいるが音楽ではなく「悪魔の叫び」、シニカルな嘲笑、あるいはたんなる雑音だといった憤慨した反応は、伝統が断たれたときの最も顕著な印である。シェーンベルクによる調性の放棄、ストラヴィンスキーによる拍節リズムの破壊、ヴェーベルンにおける鳴り響く瞬間への音楽形式の収縮、あるいは電子音楽における騒音による楽音の抑圧がショックをあたえたのはまさしく、憤慨した聴き手がそれまでほとんど意識もしなかったような規範をそれらが破壊したからにほかならない。

（3）第三に復古は、一見成功したものでも、それが復元しようとする音楽言語が異なった環境へ移されるとその実体と表現力を失う、という危険を常にはらんでいる。そしてこの危険をうまく利用したのがストラヴィンスキーであった。さらにまた、特に復古が同時に作曲の仕方にまで入り込むとき、過去の要素がおくる「第二の人生」には、〔シラーの意味での〕「情感的《ゼンティメンターリッシュ》」な要素が〔日常的な意味での〕「感傷的《ゼンティメンタール》」なものに移行する傾向がほとんど常につきまとっている。十九世紀に復興されたパレストリーナ様式、たとえばエードゥアルト・グレルとミヒャエル・ハラーのパレストリーナ様式[22]は、それがたんなる技術の訓練に終わらなかった場合、知らずしらずのうちに、久しく忘れられていた過去への音による追憶という姿をとった。彼らは厳格さや客観性を求めて努力したにもかかわらず、そこにはまぎれもなくノスタルジーの気配が漂っている。しかもこのような美的印象の理由は、作曲技法の具体的な特徴に基づいている。つまり十六世紀の旋法、いわゆる「教会旋法」が、十九世紀の復興のなかではその本質を変えたのである。和声的調性の伝統で育った聴き手にとって、教会旋法は長調・短調という規範からの逸脱、あるいはその表出的ないし色彩的な変種に聴こえる。十九世紀には「ドリア6度」が短6度音の変種とみなされ[23]、昔の教会旋法にはなかったような表出的な色彩を帯びる。そして旋法が自足的なものというよりも逸脱として感じられたという事実は、復興されたパレストリーナ様式にそのロマンティックな色合いをあたえた「情感的」な特徴に、技術面で対応する要素なのである。（ストラヴィンスキーはペルゴレージないし偽ペルゴレージの場合[24]に、パレストリーナ様式に見られたこの表出性の増加を逆手にとって、それと正反対のものである表出性の喪失を作曲のうえでうまく利用したのだった。これら二つの一見相矛盾する事象の背後にある共通の要素は、それぞれの音楽言語の本来の実体が転倒されたという点である。）

保守主義と歴史主義

　過去が現在に生きながらえるのは自明なことと見なす伝統主義からも、すでに死滅したものを復元しようとする復古の傾向からも区別すべきものが、音楽の保守主義である。政治の保守主義と同様に、これが現在この言葉が指すものの姿をとるのは、十九世紀になってからのことであった。保守的な思考と態度は、復古と違って、死んだ伝統の復興よりも今なお生きている伝統を保存しようと努める。しかし、伝統主義の時代には自明なこととして伝承が行なわれたのに対して、そのような自明性はいまや姿を消してしまった。つまり保守的な思想は反省的で、ひそかに攻撃的な傾向さえもっているのである。なぜなら、保つべき伝統は危険にさらされているように感じられるし、自分を正当化する方法すなわち合理的な論証法は、敵方の進歩的自由主義から借りてきたものだからである。反伝統主義という時代の条件下では、保守主義が伝統主義という姿をとって現われる。ソナタ形式は一八三〇年以後廃れて意味を失ったかに見えたが、それにもかかわらずブラームスが――図式としてではなく原理ないし理想として――この形式に固執したのは、けっして亜流ではなく保守的な態度なのである。ブラームスにおいては内省的な傾向が、そして音楽では彼が蔑視した「新ドイツ派」に代表される時代精神に対抗して危機にあった伝統を守ろうとする頑固でまさに反抗的な意志が、まぎれもなく感じられる。作曲家としての彼は、リストの交響詩に見られるような形式の解体と闘い、美学においては当時支配的だった標題音楽への流れに抵抗する。彼がソナタ形式に手を加えなかったというわけではない。しかし彼が行なった作曲手法の修正は、規模が大きくしかも完全なまとまりをもつ構造であるこの形式の意味を変化した条件下で保ちつづける、という目的を果たしたのである。（一八五〇年頃になると、和声の多様化と色彩重視の傾向によって、ソナタ形式の調構造はそれがハイドンとベートーヴェンにおいてもっていたような基本的な意味をもう失っていた。そして意味関連を形成するという調構造の役割は別の要素によって埋め合わされねばならなかった。その役割を果たしたのが主題・動機労作で、それは今や展開部に限られるのではなく、楽章全体にまで拡げられた。ソナタ楽章全体に動機関連の——あるいはなかば潜在的な音程関係の——網を張りめぐらすというこの手法は、したがって一方では調の配置が形式形成の明らかな力を失ったことを償うものであったが、また他方では、詩的・標題的なものへ向かうその時代の傾向に対する「論理的」な対抗手段でもあった。）

伝統の精神を救うためにいわば文字を変えることで伝統を保持しようとするこの保守的な努力は、次のような傾向をもつ美的体験のなかに現われている。すなわち、音楽作品の移り変わる解釈は、変化を免れた常に変わらぬ実体がたまたま歴史のその時点に同調した偶然的なものにすぎない、と見る傾向である。真純な保守主義はけっして、それを蔑む人たちが考えるほど硬直したものではない。それはしかし音楽が「徹頭徹尾歴史的である」という命題には抵抗して、不可侵であるべき中心的な要素と交換可能な周縁的要素をあくまで区別すべきだと主張する。過去が現在に生き残るということの意味をよく考えてみると、過去のものは——実体が変わることなくもちこたえるからではなく——まさに過去のものであることによって現在の本質的な一側面をなすのだ、という洞察ないし感覚が生まれる。そうなったとき、保守主義はたちまち歴史主義に移行する。音楽作品をそれが生まれた時代の脈絡で分析する歴史的認識は、ほぼそのまま美的体験に取り込まれなければならない。ドキュメントとしての性格と作品としての性格のあいだにはっきりしたカテゴリー的な違いがあるからといって、歴史的認識を美的体験から締め出してはならない。過去を意識することは美的に現在化することと対立するものではなく、美的現在化の部分契機なのである。歴史主義の信条によれば、ある作品がそれが生まれた時代について語る内容は、過去と現在に同時に、また一体のものとして属するのである。しかもそれは、作品の語るものが「時代を超越している」からではなく、過去のものであることと現在性が互いに混ざり合うからである。過去が過去として生き残っているということは、それが現在の一部であることの証《あかし》なのだ。前の時代からわれわれの時代にまで達している作品は、それ自身のために存在しているだけでなく、同時にそれ自身の時代を、しかも失われた時《タン・ペルデュ》〔プルースト〕として、引きずっている。素朴な伝統主義者が超時代的な美という形而上学にしがみつき、保守主義者が移り変わる現象形態の根底には不可侵の実体が存在するという信念を固守するのに対して、――「情感的」な傾向をもつ――歴史主義者は過去を過去として、現時点の本質に属する記憶の一部として享受する。そこでは遠いものが遠いものとして保持されながらも近いものとして体験され、見慣れぬものの他者性が認識されながらも身近なものとして感じられる。歴史主義の究極の主張は、ひねくれた美学のパラドックスである。

　歴史的なものを美的に見ることと美的なものを歴史的に見ることとは表裏一体である。芸術の内実が歴史によって刻印されているものとして――極端な場合には「徹頭徹尾歴史的」なものとして――体験されるにつれて、他方では、歴史のなかに現在の前史や自分の存在の前史を探すのではなく、美的に観照する視野の前に広がるパノラマとして歴史を見る傾向が増していく。作品の芸術性とドキュメント性の違いは、美学理論でいわれるほど截然としたものではなくなる。十分な距離をおいてみると、美的自律性へ向かう芸術の解放と芸術作品を歴史のドキュメントとして解読する傾向さえもが密接に結びついたものとなり、両者はひとつの同じ歴史的プロセスの、すなわち宗教音楽や宮廷音楽に見られたような目前の実用的機能の解消というプロセスの、部分契機であることがわかる。歴史的意識と美的意識は十八世紀という同じ時期に生まれただけでなく、両者は――ドキュメント的な意味と芸術性のあいだのカテゴリーの違いにもかかわらず――思想史的には表裏一体のものである。両者とも芸術作品への近づき方として――しかも客観的に距離をおいた近づき方として――、ハインリヒ・ベッセラーがハイデガーの「道具的存在者《ツーハンデネス》」というカテゴリー[25]に依拠して「日常音楽《ウムガングスムジーク》」という用語で呼んだ[26]実用的機能が解体したのちに生まれたものである。(この解体は実用音楽が後退してむしろ大衆現象として生産されているという外見的な現象のうちにではなく、機能性というものが芸術性や美的価値にそぐわない、あるいはそれに反するものだ、という信条のうちに現われている。これは支配的な階層から出てきて、被支配的階層によっても共有された信条であった。）

第六章
歴史的解釈学

理解《フエアシユテーエン》という概念は十九世紀と二十世紀初期における歴史学の中心をなす方法論上のカテゴリーだが、これは近年不評なようである。社会史を重視する現代の歴史家はもはやまず第一に歴史的行為者の意図や動機や思想を説明しようとはせず、むしろ彼らが依存していた傾向や圧力を規定しようとする。しかし、意図の解釈というものが歴史記述を基礎づけるのに十分でないことが決定的になったとしても、他方では、まず行動の意味を理解しなければ、その意味が成立し影響を及ぼしたときの条件を因果的あるいは機能的に分析することができない、ということも間違いないであろう。

対話と理解

十九世紀に展開された歴史的理解の理論は、はっきりと、あるいは暗黙のうちに、歴史的行為者の動機や目的を理解しようとしたとき歴史家がその行為者と交わす想像上の対話、という観念から出発した。そしてその対話が、雑談に終わったり、尋問に陥ったり、独白のやりとりにとどまったりしないためには、一定の条件が必要である。その条件はありふれたものであるにもかかわらず、あるいはありふれているからこそ忘れられることが少なくないので、それを指摘するのは無駄なことではない。すなわち、対話は共通の言語、事象についての合意、そして相手を人格として受け容れること——つまり相手もやはり自我であってたんに観察の対象ではないという了解——を前提としている。

対話を成り立たせるこうした指標は互いに依存している。言語上の合意が事象についての合意といかに密接に結びついているかは、ネガティヴな例を挙げれば、術語を説明するときの難しさからわかる。つまり、それが指す対象の扱い方を同時に説明しなければ、術語を説明することは困難である。また逆に、われわれが把握しようとする現実は常に言語によってもうあらかじめ形成されていて、われわれはその言語のカテゴリーでその現実を知り解釈するのである。たとえば聴き手に音高《ピッチ》という概念をわからせようとするとき、もしもその聴き手の文化においては周波数の違いが主に明度や音量の差として述べられ知覚されているとすれば、われわれは説明に苦労するであろう。しかし他方われわれにとっては、音高という概念によって形成されわれわれのなかに埋め込まれたカテゴリーを使わずには、つまり、われわれがそれとともに育ってきた比喩①を無視しては、楽音の現象を知覚することが困難である。

対象について合意することと対話相手に耳を傾けることとのあいだには、しばしば厄介な弁証法が存在する。話題となっている事象そのものではなく、事象に関する相手の意見を介して相手の人柄だけを観察し分析することは——つまり相手の話や論拠の正当性や欠陥を問わずに、もっぱら相手が自分自身についてもらすヒントだけを探すことは——まったく的外れで失礼なことでさえあるだろう。しかしながら、相手がその事象について言いたいことを理解するためには、相手の身になって、相手がなぜそう言うのかを考えることも、しばしば避けられないことである。対象を指針とするか相手の人格を指針とするか、この選択は一種の解釈学的循環②を形成する。つまり、事象に対する相手の意見から相手の人格を推し量り、また逆に、そこから今度は相手の意見をいっそう正確に理解し、それが正しいかどうかを評価するのである。(3) ある対象について合意することと合意したい相手の人間を理解することとのあいだにある目的と手段の関係は、相互依存の関係である。そして最も大切なことは、どちらかを優先させずに、両者のバランスを保つことであろう。

懐疑の時代——われわれの生きる現代はまさにそうである——においては、相手に不信感をもつよりも相手に共感し、相手の立場に身を置いたほうが認識のチャンスが大きくなる、という説を支持するのはなかなか難しい。無愛想さを歴史研究の基本姿勢にするのが、証人の反対尋問を手本とする実証主義の特徴である。それはまた、高尚ぶった思想を、卑しい——しかし隠された——利害関心に貶めるまで休むことを知らない、イデオロギー批判の特徴でもある(反証の挙がるまで被告は有罪だとする法廷が、現代の精神を最もよく物語っているように思われる)。

自分自身とその問題のなかに閉じこもらず他人の立場に身を置くという心的能力は、——たとえば哲学者にはそれほど大切でないかもしれないが——歴史家にとって基本的な素養のひとつである。これは改めていうまでもないことのように見えるが、歴史家は過去の時代の歴史的行為者に自分を「移入」できなければならないという数十年前にはまだ自明であった要請が、その後根本的な疑問にさらされ、そのイデオロギー性が疑われるようになった。現代の歴史家はドロイゼンが語ったような人類の「一般的な私《ゲネレレス・イヒ》」(4) をもはや信じず、むしろ、時代や民族集団や社会集団間の溝に橋を架けることはできないと考える。すべての歴史的行為者のなかに——小説における感情移入の対象として——「人間そのもの」を再認識する素朴さはたしかに問題だが、あまりにも神経質で懐疑的な歴史的良心をもち、理解の証書がすべて破壊され、過去が手の届かない他者性として現われるまで安心しないというのも、研究者を無力化してしまう。

理解《フェアシュテーエン》と説明《エアクレーレン》、内的解釈と外的解釈をめぐる対立はやや古びたものだが、まだけっして解決されたわけではない。しかし芸術音楽を中心対象とする学問においては、理解したり説明したりすべき対象において起こった重大な歴史的変化を知ることによって、この対立を多少は軽減することができる。歴史を外部から年代的に描くのではなく内部から捉えようとすれば、歴史家は歴史的行為者の意図に自分を戻して考えねばならない、という問題の多い要請は、音楽美学のある格率《マクシム》を前提としている。すなわち、音楽がどのような形をとり、どのような意味をもつか、それを最終的に決めるのは個人的な情動から生まれた作曲者の意図である、という格率である。しかしこの前提は、「芸術の時代《クンストペリオーデ》」——音楽史でいえば十八世紀後期から二十世紀初期におよぶ時代——の美学原理で育った歴史家が思うほど無難なものでも自明なものでもない。理解や説明の対象——完全に「音楽事象」に属する座標系をもって接し知覚すべき音響形象——は、歴史的、社会的、民族的に遠い音楽はもちろん、近世の芸術音楽においてさえむしろ繰り返し見直され、その違った側面が強調されてきた。したがって歴史の方法というものは、それが把握すべき現象の変化に応じて考え直すのが自然であろう。

解釈の歴史性

何が音楽の主たる実体を、つまり音楽史の中心的な対象をなすのかについては、ごく単純化していえば、機能的、表象的、人格的、そして構造的な解釈を区別することができる。この区別は近世音楽史の時代につれて重点が移動したことを意味するのであって、前の見方が次の見方によって跡形もなく解消されたという意味ではない。たとえば機能という要素は十九世紀の芸術音楽でもけっして無意味になったわけではないが、独創性という理念が支配した当時にあっては周縁に追いやられた（機能と結びついた音楽はともすれば通俗音楽になりさがった）。また音楽の意味ないし内容の表象的な解釈も、表出原理の時代に消滅したわけではないが、それが十八世紀中頃にもっていた美学上の威信を失って、（音画だけでなくバロックのアレゴリーや比喩も含む）「絵画的なジャンル」は時代遅れなものになった。

（1）機能的な解釈　十六世紀と十七世紀には、古代の模倣《ミメーシス》理論を指針とする表象的な美学がまずマドリガーレに、のちにはモノディと声楽コンチェルトにも見られたが、この時代に支配的だったのは機能的な音楽概念である。これはジャンルというものを音楽にとってそもそも本質的なものと考えて、そこから出発した音楽の制作論《ポエーティク》にはっきりと現われている。そしてこの場合のジャンルというのは、音楽が果たすべき目的と、その目的にふさわしい作曲手段とのあいだの一定の関係にほかならない。（第一作法《プリマ・プラティカ》は教会音楽の様式、第二作法《セコンダ・プラティカ》はオペラの様式であった。）この場合の音楽史はしたがって一方で制度の歴史、他方では技法の歴史になる。だから理解《フエアシユテーエン》ということを重視するような方法論は、無駄とはいわないまでも、中心的なものを捉えることができない。なぜなら、この場合に歴史を生き延びて歴史を形成するものは、個別的な作品や、そこに客体化され保存されて、われわれが理解によって再構築できるような作曲者の意図であるよりも、むしろジャンル・ルールの集合体であって、作曲家はそのルールを——破るのではなく——守ることで、自分の才能を証明しようとしたからである。この場合の音楽史は、はっきりいえば、作品から作品への前進という形ではなく規範の伝承、つまり機能と作曲技法の関係を規定する規範の伝承、という形をとるのである。

（2）表象的な解釈　機能的な音楽概念が特徴とする「目的と手段」という関係に代わって、模倣理論においては「対象と模写」の関係が主要な構造として登場した。この表象的な音楽解釈はマドリガーレのような進歩的なジャンルにまず現われ、最後には「教会曲《キルヒエンシユテユツク》」[5]のような伝統に縛られたジャンルにまで及んだ（バッハのカンタータは機能的音楽という概念だけでは律しきれない)。この解釈は音の形象を表象として捉えるもので、十八世紀後期になると相反するとまでされた音画と情念描写とアレゴリーの違いは、模倣《ミメーシス》原理が支配した時代にはまったく二次的なことであった。(たとえば、「ヒュポテュポーシス」というフィグール[6]は、のちにはまったく異なるものと解釈された多様な現象をふくんでいた。)音楽の制作論《ポエーティク》や理論が指針としたのは建築よりも文学と絵画であった。機能的な側面は後退した。しかしながら、情念の描写を表出性と取り違えてはならない。ある作品を理解するということは、それを伝記的なドキュメントとして解釈することではなく、対象に沿った表象の事実内容と真理内容について作曲者と合意することを意味した。聴き手が作曲者と交わす対話は音楽が描こうとした対象つまり音楽の内容をめぐるものであって、自分自身を表現する人間(作曲者)への感情移入をめぐるものとは考えられなかった。したがって、すべての時代はその時代に即して理解しなければならないという格率《マクシム》を実行する歴史家は、十八世紀初期の音楽史の場合、音楽について想定された内容とそれを表現する手段との関係から出発すべきであろう。

(3) 人格的な解釈　多感主義の時代以来、音楽に対する表象的な関心は徐々にいっそう人格的な関心によって解消された。十七世紀と十八世紀初期の音楽では情念またはエートスが音楽表現の自然な対象をなしていたのに対して、十八世紀後期と十九世紀には作曲者が音楽表現の主人公になる。音楽が描く具体的内容の説明は、共感した感情移入という意味で作曲者個人を理解することによって追放される。模倣美学の精神においてある情念を描いた者は、自分について語ったわけではなく、間主観的かつ再現可能な形であたえられていた現実の断片を描写した。そして聴き手は、音を介して作曲者の内奥に入り込もうとしたのではなく、自然模倣《イミタツィオ・ナトゥレー》が正確か不正確かを判断したのだった。それに対して、多感主義時代とロマン主義時代が取り憑かれていた音による自己表現という観念は、そもそも語りえないことについて、つまり常識《コモン・センス》では捉えられず、同質な精神によってのみ発見される隠された意味について語る、という逆説にほかならない。（たしかに次の事実も否定すべきではないだろう。すなわち、情念論も厳密にいえば作曲者の自己表現を心理として排除したわけではなく、ただそれを美的には重要でないもの、つまり公衆には無関係な個人の問題だとしたこと、また他方、多感主義とロマン主義の音楽の背後にある主体も、けっして作曲者の現実の主体であるとはかぎらず、美的想像力による主体でもありうる、ということである。したがって、客観的な情念描写のなかにしばしば主観的なものが流れ込み、また逆に、自己表現が現実の自己ではなく想像された自己の表現であることも少なくない。美学を心理学に還元することはできないのである。）

（4）構造的な解釈　二十世紀になると音楽の実体に関する人格的な解釈が構造的な解釈によって次第に解消されたという主張は、公衆に関していえば誇張かもしれないが、作曲家の詩学と、作曲意識の現状を指針とする美学的前提にたつ分析家の詩学からすれば、正当なものである。かつて芸術家の形而上学の根底には、プラトン主義ないし新プラトン主義の色合いを帯びた「本質と現象」というカテゴリーが存在した。それに対して現代の芸術理論で中心となったのは、「形相《フォルム》と質料《マテーリエ》」というアリストテレス的な概念である。（十九世紀には自明なものとして二義的な契機にすぎなかった質料と形相の関係が、（現代においては）美学や歴史哲学的反省の第一義的な対象になった。）テーオドル・W・アドルノによって二十世紀の意識状態に沿った音楽史記述の基本的カテゴリーだとされた「素材《マテリアール》の傾向」[7]は、形相と質料の関係を「素材主義的《マテリアリスティッシュ》」に色づけないしは強調した用語法にほかならない。鳴り響く現象からその背後に潜む主体を推し量り、芸術作品はその主体の表現および自己表象としてのみはじめて意味をもつようになると考えた「理解《フェアシュテーエン》」に代わって、二十世紀になると、人びとが音楽の、少なくとも現代音楽の、存在理由《レゾン・デートル》を教えてくれると期待するのは構造分析なのである。（構造分析を理解できない公衆によってさえ、それは裁定者として尊重される。人びとは（構造分析という）仲介方法を疑問視するよりも、むしろ音楽自体に背を向ける。）分析者の発見する構造関連が受け入れられるためには、それが作曲者によって意図されたものである必要はまったくない。決定的なのは作者が書いたテクストであって、作者の出発点となった意図ではない。人間は形象の関数にすぎず、その逆に——十九世紀のように——形象が人間の関数ではないのである。

歴史的理解

説明、解釈、理解、分析——ある作品をそれが代表するジャンルの規範から説明すること、作品が音によって表象する事実内容を解釈すること、作品の背後に潜む作者を理解すること、諸部分をひとつのテクストにまとめるつながりを分析すること——は、近世と呼ばれる五百年間に音楽に意味をあたえ、それを芸術として成立させたさまざまな原理に対応する方法である。前述のとおり、これらの原理は互いに排他的なものではなく、優位性が移り変わっただけである。十九世紀に人間という契機が、つまり作者を理解することが、強調されたという事実は、けっしてジャンルの機能、構造の密度、あるいは歌詞や標題が語る表象的な意味が重要でなかったということではない。その事実は、音楽の本来的に「制作的《ポエーティッシュ》」な契機が、つまり音楽を芸術として成立させる特性が、独創性に求められたことを意味する。つまり作曲家は独創性によって自己を表現し、曰く言い難い個性を感じさせるという逆説的な要求に自分が応えられることを示したのである。

したがって理解《フエアシユテーエン》というのはひとつの方法であって、競合する他の手法に比べてこの方法が特権化されたのは、歴史主義がその時代の特殊な前提に囚われていたからである。しかしこの方法の歴史的限界を知ったからといって、十九世紀以来発展してきた理解の理論がいまや無益な伝統で、現代の歴史理論はそれを無視しても損なわれることがない、といった行き過ぎた過ちを犯してはならない。たしかに、歴史哲学が到達したさまざまな解決を、知的なためらいなしに採用することは困難であろう。しかし、独創性の理念と表出原理を前提とする古典・ロマン派の音楽が音楽史記述においても音楽の実践においても優越した地位を主張し、それがさしあたりゆるがないように見えるかぎり、そもそもどうすれば他者を理解できるのかということは、音楽美学においても音楽史学においてもさしせまった問題である。

歴史的理解についての反省はほとんど常に、理性規範の抽象的な設定という難題《スキュラ》と摑みどころのない非合理性という障害《カリュブディス》を、ともに回避しようという努力を特徴としている。十九世紀の歴史哲学ないし歴史理論が裁定者ないしは拠りどころを求めたのは、もう信じられていなかった普遍的で同質な理性という観念でもなく、精神的きづなの予感によってしか正当化されず、完全には信頼できなかった、直感という観念でもなかった。

ある物事の把握は、それを可能にするための条件として、やがて実際に把握されたものの相似物が把握する人間のなかにすでに存在すること、つまり、主体と客体のあいだにあらかじめ、最初から、ある種の一致が存在することを前提としている。把握ということはけっして主体から単純に生まれるものではないが、かといって、客体から単純に取り出されるものでもなく、同時にその両方なのである。……自分を理解するためには、自分を別の意味ですでに理解していなければならない。歴史の場合、この把握に先行する基盤はきわめて明瞭である。世界史で力を発揮するものはすべて、人間の内部でも起こっているからだ（ヴィルヘルム・フォン・フンボルト『歴史家の課題について』(8)）。

フンボルトによれば、認識主体が歴史的行為者のなかに自分を再認識するというかぎりにおいて、歴史的な理解においては主体と客体の分裂が解消される。つまり、歴史上の行為者は――偶然的にではなく歴史的に行動する者という強い意味での行為者は――歴史のなかにある理性を取り出し、認識主体がそれを再構築するのである。フンボルトは非歴史的な合理性からも非合理的な歴史性からも一線を画して、理性を――既定のものではなく、生まれ育つものとして――歴史のなかに根づかせるので、歴史的認識は行動する理性の自己認識へと高められる。合理性は抽象的な規範および裁定者として歴史のうえに君臨するのではないし、それは――道具的な理性として――全体としてみれば救いがたいほど非合理な歴史の流れにおいて人間が自己主張するためのたんなる道具でもない。

われわれの言語において、歴史〔という言葉〕は客観的な側面と主観的な側面を合わせもち、起こった事象の歴史的記述（historia rerum gestarum）と起こった事象（res gestae）の両方を意味する。……二つの意味のこの一体化は外的な偶然というよりもいっそう高次元なものと見なさねばならない。つまりそれは、歴史を物語ることが本来の歴史的行為や出来事と同時に現われることと見なさねばならない。それらをともに生み出すのは、それらに内在する共通の基盤である。……何百年を考えようと何千年を考えようと、歴史記述以前の民族が体験し、革命や民族移動や最も激しい変化に満ちていたであろう時代は、主観的な歴史、つまり歴史記述を残さなかったがゆえに、客観的な歴史をもたないのである（ヘーゲル『歴史における理性』[9]）。

歴史の意識がなければ歴史は存在しない。歴史記述はそれ自体が歴史的行為と見なさなければならない。ヘーゲルのこの命題は、記録ではなく考古学的な遺物に支えられた歴史記述の時代からすると奇異で時代遅れの感じがするが、「歴史のない」民族への蔑視を表現しているのではなく、何が――たんなる偶然の出来事と違って――そもそも歴史と呼べるのかを規定しようとしたものである。そして「世界史では物事が理性的に起こった」という挑発的な思想は、ヤーコプ・ブルクハルトのような懐疑的な歴史家にとっては不快なものであった[10]。しかしこの思想は、形而上学から方法論へと向かって、歴史が――ただ年代的に記録され、非合理的な感情移入や美的観照の対象にされるのではなく——認識されうるためのある条件を述べたのである。かつて起こったことのすべてが理性的であったと言いたいのではなく、理性が示されるところではじめて歴史について語れるのだと言いたいのである。そして理性には理性自身についての自己反省が含まれるように、歴史には歴史についての意識が含まれるのである。

　非常に遠いものでも、それが人間のものであるかぎり、われわれはいわばそこに自分を投入して考えることによって理解することができる。……〔投入といっても〕もちろんわれわれの個人的特性のすべてにおいてではなくある種の一般的な形においてではあるが。なぜなら、われわれの経験的な「私《イヒ》」ではなく、その「私」において本質的で永続的なもの、つまり一時的でないものだけが、そのように己れの枠を越えて振る舞えるからである。……われわれの経験的な「私《イヒ》」が豊かであればあるほど、つまりその人生経験の幅が広ければ広いほど、「一般的な私《イヒ》」の準備もそこでいっそう整ったものになるであろう（ドロイゼン『歴史理論のためのテクスト』[11]）。

　ここで引用した文章には不信感を抱かれるかもしれない。なぜなら、誰しもが他の人間を理解し、評価し、他人に助言できるという信念は、疎遠なものや異質なものへの恐れを欠いていたために生まれたヨーロッパの偏見、つまりは歴史主義を支え、また逆に歴史主義がその強化に一役買った偏見にみえるからである。しかし誤解してならないのは、ドロイゼンが言及した「一般的な私《イヒ》」とは眼前にある既存のもの——歴史的、民族的、社会的差異を捨象したあとに残る不可侵の共通した実体ないし残余——ではなく、むしろ獲得しなければならないものだということである。つまり、「経験的な私」よりも「豊かな」「一般的な私」は特殊化を進めることによって形成されるのであって、非歴史的な素朴さがいつも前提とするような共通感覚《コモン・センス》へ還元することによって得られるものではない。さらにまた、ドロイゼンが考えた「理解の原理」は明らかに、人間の言動がすべて理解できる——他人の内面とわれわれ自身のそれとの類似性ゆえにわれわれも他人の内面に近づくことができ、その内面に他人の言動を関係づけることができる——という意味ではない。ドロイゼンが素朴だったとは誰も非難できないのだから、彼は多くの現象が歴史家の介入に抵抗するという経験をけっして知らなかったわけではない。彼が言おうとしたのはむしろ、たまたま理解できない行動や作品があったとしても、歴史学は、それが年代記の編纂に終わらないためには、人間が行ない制作するものは原理的に理解可能だという前提から出発しなければならないということである。「一般的な私」というのは、方法論上の要請を支えるための人間学的な仮説である。ドロイゼンは歴史学の可能性の諸条件を述べる必要に迫られたがゆえに、「習俗《ジッテ》の形而上学[12]」に逃げ場を求めたのだった。

ディルタイの「体験」

行為や作品からそれを生み出した内面を推し量り、その内面の現われとして行為や作品を理解するという方法は、シュライアーマッハーとその影響を受けたディルタイにおいて、「生の哲学《レーベンスフィロゾフィー》」という方向に向かった[13]。テクストは「生の瞬間《レーベンスモメント》」の表現であり、テクストのなかに客体化された生の瞬間は全体の一部、内的に関連する生の一部と捉えられねばならない。十九世紀の音楽史記述を支配した伝記的な方法は、シュライアーマッハーとディルタイにおいては解釈学の格率《マクシム》、すなわち、個別的なものはすべて——個々の文章だけでなく個々の作品や個々の行為も——それが出てきてそのなかで機能を果たす脈絡《コンテクスト》において解釈されねばならない、という格率の結果にほかならない。ある音楽形象を生の瞬間として捉え、生の瞬間を生の脈絡の一部と捉える解釈学が支配するようになると、音楽形象はしたがって美的存在として隔離されるのではなく、「生涯作品《レーベンスヴェルク》」の断片という姿をとることになる。その一方、生の哲学への転換においては、エルゴンすなわち完成された作品からその背後に隠れたエネルゲイア[14]へ推し進む努力がはっきりと認められる。固定した作品をいわば流動化して、それが出てきた要素へと移し戻そうというのである。実際にはただ恣意的に振る舞っているのに自分が対象と精神的に同質だと考えるような歴史的直感に対して、ここ数十年の「時代精神」はきわめて懐疑的である。しかし、完成された作品という現実からかつては開かれていたさまざまな可能性へ、現存する形式からその生成過程へ、そして具体的なテクストから潜在的な意識構造や無意識なものの構造へと立ち戻ろうという傾向は、実際には明らかに衰えていない。「生の哲学」という言葉こそ使われないが、実際にはそれが実践されているのである。

歴史的理解に関するディルタイの説明は「体験《エアレープニス》」という概念から出発した。この概念はけっして強い意味をもたない地味なカテゴリーであって、最初は次のような単純な事実を念頭においていた。すなわち、自然科学では目の前にある日常的な、「生活世界」のしみ込んだ経験が仮説的な構成概念へ――空間、時間、質量、運動間の関係へ――還元されるという事実、したがってそれとは逆の道を歩んで経験――「体験」――を、それが自然科学の抽象化する方法によって捉えられる前に、その経験が属していた生の脈絡から捉えるような、自然科学を補完する学問が考えられるという事実である。そして「体験」から「生」へのこの戻りをディルタイは「理解《フェアシュテーエン》」と呼んだ。しかし体験に意味をあたえ、それを理解可能なものとする生には、歴史が刻み込まれている。それゆえ人間学は歴史学という姿をとることになる。だからディルタイが考えた理解を神秘的なプロセス、生の本質の直接的で直感的な知覚だと誤解してはならない。彼が言いたいのはむしろ、生の脈絡の一部として「生の瞬間」に帰属する意味を、歴史意識を媒介として捉えることなのである。解釈学は神秘学ではなく文献学に由来したのだ。

理解か説明かという論争は古びたものに見えるかもしれないが、〔作者の〕意図に基づく解釈、因果的な解釈、そして機能的な解釈をめぐる歴史家と社会学者の対立のなかでそれはいまだに生きつづけている。しかし論争熱と読みの浅さが結びついて生まれた誤解によって、この論争は行き違いの対話という結果に終わることが少なくなかった。その典型的な例が「法則定立的《ノモテーティッシュ》」と「個性記述的《イディオグラーフィッシュ》」というカテゴリーの誤用である。ヴィルヘルム・ヴィンデルバントが一八九四年に提唱したこの区別は、たしかに反復不可能な出来事と状況を記述し理解させることが歴史学の認識目標だと主張するが、しかし経済学や社会学や心理学の法則仮説を歴史的説明から排除すべきだといっているわけではない。それに加えて、何かある事実――たとえば音楽上の事実――に対して最初からどちらか一方の方法の先験的《アプリオリ》に確立した特権を主張し、その目的でヴィンデルバントのカテゴリーを使うのは、重大な過ちである。ある現象が法則定立的な学問に属するか個性記述的な学問に属するかは、具体的な事実そのものではなく歴史家の認識目標によって左右される。「自然研究と歴史の違いは、認識のために事実を活用するときになってようやく始まる」（ヴィンデルバント「歴史と自然科学」[15]）。だからヴィンデルバントは、両者の違いを存在論的なものではなく、方法論上の違いだと見なしているのである。

ヴィンデルバントのあとを受けて、ハインリヒ・リッケルトは「文化科学」つまり歴史学や文献学の対象は「物事が価値によって規定されているかぎりにおいて」物事の現存在である、という命題を提示した[16]。この「価値」という――その後、特に複数形のとき、不思議に空虚なひびきをもつようになった――表現は、マックス・ヴェーバーの「価値自由《ヴェルトフライハイト》」という原理[17]に固執する方法論者たちの神経を逆なでするかもしれない。しかしリッケルトが言いたいのは、自分の語る歴史を構造化するために歴史家自身が価値を定めるということではなく、歴史家が記述する事実は価値と関係しているがゆえに意味をもつのだ、ということにすぎない。歴史学の材料をなす事実は、価値と関係がなければ過去が遺したごみかす、無秩序で雑然とした土くれにしかすぎないだろう。雑然とした出来事や状態は、価値の存在によってこそまとめられ、筋のとおった歴史として物語れるようになる。しかしこの価値は歴史家によって設定されて外側からもち込まれるのではなく、すでにあるものが見いだされ発見されるのだという。起こった事象の歴史的記述《ヒストリア・レールム・ゲスタールム》を可能にする価値構造は、起こった事象《レス・ゲスタエ》のなかにすでに予示されているというのである。（しかしながら、歴史記述の対象としての価値判断と前提としての価値判断を区別することは、学問の現場においてはリッケルトが理論的に要請したほど明らかでないように思われる。価値の構築と再構築が合流するのである。）

内部からの理解と外部からの理解

マックス・ヴェーバーによれば⑱、人間の行動は——そこから推して作品の制作も——主観的な意味と結びついた行動である。そして過去の行為の意味座標を再構築することが歴史家の仕事である。しかしその一方、人間の行動はいつも意図的に行なわれるとはかぎらず、因果的にあるいは機能的に説明されるような諸条件に依存していることも少なくない。これは誰も否定しないであろう。論争となったのはただ、意図的な行動に適応する構造をたんなるパノラマとしてざっとスケッチすべきなのか、それともその構造を中心に据えて歴史学本来の対象とすべきなのか、またどの程度までそうすべきなのか、ということだけである。「歴史学派」と「社会学派」のあいだで論争となったのは、出来事と構造の弁証法——行動は制度によって支えられ、また逆に制度は行動のなかで現実化される——ではなく認識目標である。すなわち目標が制度を前提とする個別の事象なのか、それとも事象のなかで形をとる制度なのか、という点であった。

意図から出発する解釈は意識的な動機や目的を描くのだから「内部からの」説明であり、因果的な解釈や機能的な解釈——ほとんど常に無意識の経済的・社会的メカニズムの再構築——は「外部から」の考察である。一方の方法が原理的に優位を占めると主張して他方を不適切だとか不必要だとして拒否することは、不合理かつ独断的であろう。しかし他方、認識関心に従ってやり方を自由に変えていいという、調停裁判所の陳腐な分別に満足すべきでもなかろう。問うべきことはむしろ、どちらの道をとったとき、音楽現象に関する確認がどのくらい妥当で精細であるか、あるいは的外れであったり大ざっぱであるか、ということであろう。さらにまた、そもそも研究対象は方法によってはじめて形成される――したがって一般化の方法をとる「社会学派」にとっての「音楽」は個別化の道をとる「歴史学派」にとってのそれとは異なる――といった科学哲学の議論によって意気消沈する必要もない。なぜなら、音楽に属するものの基本的実体は存在していて、それに即してある方法の有効性が実証される、ということは議論の余地がないからである。「二十世紀の音楽」に値するのは現代音楽《ノイエ・ムジーク》の難解な作品だけだと考え、作品内在的な構造分析によってその謎を解き明かそうとする歴史家と、一般大衆の理解できる音楽現象だけが歴史的に意味をもつと主張して、それを「法則定立的」研究の対象とする社会学者とのあいだの論争は、たしかに知的ゲーム――どちらも相手に耳をかさない行き違いの対話――としては考えられるだろう。しかしそれも、この二つの領域の矛盾という問題に立ち向かう音楽史記述こそがはじめて意味あるものとなりうる、という暗黙のうちに支配している了解をほとんど変えることにはならない。

「内部から」の歴史的理解と「外部から」の考察、つまり意図から出発する解釈と因果的ないし機能的説明――機能的説明が因果的説明と違うのは、前者が二つの事実、たとえば心理学的事実と社会学的事実のあいだに、ただ相関関係を確認するだけで、どちらが根拠や原因であるかを決定しないという点である――との関係は、前述のようにまったく補完的なもので、相互の容認や支持さえをも特徴としている。しかし、ある時代を歴史的に、時代錯誤しないで捉えようとするならその時代自身から出発して理解しなければならない、という要請が語られると、この関係は損なわれ、不信感へと変わってしまう。(過去のすべての時代をそれ自身から解釈することを認めながら、それと同時に現在を過去の歴史から引き出して理解しようとするのは皮肉であるが、現場の歴史家たちはこの皮肉にほとんど気づいていない)。

この対立の原理的な解決、つまり思いつきの妥協を超えた解決は、目下のところほとんど期待できない。一方で、たとえば魔術は幻覚的だとする啓蒙主義の意見や、プラトンやピュタゴラスのイデア数はもろい形而上学的虚構だとする近代物理学の確信を、古代音楽文化の諸現象に関する歴史的判断の出発点とすることは、明らかに不合理であろう。しかしその一方で、歴史的な意味関連を考察するとき、事実関連についてのちの時代に得られた知識を、それが研究対象の時代には知られていなかったという理由で無視するのは困難である。たとえば、やっと二十世紀に出てきて十八、九世紀の和声理論にみられる「物理主義」に疑問を呈した後世の議論に頼らなければ、意味のある形で音楽理論の発展を記述することはほとんど不可能である。(われわれは二十世紀の議論によってはじめて、昔の和声理論が自然科学の不完全な理解に奇妙に依存していたことを理解するためには、音楽内部の理論史的な説明から外部の社会史的説明へ移行することが必要だと感じるようになったからである。)

さらにまた、歴史的に伝承されてきた見解を「われわれ自身の時代の前提にたって」批判し、しかも時代錯誤的な恣意という非難を免れるためには、どこに境界線を引いたらいいのか、それもまたはっきりしない。十八世紀の音楽理論家たちもまだしばしば数が生きた原理であり、数比の単純さこそが協和音の明快な効果の根拠だと確信していた。しかし、当時の自然科学の知識と方法論を引き合いに出して、これが誤りであるだけでなく歴史的にも不適切であったと批判することは、正当なのだろうか、それとも問題なのだろうか? ある時代に共存したり対立しあう見解がひしめくなかで、その時代「本来の」精神はどこに存在するのだろうか? 歴史家がある時代を性格づけるとき、出発点とすべき「支配的な」意識はどれなのだろうか? 最も進歩的だった精神なのか、最も普及していた精神なのか、それとも政治的・社会的に影響力のあった精神なのか？　ある社会集団がその時代に書かれたことの内容を決定し、その結果その時代が後世の歴史意識のなかで生きながらえたとすれば、その集団に味方することが歴史家の仕事なのだろうか？

問題は迷路のようでほとんど出口がないかに見える。この問題の犠牲にならないために歴史記述ができることは、問題自体を自分の主題にすること以外にないのである。

第七章
価値判断は対象か前提か

歴史家を批判する哲学者の意見によれば、歴史家というものはさまざまな矛盾に巻き込まれていて、そこから逃れることができない。その矛盾のひとつは、大ざっぱにいえば、過去の一部を客観的に記述しようと努めれば努めるほど、歴史家は主観的な判断へ投げ返される、という決まり文句で表現することができる。つまり、歴史家は一方で感情を押し殺し、自分の党派性から距離を置いて、「実際にどうであったか」を再構築しようとしながらも、他方では、「歴史に属する」本質的なものをとるに足りない非本質的なものから区別せざるをえず、しかもそのときの判断基準はまったく主観的で、歴史家自身の出自や社会的役割、信条や経験に根ざしている、というわけである。（歴史記述の主体が個人ではなく集団だと仮定しても、この問題はあまり変わらない。）

しかし、哲学者が歴史の客観性に疑問を投げかけるとき、その疑問を表明する言い方は両極のあいだで揺れている。つまり、一方の極には露骨な悪意《ルサンチマン》と疑惑があり、他方の極には、当否の判断を最終審まで保留する微妙な懐疑がある。この懐疑はしかし、「認識と関心」の弁証法（ハーバマース）――解消しがたい主観的要素が歴史的洞察の前提でありまた同時にその障害でもあるように見えるという困難さ――に絶えず反省を加え、それによって対抗する可能性を残しておくような懐疑であり、その反省とは、この問題をますますきめ細かく自覚することによって、問題を封じ込めるような反省である。

認識と関心

テーマの決定、視点の選択、そして材料の選別は、歴史家の生きざまと結びついている。客観性の理念を問題意識の欠如と取り違えるのでないかぎり、このことは誰も否定しないであろう。しかしだからといって、歴史についての発言をすべて特定の関心と結びついた独断的な態度に還元できる、と考えるのは間違っている。なぜなら、ある歴史記述が学問的といえるかどうかは、その記述が前提とする価値に左右されるというよりもむしろ、価値座標によって区画された範囲内で諸事実を関連づけるときの方法にかかっているからである。

最も雑な形の――それゆえ最も一般的な形の――イデオロギー批判は、「実際にどうであったか」という認識をまったく許さないような社会集団に属しているといって歴史家を非難し、それによって彼の歴史的判断の信頼性を貶める、という軽率な態度である。たとえば反動的な思想をもつ歴史家は、もうそのことだけで、歴史の現実を捉えそれについて考える可能性を自らアプリオリに閉ざしてしまう、というのである。自分が完全な真理を所有していると確信し満足している狂信者は、学問的主張の当否をひとえに主張者の心情によってのみ測り、「客観的で普遍的」だと自認する自派のスローガンと一致するものこそが認識だと言い張って、新たな認識へと前進することこそ自分の関心にとって逆に有効かもしれない、という可能性に賭けないのである。

粗雑なイデオロギー批判に対抗するためには、発生と妥当性、物事の起源と本質をあくまで区別しなければならない。この区別はいまやいささか古びた感じもするが、第一段階としては十分に有効である。ある議論がルサンティマンから生まれたからといってそれが真でないとはいえないし、その由来が怪しげだからといってその議論を切り捨ててよいということにはならない。(真の理解はひとえに共感から生まれるという高邁な見解は観念論的な先入観であって、すくなくともニーチェ以後は色褪せてしまった。）ある主張が生まれたときの諸条件を再構築しても、その主張の当否を根拠づけるためにはけっして十分でない。いかがわしい価値座標に基づく歴史研究――たとえば本質的なものと非本質的なものを区別する基準として国家主義《ナショナリズム》という思想から出発するような十九世紀の音楽史――であっても、それが一方では内的関連を再構築すべき材料と、他方ではその記述が拠りどころとする歴史学の知識水準と十分に合致するかぎり、「客観的」な認識に到達することは可能なのである。

党派性をめぐる論争において、マルクス主義者と非マルクス主義者は和解しがたいように見えるし、互いに理解しようとさえしないことが多い。しかしその論争においては、――誰もが語り誰も聞かないというすれ違いの対話を避けるためには――少なくとも、歴史的認識というものが常に学問以前の関心に基づく（研究を進めるとき、いつまでもその関心に縛られるというわけではないが）、ということを了解しあっていなければならないであろう。そしてそのような学問以前の関心は、いかなる問題を設定するか、また「意味のある」どのような材料を選ぶか、というときに見えてくるものである。歴史的事実はそれ自体が語るのであって歴史家の主観をなにがしか含んでいる問いかけによってはじめて語るのではないと信じている人間、したがって歴史家は一見しただけで事実として現われるものを記録するだけでよいと信じている人間は、客観性に到達するのではなくたんに幼稚《ナイーヴ》なだけ、つまり、それを自覚することなく偏見にとらわれているにすぎないのだ。

イデオロギーのスローガンを投げ合うことに終わらず、科学哲学的に有効な方法論争は、――ユルゲン・ハーバーマスの言葉を借りれば(1)――「認識と関心」の弁証法から引き出される結論のどれを自分が採るか、それを決めねばならなくなった時点でようやく始まる。歴史家は自分の関心と党派性を改めて歴史的反省の対象とすることができる（なぜなら哲学と同様、歴史学はそもそも自己反省的な学問で、自分の前提を自分自身の手段で研究の対象として客観化できるからである）。そして歴史家は客観性と非党派性の理念に固執するという主張も、理性的なコミュニケーションにおいてはまさにこのことを言おうとしているのである。しかもこの反省の目的は、主観的な――個人的または集団的主観による――契機から発する影響を顕在化し、それによってその影響を軽減させることにほかならない。もっとも、客観性の理念にどれほど近づけるか、また歴史家が、たんなる記録保管所に堕す危険を冒すことなく、そもそもどの程度まで客観性を追及していいのか、それは一定の基準によって決められるものではなく、何が適当かというわれわれの感覚に委ねられる。われわれができるかぎりの精密さに到達できるのは、観察者たるわれわれ自身を「締め出す」のではなく、観察者の立場を認識過程とその結果に関する合意の一部とし、その立場がどの程度まで影響しているかを自覚した場合のみである。このことだけは間違いないであろう。

党派性と客観性

認識と関心のからみあいからは、これと正反対の――非マルクス主義者にとっては奇異な――結果も出てくる。それはつまりマルクス主義者が――非マルクス主義の歴史家と同様に、まず自分の党派性の前提と影響を歴史的な反省によって自覚したのち――その党派性のなかにいわば立てこもり、完全には逃れられない党派性を先鋭化し、それを極端にまで推し進めようと決断する場合である。しかし、彼らは客観性というものがいつも部分的にしか得られないという理由だけで客観性を求めようとさえしない、といってマルクス主義の歴史家を非難するだけでは足りない。決定的に問題なのはむしろ、マルクス主義の歴史記述はまさにそれが党派的であるがゆえに同時に客観的である、なぜならその歴史記述を支配する党派は歴史の運動法則が命じるものを実行するのだから、という命題なのである。

党派性のための弁明はいまでも魅力的なパトスをもっているが、それは明らかな循環論法に基づいている（しかもそれを解釈学的循環として正当化できる可能性は少ない)。つまりマルクス主義の歴史家は、研究を始める前に歴史的真理をすでに知っていなければならないことになる。さもないと、自分の出発点であった党派性が自分の到達できる客観性と一致する、ということを知りえないからである。したがって彼の仕事は、その政治的実践が歴史的真理を代弁したり味方につけている階級の意識のなかに——少なくとも基本的な形で——すでに含まれているものをなぞったり、そこに細部を書き加えたりするという、低次元な努力に尽きることになる。(非マルクス主義者に対するマルクス主義の論駁は分裂している。つまりマルクス主義者はまず最初に、非マルクス主義の歴史理論が求めるように自分の関心から距離をおくことはそもそも不可能だと主張する。しかし実は、われわれが党派性を超えることができないと言いたいのではなく、超えるべきではないというのである。)

理論は実践——ある特定の実践——との相互作用によって可能なかぎり高度な真理に到達することができる、というマルクス主義の主張とは正反対に、非マルクス主義の歴史学はまったく逆の信念に固執して、実践と距離をおくことによってこそ客観性の理念に少なくとも近づけるのだと考える。この種の客観性は抽象的でユートピア的なものではなく現実に可能なものであって、戦略上、間主観性[2]として定義され、それが個々の歴史家の主観的偏見を正してくれると期待される。そしてこの間主観性は学界、いわゆるサイエンティフィック・コミュニティ〔トーマス・クーン〕内部での合意のうちに存在し、政治や経済の卑近な関心から免除されていることがこのコミュニティを構成する特徴のひとつなのである。

価値評価と価値関係

マックス・ヴェーバーは「価値判断論争」に火をつけ[3]、それは社会学から歴史学へと波及した。この論争の中心は主として――誤解から生じた論議を別にすれば――「価値評価《ヴェルトウング》」と「価値関係《ヴェルトベツイーウング》」というヴェーバーの区別が十分かどうか、つまり、厳密に経験的な手法を採る学問から規範的なドグマを遠ざけ、それと同時に、他方では歴史の材料が、必然性がないのに歴史家が勝手に関連を描き込むことのできるさまざまな事実のカオスに陥ることを防ぐのに、十分かどうかという問題である。この「価値関係」というのは、過去の時代のさまざまな事実のなかで本質的で特徴的なものを無意味なものや周縁的なものから分けるために、歴史家が構想したり再構築したりするものである。これは歴史家によってその妥当性が確かめられる客観的規範を示し、歴史家自身が信じる主観的規範ではないという点で、「価値評価」とは区別される。たとえば十八世紀後期と十九世紀の音楽史は、それを独創性という要請と関係づけ、その要請が芸術音楽の作曲家に一方では手法の新しさを、他方では表出性――自分自身の表現――を期待したのだ、ということを知ったときにはじめて理解できる。しかしこの認識に達した者も、この独創性の美学を自分自身の美学として信じ、自分が音楽と接するときにその美学を指針とするにはおよばない。彼が認識したのはひとつの「価値関係」であって、そこに含まれている「価値評価」を共有する必要はないのである（もちろんその評価を受け容れることはまったく自由だが）。

しかし過去の時代を描くときに歴史家が指針とする「価値関係」は、ごく一部だけが「既存」のもので、大部分は歴史家自身が「生産」しなければならない。そこからひとつの難しさが出てくる。たしかに、価値関係が恣意的な虚構に終わらないためには、当然のことながら、経験的に実証されなければならない。たとえば、十九世紀における音楽の発展はその多くが音楽の言語性を求める努力から説明できるという命題は、たとえこの時代自身の美学が音楽美の概念や絶対音楽と標題音楽の対立をめぐるものであったにしても、さまざまな歴史的事実をひとつの図柄に、しかも皮相なものではなく説得力のある図柄にまとめあげる公算が明らかに高いであろう。しかしその一方、日常的な学問の現場では、第一に事実「そのもの」は対立しあう「価値関係」に等しく適合する傾向があるということ、そして第二には、歴史家が過去のある時代に目を向けて構想する「価値関係」は、彼が自分のものとして受け容れる「価値評価」から学問の論理としてはたしかに切り離せても、心理的には、また学問の現場においては、その価値評価と深く結びついていることがわかる。しかもそれは、前述のとおり、歴史的事実「そのもの」が驚くほど平然と、異なった、そして相対立するような「価値関係」の共存を許すからにほかならない（特に、そもそもの事実が「歴史的」つまり「歴史に属する」事実なのかという判断には、いつも「価値評価」がすでに入り込んでいる）。

こうしてみると、マックス・ヴェーバーの区別は歴史家に安心感をあたえてくれるというより、むしろ不安感をかき立てるものである。そして「価値評価」と「価値関係」をめぐる錯綜した、しばしば苦痛さえ感じさせる論争に困惑したり辟易したりしないためには、前に述べたように、歴史学が自己反省的な学問であること、したがってそれは自分が出発点とした前提を改めて歴史的な——自分の学問の境界を超えない——研究の対象にできる、ということを思い起こさねばならない。

事実判断と価値判断

ヴァーグナーの『指輪』が十九世紀の傑出した作品のひとつだというありふれた命題は、美学的な規範をもち出すまでもなく、作用史の記述によって支持される主張である。換言すれば、この命題は経験的な手段で確かめることができる。それに対して、四部作[4]のなかで楽劇の理念——それはオペラ史のなかに何度も出てきてはくり返し葬り去られた——が歴史の現実になったという命題は、誰もが同意するとはかぎらない規範的な前提を含んでいる。しかしわれわれは、歴史家がその前提を受け容れるか否かという決定をたんなる恣意に委ねる必要はけっしてなく、主張された規範が楽劇に関する理念の歴史にどのように適合するかを、——美学ではなく歴史学の手段で——経験的に調べることができる。そしてその研究の結果、『指輪』についての前記の判断が十九世紀のドイツで支配的だったオペラ美学の観念と十分に一致し、ドイツ・オペラの歴史家が盲目な党派性という非難に晒されることなく出発点にできる「価値関係」の代表的な表われだということに——その可能性は少ないけれども——なるかもしれない。そして最後に、歴史家がその歴史的な有効性を研究する「価値関係」そのものが——反省の第四段階として——歴史家自身が信じる前提に基づく「価値評価」の対象となりうるのである。

論理的にいえば、価値判断と事実判断は切り離さなければならない。しかし実際には、価値判断が部分的にはしばしば事実判断に基づいていたり、また逆に事実判断が価値判断から影響を受ける、という事態は排除できない。科学哲学者にはいかがわしいことに見えるかもしれないが、因果関係に関する主張でさえ道徳的な信念や美的信条に左右されることがありうる。たとえば、一九一〇年前後に——少なくとも、今から振り返ってみて決定的な意味をもっていた芸術音楽において——伝統的な調性が崩壊した原因は、この調性という体系の「消耗」にあったのか、それとも何人かの作曲家からの「攻撃」にあったのか、という問題は、音楽の論理と表現においてできるかぎり前進することが「音楽の本質」に適ったことなのか、それともある体制が——部分的には消耗していても——まだ存続できるかぎり、理解しやすさを重視してその体制を放棄しないほうが「理に適っている」のか、それを判断しなければ決定できないことが明らかである。

このことはしかし、歴史家が思いがけずも頼ることになる道徳的判断や美的判断が、合理的な議論の範囲を超えるという意味ではない。とりわけ忘れてならないのは、論理的にいえばたしかに規範的な命題を事実から引き出すことはできないが、経験的には、規範的命題が事実から影響を受けうるということである。科学哲学における規範命題と記述命題の区別はそのことを忘れさせがちだが、日常生活でわれわれが行なう価値の決定は、われわれが新たに知った事実によって絶えず訂正されるのである。規範と事実とのこのような相互作用を考慮に入れるならば、歴史家は過去の時代にかつて受け容れられていた規範を単純にその時代や社会集団にとって有効だったと受け取るのではなく、その時代に知られていて、訂正するような影響力を発揮したかもしれない認識や事実に照らしてその規範を評価することが、むしろ正当なようにさえ思われる。

歴史家が過去の時代の音楽と音楽文化のうちに発見する「価値関係」と、歴史家自身が下そうとする「価値評価」は、伝統によって、つまり過去が現在に生き残ることによって、すでにいつも相互の仲介が行なわれている。ある対象について判断するとき、われわれは何の前提もなしに、対象との一義的で直接的な関係によってのみ判断することはけっしてなく、伝承された見解を――意識的にせよ無意識的にせよ――同化したり拒否したりして判断する。極端にいえば、判断は事実よりもむしろ過去の判断との関係で行なわれるのである。

しかし「価値評価」と「価値関係」が伝統によって仲介されるという事実から出発するならば、「歴史に属するもの」の選択、つまり本質的なものと非本質的なものの区別という、歴史家が学問の現場で日常的に遭遇する問題は、歴史の理論家たちが歴史家の苦悩と称するジレンマとははっきり違っている。批判的な哲学者たちは、歴史家が出口のない弁証法に巻き込まれていると考える。つまり、歴史家はさまざまな事実のカオスを物語りうる歴史へと構造化するために、もっぱら主観的な根拠による価値の決定を余儀なくされ、したがって散在する材料を理解可能な対象へと「客観化」するためには判断を「主観化」せざるをえない、という困難に巻き込まれているというのである。しかしこの批判者たちは、歴史記述という仕事についてとうてい受け容れがたいような認識を根拠にしている。

音楽作品の典範

音楽史学は、歴史家たちが強い意味で「歴史に属する」と信じる音楽作品の典範《カノン》[5]を取り扱う。強い意味でというのは、それらの作品が過去に存在し何らかの働きをしたということだけでなく、それらが過去の遺した残骸のなかから突出していたという意味である。ある作品が属する――あるいはそれを締め出す――「歴史」はかつて存在したものの総和ではなく(それを計算することなどそもそも不可能である)、現在が自分自身の過去に対する関心から、あるいは逆に、未知のものや遠く隔たったものを同化して自分と距離を置くために、自分と関係があると感じる伝承、あるいは自分がそれに支えられていると感じる伝承の総体である。

しかし音楽の典範《カノン》という概念は一義的ではない。混乱したり間違った推論の犠牲にならないためには、――決まり文句を使えば――われわれが選ぶ対象としての典範《カノン》と、われわれが選ぶときの根拠としての典範《カノン》を区別しなければならない。多くの音楽史家はヘンデル、ハイドン、メンデルスゾーン、あるいはストラヴィンスキーよりも、バッハ、ベートーヴェン、シューマン、あるいはシェーンベルクにいっそう魅力を感じる。このような好みは、たしかに学問的なテーマの選択に影響したり、研究のなかに散在する美的判断のうちに姿を見せるかもしれないが、だからといって――ヘンデルやストラヴィンスキーを軽んじる人のものを含めて――音楽史記述が出発点とする典範《カノン》が何かということはほとんど、あるいはまったく変わらない。グルックの音楽に少しも親近感を覚えず、ヘンデルの不機嫌な批判[6]に与《くみ》したいと感じる音楽史家であっても、だからといって『オルフェーオとエウリディーチェ』や『タウリスのイフィゲネイア』の作曲者を自分が音楽史だと理解するものから締め出したり、その周縁に追いやったりする気にはならないだろう。彼が美的観点からある典範《カノン》を採ろうと決めても、つまり主観的な選択を行なっても、その決断や選択の基礎になっていた典範《カノン》はほとんど変わることがない。そして音楽史記述の前提をなすのはこの第一次的な、前もって存在した典範《カノン》であって、第二次的で主観的な典範《カノン》ではないのである。

この区別をさらに詳しく考えてみよう。まったく一面的な事実の選択を生むような「価値関係」でさえ、原理的には歴史記述の学問性を危うくすることはない。歴史家が自分なりにオペラ史の「全体」を、あるいは「その唯一本質的な部分」を捉えると主張するのでないかぎり、オペラ史のなかから一群の作品を選んで関連づけ、それらの形式原理を楽劇の理念から解明しようとしても一向に差し支えない。「一面性」と「客観性」は完全に両立できるのである。しかしながら、ヴァーグナーを指針とするオペラ史家がロッシーニについて沈黙すれば、学問的に不当な過小評価に陥る危険は少なくない。つまり彼は、歴史の材料を構造化する客観的な「価値関係」を、個人の問題である主観的な「価値評価」と無意識のうちに混同したことになる。

歴史的意義とは何か

「歴史に属する」音楽作品の典範《カノン》を正当化する試みは、一般に美的判断基準と歴史的判断基準の区別から出発する。作品の美的地位というのは作品そのものに、それ自体のために帰せられる特質として現われ、一方歴史的意義というのは、作品がある脈絡のなかで果たす役割として現われる。〔後者の例を挙げれば〕たとえば、ある作品が「時代の精神」を特に雄弁に語っているとか、あるジャンルや形式や技法の発展史において決定的な段階を記しているとか、あるいはまた、それ自体のために音楽史の「空想の美術館」〔マルロー〕に収納された作品のための前提とか条件をなしている、といった場合である。したがって、ある作品が常套句でいうように「歴史の一部となる」ことは、作品そのものの存在によって直接に正当化されることもあれば、あるいはまた、その作品が指示するものによって間接的に正当化される場合もある。

しかし歴史的意義という概念は曖昧で誤解を招きやすい。それは一方で、大きさを測ったりあるいは少なくとも査定したりできる時間的および空間的影響力を指し、他方では、特定の作品が——あるいは他の歴史的事実が——歴史家の描く構造関連や「理念型」のなかで指標的な意味を獲得する、ということを指すからである。たとえば、ヨーハン・シュターミツの交響曲が広範な歴史的影響力を発揮したことは、それらの作品が（その美的水準についてわれわれがどう判断するかに関係なく）音楽史に採り入れられた——マックス・ヴェーバーの言葉を借りれば——「現実根拠《レアールグルント》」[7]である。しかし、旅行中のフォン・ウッフェンバッハ氏が一七一五年にパリで耳にした音楽夜会《ソワレ》[8]の曲目は、それが十八世紀初頭における演奏会のありようを反映しているというかぎりでのみ、音楽史に属することになる。だから「影響」としての歴史的意義と、「指標」としての——あるいはマックス・ヴェーバー流にいえば「認識手段」としての——それを区別しなければならない。

したがって、ある音楽作品が歴史的に意義があると見なされるか否かは、それだけではないとしても、その多くの部分が歴史家の選ぶ視点と、彼が解決しようとする問題に左右される。しかし次には、その問題自体が「妥当」か否かという判断の対象になる。そしてこの判断は、最終的には規範に基づくものだが、学問の現場ではそこに経験的な要素が介在してくるのである。（歴史家が通常相手にする事態はいま述べた両極、つまり、はっきりしている歴史的影響力と、それ自体では目立たない事実に「理念型」の構築によってはじめてあたえられる指標的な意義という両極の、どこか中間に位置している。たとえば、グランド・オペラの歴史における『リエンツィ』〔ヴァーグナー〕の役割を規定しようとするなら、出来事に乏しいその作用史を語るだけでは十分でないし、この作品が「グランド・オペラ」という類型の構造的特徴を示すという分析も不十分であって、われわれが歴史をどう展望するかによって結果が本質的に変わってくる。つまり、楽劇とグランド・オペラという二つのジャンルを互いに隔離するのか、それとも両者を密接に関係づけ、いわば平行現象として取り扱うのかによって結果が変わってくる。前者の場合、『リエンツィ』は楽劇への道程における「克服された前段階」のしるしとして――歴史記述上の意味よりもむしろ伝記的な意味をもつドキュメントとして――見られ、後者の場合には、楽劇とグランド・オペラという二つのジャンルが――美学的にも歴史的にも――実際に本質的なつながりをもっていたことの明白な証拠を提供することになる。)

研究の枠組みを画定する問いがひとたび提出されると、歴史的事実のなかに含まれていた、あるいはそこに予示されていた答えが、客観性――対象との相関性および間主観的な妥当性――をともなって登録される。そしてこのときの客観性の度合いは、物理学をみて萎縮する歴史家たちの多くが信じるほど、厳密科学の要求から遠く隔たったものではない。したがって、ある事実の歴史的意義について歴史家の判断を批判する場合、その批判は、歴史家が得た答えに向ける前に、まず最初に歴史家が提出した問いに向けるべきであろう。(たとえば、われわれがヨーハン・カスパル・フェルディナント・フィッシャーにあたえる歴史的役割は、調の順序で配列されたフーガ連作という考えに、一方でフーガの歴史において、他方では調性の歴史において、どのような意味を認めるかによって変わってくる。たとえば、第一にフーガの美学と歴史にとって連作という原理はあまり意味がなく、第二に調性の発展においては楽章間ではなく楽章内部における和声の多様性と範囲が問題なのだ、という説を――『平均律クラヴィーア曲集』があるにもかかわらず――もしもわれわれが採るとすれば、『音楽のアリアドネ』[9]は、美的にはもともとそうなのだが、歴史的にも価値のないものだということになろう。)

美的判断基準と歴史的判断基準を分けること――音楽作品がそれ自体としてもつ意味とそれが歴史的脈絡のなかでもつ意味とを截然と区別すること――は観念的かつ独断的であろう。なぜならまず第一に、多くの美的カテゴリーには歴史的契機が含まれているからである。たとえば新しさとか独創性、亜流とか通俗化といった概念についていえば、これらの概念が芸術理論で使われたときには歴史的判断を美的判断に変換しているのだと、まさしく主張することができる。たとえば独創性の要請は、歴史を意識した時代における美学の特徴なのである。第二に、美的判断自身もその基礎にある判断基準も、歴史的変化を受けるものである。たとえば、十六世紀の音楽において亜流という言葉を使うのは、その世紀末におけるモテットの生産をみるとそう呼びたくなるにしても、疑わしい時代錯誤であろう。（十九世紀なら弱点の印と見られたであろう様式模倣が、十六世紀には、自分の「流儀」を押し通すという危険に身を晒すのではなく、豊かな伝統に畏敬の念を抱いている証拠だと見なされた）。

しかし他方で、美的意義と歴史的意義の区別が曖昧で一時的なものだということを忘れないなら、またそれを不動の二項対立と見なすのではなく、そこから出てくる弁証法を理解するなら、両者を区別することはけっして無駄ではない。後述するように、「歴史に属するもの」の典範《カノン》はまず最初、主として「外から」歴史家にあたえられたものである。そして、音楽的典範《カノン》の形成に参加するすべての要素が美的な性質をもっているわけではないけれども、この「外部関係」を指すために「歴史的」に対して——歴史研究にいつも先行するものを指す合意概念として——「美的」という用語を使うことはまったく可能である。十九世紀の、つまりこの典範《カノン》が形成された時代の理解によれば、その作品が音楽史の骨格をなす作曲家たち——パレストリーナ、バッハ、ヘンデル、グルック、ハイドン、モーツァルト、ベートーヴェン——の「古典性」は、けっして作品が占める美的地位だけに基づいていたわけではない。古典作曲家というのはむしろ、ある音楽ジャンルの模範作家《クラシクス・アウクトル》であった（文芸においてソポクレースが悲劇の、ホメーロスが叙事詩の古典作家であったように）。そしてパレストリーナがカトリック教会音楽、バッハがプロテスタント教会音楽、ヘンデルがオラトリオ、グルックがオペラ・セリア、モーツァルトがオペラ・ブッファ、ハイドンが弦楽四重奏曲、ベートーヴェンが交響曲のそれぞれ古典作曲家であったという命題は、美的・規範的判断であると同時に歴史的・記述的判断でもあった。十九世紀の見方によれば、音楽ジャンルの発展は模範への依存によって行なわれたからである。そしてある範例的な作品に現われたジャンルの規範を指針とすることによって、雑然とした諸事実がはじめてひとつの物語りとしての歴史へ整理されたのである。

古典的とか古典性という概念が示すように、音楽における典範《カノン》の形成はもともと異なるカテゴリーの融合に基づいていた。それに対して、歴史家たちが美的契機と歴史的契機の違いや両者の弁証法を意識するようになったのは、もっとあとになってからのことである。このことはつまり、歴史家が音楽史の骨格としての典範《カノン》の意味について反省を加え、その典範《カノン》に含まれる美的判断とその典範《カノン》が果たすべき歴史記述上の機能との関係が問題だと気づきはじめたとき、典範《カノン》はもうすでに確立されていたということにほかならない。典範《カノン》というものはもともと歴史的意識にではなく、歴史以前の意識に属していた。そして古典的という概念は〔この歴史以前の意識から受け継がれた〕いわば遺産のようなもので、音楽史学は一方でその遺産を養分として生き――何がそもそも「歴史自体」に属するのかを前もって知っていなければ、音楽史学は麻痺してしまうだろう――、その一方では――この規範概念を規範的な意味合いをもたない時代概念へ中性化することによって――この遺産を破壊したのである。

歴史に属する音楽作品の典範《カノン》はしたがって――少なくとも最初の段階では、また基本的特徴においては――いつも歴史家に予示されている。それはしかも一方で、歴史家が収蔵品を侵害することなくそこから主観的に作品を選び出せる「空想の美術館」として、そして他方では、音楽史を書こうとするときに出発点とする、またそうせざるをえない、足場として予示されている。方法論の議論でよくいわれるのは、歴史家の仕事は歴史家自身による音楽作品の選択を基礎にしている、つまり歴史家は自分の価値評価によって過去から傑出していると思う基本的な作品群を選び出し、それから彼が重要だと認めた作品のあいだに歴史的関連の網を編むのだ、という観念である。しかし学問の現場を考えると、この観念は現実からそれていることがわかる。〔認識論者は単純な経験主義者をあさはかだといって軽蔑するが、実は認識論者自身が一種のあさはかさに陥っていると思えるほどである。）音楽史記述における価値判断について科学哲学的な議論をするとき、歴史家たちが実際に行なうことと一致しないような見解を指針とすることは、まったくの間違いではないとしても、少なくとも当を得たことではないであろう。

歴史家が既存の典範《カノン》を受け容れる――受け容れたからといって批判してはいけないという意味ではない――ということは、歴史家が一方である作品が「空想の美術館」に収納される理由となった「価値関係」を再構築し、他方では、伝承によって彼に伝えられたいくつかの「価値評価」を（音楽の聴き手としてではなく）歴史家として採用し、自分が語ろうとする歴史を構造化するときにそれらの価値評価を支えとする、ということを意味する。たとえば、ハイドンの『天地創造』が音楽史の骨格をなす作品のひとつだと決めることは、この作品の名声を確立した、あるいはその名声を可能にした諸条件を歴史的に認識することとは別のことだし、この作品に対する歴史家個人の美的賛意――賛意を表するかどうかは彼の自由である――ともまったく別のものである。それは歴史家が再構築する歴史的「価値関係」にも、彼が行なう現在の「価値評価」にも解消されえない、それ独自《スイ・ゲレリス》の価値評価なのである。

このように、音楽史記述が出発点とする典範《カノン》、つまり音楽史記述が設定するのではなく前もって存在する典範《カノン》は、伝統によって伝えられたものである。そして伝統にとっては、ある対象を指す「価値関係」とある行為を指す「価値評価」のあいだの、いま述べたような浮動状態が特徴だと思われる。典範《カノン》というものは、一方で歴史的批判にとっての障害であり、他方ではその不可欠な支柱でもある。（かりに歴史主義が伝統にくまなく侵入できたとすれば、歴史主義が養分とする実体そのものが奪われることになろう。）音楽史記述そのものは、本質的なものと非本質的なものの区別を可能とする美的判断を、自ら正当化することができない。歴史家が多くの事実と任意に構築できる価値関係というカオスのなかで窒息しないためには、何か「外から」あたえられた規範が必要である。（規範命題を記述命題から引き出すことは論理的に不可能だということを別にしても、音楽の美的存在様式と歴史的存在様式、つまり「作品」としての存在と「ドキュメント」としての存在が違うからこそ、歴史家は、自分の職分《メチエ》の範囲内にとどまるかぎり、無我の境地で作品に浸るという美的音楽体験に基づく判断を下してはならないのである。たしかに歴史家は「価値関係」を作り出すことができるし、むしろそうしなければならないのだが、「価値評価」を正当化することが歴史家の仕事ではない。)

しかしその一方、そもそも何が強い意味で歴史に属し何が属さないかと決めるために、音楽史記述には美的な判別能力が求められる。歴史的影響力というカテゴリーは、政治史学では重要なものを強調するために有効だが、音楽史にとっては――そこでも一定の位置を占めるとはいえ――けっして十分ではない。なぜなら音楽の偉大さというものは、政治的な偉大さと違って、原理的には歴史的な影響力なしにも考えられるからである。つまり音楽史は、政治史が道徳から解放されるのと同じようには、美学から解放されることができない。ちなみに政治史における道徳的な偉大さは、美的偉大さと同様に、歴史的影響力なしにも考えられる。(バッハのカンタータの歴史的影響力について語ることは――『平均律クラヴィーア曲集』とちがって――困難である。カンタータの偉大さに対するわれわれの確信は、わずかでしかないその歴史的意義――それは歴史的発展のまさに袋小路といえるだろう――に支えられているのではなく、音楽内在的な価値に対する美的判断に基づいているのである。音楽の偉大さはいずれ認められるはずで、それがどんなに遅く発見されてもやはり一種の歴史的影響力を物語るのだ、といった詭弁は無視していい。)

音楽史における「典範」の位置

したがって音楽史学がそもそも音楽史学として――かつてあったものの構造化された物語として――可能であるためには、それは伝統によって予示された美的典範《カノン》を必要とする。しかし、音楽史学が原理的に伝統に依存しているからといって、伝統によって音楽の典範《カノン》としてもたらされたものをわれわれが盲目的に受け容れなければならないという意味ではない。音楽史学と、それが前提としていわば背負っており、しかしまた同時に研究対象として目の前にしている典範《カノン》との関係は、むしろ弁証法的な関係と呼べるようなものである。

〔もう少し詳しくいうなら〕歴史家はまず第一に、最初に典範《カノン》が形成されたときのされ方と根拠を分析することができる、つまり自分自身の仕事を支える諸前提を研究の対象とすることができる。別の文脈ですでに述べたとおり、歴史学は自己反省的なものである。（その場合に歴史学が陥る循環は害のない解釈学的循環であって、悪循環ではない。そして美的典範《カノン》はその歴史的根拠が解明されると有効性を失うという意見は、疑問の多い偏見である。なぜなら、ある判断基準が歴史的なものだという認識は、必ずしもその基準を危険に晒したり無効にすることをけっして意味しないからである。そしてまたある規範を正当化しようとするとき、いつも事物や人間の不滅性に訴えるのではなく、規範の根拠を伝統に——その限界を意識しつつ——求めても、それはけっして薄弱で二番せんじ《エピゴナール》の根拠づけというわけではない。初期の歴史主義がまだ啓蒙主義と呼ばれていた十八世紀には、規範を歴史から引き出すという主張の主眼は、規範の妥当性が「超歴史的」だとする考えを攻撃することにあった。だがその後、美的規範は「徹頭徹尾歴史的である」という、かつては逆説的で挑戦的であった命題がもう誰も驚かない常識になり、「超歴史的なもの」にしがみつくかつての習慣にかわって、ある規範が数世紀つづくコンセンサスを得られれば、その規範を正当化するにはまったく十分だと信じられるようになった。）

第二に、伝承された美的典範《カノン》の根底にある一部は顕在的で一部は潜在的なカテゴリーや判断基準や思考形態——たとえば古典的という観念とその歴史——に意識を向け、それらを互いに対比させて、不完全ながらも有効な体系化を試みることは、意味のあることであろう。（ある時代のさまざまな美的カテゴリーが織りなす網目のなかで整合しない要素を指摘し、そうした内的矛盾の説明を試みるだけでも、体系化しようとする努力の結果として完全に容認できるであろう。逆説的にいえば、この場合は失敗もまた成功だといえよう。）

第三に、われわれは対抗する規範を提唱するだけでなく、典範《カノン》の前提を妨げたり壊したりするような歴史的事実を探り出すことによって、美的規範の典範《カノン》に変更を加えることができる。そのかぎりにおいて歴史学は――自分の境界線を越えることなく――伝統批判となることができる。歴史学は自分が依存している伝統を修正するのである。（規範を事実から引き出すことはできない。しかしそれはけっして、規範が事実から影響を受けないという意味ではない。そしてわれわれが論理的にはある規範を受け容れられない場合でも、経験的には、その規範の前提と結果を明らかにして、硬直した「決断主義」を捨てて、何がふさわしいかを理性的に判断することが有効である。）

（1）典範《カノン》の成立根拠　音楽史における第一次的な典範《カノン》がどのようにして、どのような理由から形成されたかを記述すること、たとえばシュッツ、グルック、ヴェーバー、ドビュッシー、シェーンベルクがいまやほとんど議論の余地のない名声に達した道程を辿ることは、そのテーマがきわめて魅力的に見えるのに、目下のところまだ行なわれていない。（問題の概略――シュッツとプロテスタント教会音楽、グルックと楽劇の理念、ヴェーバーと音楽における「国民精神」――が知られていないわけではないが、本質的なものは細部にひそんでいるのである。）しかし、古典性が達成されたのはたんに演奏の成功が積み重なったからだとする単純な想定が不十分なことは、ちょっと考えただけでもわかる。包括的な研究は非常に込み入ったものであろうし、史料収集の難しさという重荷も背負わなければならないだろうが、考慮すべきいくつかの〔次に述べるような〕視点については、ほとんど異論の余地がないであろう。

〔第一に〕演奏の成功というものは――具体的な数字で表わすことはしばしば困難であったり不可能でさえあるだろうが――原則として数えたり測ったりできる。それに対して名声《プレスティージ》というものは、作品が演奏されなくてもあたえられることがあるのだから、この二つは区別して考えなければならない。たとえばメンデルスゾーンによる『マタイ受難曲』の発見は、消息通のあいだですでに存在していた名声が演奏の成功に姿をかえたものと解することができる。つまり、それまで疑われていたのは作品の水準ではなく、秘伝のように知られていたものを公開の席で演奏して、人びとに理解させることができるかどうかという点であった。また『フーガの技法』〔バッハ〕の場合、その名声はもともと音楽実践のかなたに理由をもち、その名声を伝承するには実践を必要としなかったのだから、この作品の演奏は今日でも、その名声にいわば付録として付け加えられた副次的な実証作業《デモンストレーション》のようにみえる。

〔第二に〕音楽作品の受容が偶然でそれゆえ一時的なものに終わらないためには、その受容が制度によって支えられていなければならない。これは音楽社会学の常識である。(制度の仕組みから落ちこぼれた曲は——複数の独唱者のための歌曲のように——陰に隠れてしまうか、あるいは——ソロ編成でなく合唱によるマドリガーレのように——編成を変えて新しい状況に順応しなければならない。)しかしある作品やジャンルを生き永らえさせる制度的な支えは、その効果の度合いや形態においてさまざまである。また、理論上は音楽における名声の制度的な根拠と美的な根拠——つまり外的条件と内的条件——を分けて考えるが、これはたんに発見的手法《ホイリスティク》[10]であって、歴史の現実を構成する混在状態を記述するために、カテゴリーの枠組みを定めることがその目的である。十六世紀後期の声楽ポリフォニーが「純粋な教会音楽」の模範《パラダイム》にまで高められたことや、グレゴリオ聖歌が典範化されたことにくらべると制度化の度合いは少ないし、その意味も違っているが、演奏会レパートリーにおけるベートーヴェンの交響曲の地位もやはり一種の制度化である。やがて「交響曲演奏会」と呼ばれたコンサートの構造はそもそも、ベートーヴェンの交響曲がもつ美的要求によってはじめて形成された。なぜならベートーヴェンの交響曲は、ある楽章を演奏会の最初に、ある楽章を最後にというように、寄せ集めプログラムの導入や終曲として使われることを、または悪用されることを、許さなかったからである。この美的契機こそが——すぐにではないが徐々に——コンサートという制度の変形を余儀なくしたのである。それに対して教会音楽の場合には、典礼的な機能も、またあらかじめ指示された目的——音楽による言葉の表現——に最もふさわしい様式の傾向も、制度によってあらかじめ「外から」あたえられたもので、美的要求は、それを欠くわけにはいかないが、このジャンルの本質から出てきたというよりその本質に付加された添えもののように思われる。

〔最後に〕音楽的な名声はいつも、ある社会形態のなかに共存するひとつの――あるいは複数の――支持層と結びついている。（ここで支持層というのは、音楽的関心以外に何か共通の特徴によって規定できる公衆のことである。だから、電子音楽あるいはリュート音楽のために集まる集団を社会的にまとめるものが、もしも一風変わったものにつきものの音楽的熱狂だけだとしたら、その集団を現代音楽や古楽の「支持層」と呼ぶことは無意味であろう。）社会構造がほとんど変化せず芸術音楽についての観念も一定しているような時代の範囲内でも、ある作曲家の作品を「空想の美術館」に入れるか否かを決めるのは、けっしていつも同じ支持層とはかぎらない。アントン・ヴェーベルンの名声は、リヒャルト・シュトラウスの場合と違って、演奏会レパートリーの聴衆ではなく同好の仲間内で確立された。しかしその仲間たちは、マティーアス・ハウアー[11]の支持者たちと違って異端集団に留まることなく、マス・メディアへの影響力を発揮したのである。そして――これと正反対の例を挙げるなら――ジャック・オッフェンバックがパンテオンの一員[12]だという説は、文学趣味のインテリたちがポピュラー音楽の無邪気な愛好家たちといわば結託して、自分たちだけが真面目だと自称する聴衆に対抗してつくり上げたものである。しかし作曲家や音楽ジャンルのランクづけは、社会的に定義できるひとつの支持層が一般に複数のジャンルに関与し、また逆にひとつのジャンルが複数の支持層に関わる、という事実によって困難なものとなる。つまり抽象的にいえば、互いに関係づけなければならないのは個別的な――社会的および音楽的な――層ではなく、層の集合――階層構造《ヒエラルキー》のもっと大きな部分――なのである。

（2）**音楽のドグマ論**　法学や神学におけるドグマ論[13]の意味をあまり考えたことのない歴史家たちは、この言葉を軽蔑的な意味で使うことが少なくない。まるでそれが学者にとって禁断の地で、そこに踏み込めば学者生命が終わって予言者の仲間入りをするかのようである（ニーチェがヴィラモヴィッツから非難されたように[14]）。しかしわれわれは――エーリヒ・ロータッカーの提言(15)によれば――明らかに学問の仕事ではないドグマや規範の一次的な制定と、外からあたえられた諸命題を体系的に関連づけるという二次的な作業とを区別しなければならない。後者は完全に学問的な活動に数えうるもので、――その二次的な性格にもかかわらず――けっして低次元の作業ではない。（あたえられた命題の前提や帰結や含意の解明をもしも学問の概念から締め出したなら、学問としての法学の主張を根拠づけることが困難になろう。）

美的規範や作曲技法の規範は、一方で――「歴史に属する」作品を選ぶための条件として――音楽学の前提であるが、他方ではその対象、しかも――軽蔑的な意味ではなく――ドグマ論といえる歴史的音楽美学や音楽制作論《ポエーティク》の対象をなしている。なぜならそうした規範は、ある時代の――あるいはある時代の「諸傾向」のひとつの――音楽的判断と決定にとって明白にあるいは暗黙のうちに土台となっていた理念、カテゴリー、格率《マクシム》、判断基準の体系化だからである。音楽と音楽作品に関してある時代から伝えられた見解をただ寄せ集めて、受容史のモザイクへとまとめるだけでは十分でない。むしろそれだけでなく、いくつかの音楽作品をレパートリーに――あるいは少なくとも記憶に――採り入れるか否かという決断の基礎をなす前提と条件を再構築しようと努めなければならない。音楽のドグマ論――ある時代様式ないし「傾向」の美的規範や作曲技法的規範の法典化と体系化――という理念は、「空想の美術館」を構成すべき作品の選別が偶然や恣意的行為の集積から発したのではなく人びとのさまざまな判断と決断に基づいていて、そうした判断のあいだには――同時代人はそれをあまり意識しなかったかもしれないが、それでも彼らの行動に影響したような――関連性があった、という期待を含んでいる。

したがって美的ドグマ論の目標は、雑多なドキュメントのなかに一定の思考形式の痕跡を見いだすことであろう。そしてその思考形式は、ある時代の判断――言葉で語られた判断と、ただ下されただけで根拠が明白でない決断――のなかに、――言語学の比喩を借りれば――「深層構造《ティーフィエンシュトルクトゥーア》」(16)として含まれているものである。だから、たとえば十九世紀おける音楽的名声の成立を説明しようとするとき、その試みが出発点とできる仮説は、哲学体系の影響が濃厚なこの時代の美学にはほとんど頼れないようなものである。それはすなわち、〔音楽的名声の成立には〕門外漢《エクソテーリッシュ》の根拠づけと専門家《エソテーリッシュ》の根拠づけが互いにいつも絡みあっており、さらに、絶対音楽という理念にもかかわらず、音楽上の成功が音楽だけのものだったことはめったになく、それはたいてい音楽外の傾向と結びついていたが、だからといって、作品の名声を広める媒体として作用した「時代精神」が音楽そのものに刻印されていたとは限らない、という仮説である。

だからヴァーグナーやリストの場合でも、シューマンやブラームスの場合でも、作品のなかには誰にもすぐわかる顕在的な特徴と、その作品の人為的な性格を左右する潜在的な特徴があるのだから、われわれはこの両者がどのように配置されているのかを見定めなければならない。一般にいわれている単純な見方と違って、ヴァーグナーの音楽は疑いなくそれが聴き手の感情に及ぼした圧倒的な効果だけによって——しかも作品の内部に隠された「精巧な仕掛け」にもかかわらず——有名になったわけではない。それはむしろ、パトスと豊かな手法が分ち難く結びついていたからなのである。人為的な技巧に支えられていなければパトスはすぐに色褪せ、抜け殻のような効果しか発揮しなかったであろうし、豊かな手法も、それがあれほど見事に実現した目的を欠いていたなら、手段としてほとんど興味をひかなかったであろう。ヴァーグナーの音楽に無心に身をゆだねた聴き手でも、自分が感じたフレスコ効果がこのうえなく繊細な細密画の技法によるものだという事実に、ひそかに気づいていたのである。(17) そしてブラームスの場合には、主題労作とリート旋律の配置から、十九世紀に音楽的名声というものを支えていた諸条件の、基本構造においては同様な弁証法を展開すべきであろう。

美的ドグマ論——音楽美学と作曲技法における時代様式の法典化と体系化——という考えを学問的に意味のある

政策《プログラム》と認めるならば、多くの歴史家を不安にしたり悩ませたりする歴史的相対主義という問題が新しい光のもとで見られるようになる。なぜなら、美的ドグマ論の範囲内では、判断や選別はけっしてたんなる主観との関係においてではなく――ということはつまり、個人の恣意や気まぐれに委ねられるのではなく――、間主観的に根拠づけることができるからである。すなわち判断や選別は、「蓼食う虫も好きずき」(de gustibus non est disputandum) というつも誤解される命題の背後にあるスコラ的な意味において、「議論可能《ディスプティールバル》」だからである。(法学のドグマ論は、ある決定をたんなる正義感に委ねるのではなく、厳格な演繹によって行なうことを可能にする。) ある音楽美学的体系を支えている諸前提をわれわれが再構築できればできるほど、かつて言われたことをすべて「時代精神」のドキュメントとして受け取って一様に記録するのではなく、過去のある時代に下された個々の判断や決定がその時代にとって十分に特徴的なものであったか否かを、われわれはますます正確に認識できるようになる。

したがって、価値判断をただ下したり受け容れたりするのではなく価値判断についてよく考える歴史家は、歴史的相対主義についていつも思い悩む必要はなく、自分が直面しているのは学問的手段によって解決できる問題だと考えることができる。つまりそれは、一方ではある美的規範体系の論理構造を、また他方ではその歴史的有効範囲――つまり時代的、社会的、民族的、地域的境界――を決定する、という問題である。「相対的」「絶対的」という概念のやっかいな弁証法をめぐる反省は、経験的・歴史的な問題設定によって――もちろん、いつまでもというわけではないが――さしあたって保留することができる。われわれは歴史的規範体系が全体としてこれまた「相対的」なものだという事実に悩まされることなく、一方でそれらの体系内部の構造を理解し、他方ではそれらの体系の有効範囲を歴史的・社会学的に限定しようと努めることができる。そうすれば、われわれは相対主義という――もちろん最終的にはまた登場してくる――問題に煩わされることなく、ある限定された範囲内で確信をもって動くことができるのである。形而上学的な困難を素朴な経験主義によって追放すべきだという意味ではない。ここで言いたいのはただ、哲学的なパラドックスによってもっと身近な、解決可能な課題から目をそらすという誘惑に、簡単に屈してはならないということである。達成できることを追及している人びとに対して最後の目標は達成できないという事実をつきつけ、達成可能なものの範囲を狭めてしまうのは、学問の悪しきスタイルであろう。

過去の美的規範体系を再構築しようと試みたからといって、どの時代もそれ自身の尺度で測られる権利を有するという歴史主義の格率《マクシム》を信じることにはならない。この格率は久しく言い習わされているので無難なものに思えるかもしれないが、その意味はしかし必ずしも明白でない。ランケのようにそれを神学的に根拠づけることもできるが⒅（神の目からすれば、ある時代は他の時代を理解するための手段ではなく、それ自身のために存在している）、それはまたシニカルな機能主義で解釈することもできる（決定的なのは、ある規範体系が啓蒙された時代の目に野蛮だと見えるかどうかではなく、その体系がそれ自体として整合的で、それ本来の統合的な機能を果たしたかどうかである）。また他方、この歴史主義の命題が「外からの」判断を禁じるものなのか、それともただ歴史家の職分《メチエ》を限定するものなのか、それもはっきりしない。つまりこの命題は、歴史家の仕事が未知の規範体系をその内部から理解することで、それを外部から判断すること（時代様式を体系化するドグマ論の構想は、まさにそれを目指している）ではないと言いたいのだろうか。それともこの命題はさらに、歴史的「価値関係」の再構築を超える「価値評価」は原理的に――経験的・分析的方法で達成できることの範囲内に留まる歴史家だけでなく、一般に誰にとっても――不当で誤りだというのだろうか。日常的に使われるとき、この歴史主義の命題には常識とイデオロギーの両方が含まれている。そして常識からイデオロギーへの移行がほとんど常に気づかれないうちに行なわれる、ということがこの命題の危険なところなのである。

（3）典範への歴史的批判　学問としての歴史は常に少なからず伝統批判である。歴史学は前提もなしに一次史料の研究として始まるのではなく、過去の状況や出来事に関して伝承された歴史記述を否定したり、修正したり、あるいはそれを補強するという形で始まる。伝承された報告への不信感がひとつの方法にまで高められ、その不信感から生まれた疑問によってはじめて、一次史料にそもそも発言権があたえられる。歴史学へのきっかけは過去の歴史記述から生まれるもので、事実は歴史家がこの最初の刺激に従うために必要な材料を提供するにすぎない。

ところで、音楽史記述の前提をなす美的典範《カノン》の形成を歴史的批判の対象にすると、過去の歴史記述に対する懐疑の場合と同様に、それはすでにもう伝統批判を行なっていることになるが、その形は歴史学の通常のやり方とは本質的に違っている。音楽の典範《カノン》に対する歴史的批判は、直接的でなく間接的だからである。つまりそれは、美的な論拠をもって美的規範や判断基準に立ち向かうのではなく、それ自体は規範ではなく、ただ規範と関連する要素を手がかりとするのである。しかし前述のとおり、ある規範の前提と帰結を歴史的に反省することによってこそ、普通は非合理的な決断主義に委ねざるをえない自分の信念について、合理的に論じる可能性が生まれてくる。

伝説が普及したおかげで作品の美的名声《プレスティージ》とあるジャンルの様式的範例《パラダイム》という評価が生まれた場合、その伝説が歴史的批判の犠牲になると、その作品も名声を失うことになる。パレストリーナの『教皇マルチェルスのミサ曲』は——それ自体をとれば——疑いなく古典性をもった作品といえよう。そしてこの作品は、多声的《ポリフォニック》な教会音楽の使用に抵抗したトレント公会議をその典礼的な性格によって納得させたミサ曲として、規範的な地位を獲得した。しかし、伝承された逸話が伝説にすぎないとわかったとき、この作品の規範的な地位は放棄された、あるいは少なくとも揺らいだのであった[19]。

歴史の研究によって明らかになった音楽作品の歴史的作用——レパートリーや記憶のなかに生き残るということではなく、のちの作品に影響をあたえたということ——は、たしかに美的な要素ではないかもしれないが、美的判断の根拠とともに、音楽史記述を支える典範《カノン》が形成されるときの裁定者である。フィレンツェ・カメラータのオペラが歴史に属するのは、それ自体のためにではなく――つまり美的評価に堪えうる芸術作品としてではなく――それがもたらした結果によって、つまりそれが「オペラの始まり」を記したからにほかならない。もしもモンテヴェルディに及ぼした影響――決定的なのはマントヴァではなく、ヴェネツィア時代の彼に及ぼした影響であった――がなかったならば、フィレンツェの実験は、人文主義者たちの頌歌《オード》からヴィチェンティーノの半音階法とエンハーモニックにまでおよぶ古代再興の試み[20]という域をほとんど出ることはなかったであろう。しかし、ある作品が長く重要な発展をとげたジャンルの最初のものであったからといって、それだけの理由から歴史のなかで際立った位置を占めるに値するかどうかは、けっして原理的にきまっているわけではなく、むしろ疑わしいことである。それに加えて、「オペラの始まり」がいつか、それを年代的に確定できるかどうかも疑わしい。このジャンルの本質をなす音楽様式と劇作法の指標、また社会的な指標は、徐々に形成されたからである。だから、フィレンツェのオペラをさまざまな周縁的な実験という脈絡に置き戻したとしても、けっしておかしくはないであろう。以前の音楽史記述はそこに（パレストリーナとラッソの死と同時期に）「オペラの起源」があったという先入観から、フィレンツェ・オペラをその脈絡から抜き出したのである。しかしさきのような修正を受け容れるということは、歴史的批判によって歴史記述のある原理が転換されたこと――「起源」という概念への不信感――を意味し、この作品が音楽史記述のなかでそれまで得ていた地位を失うことになる。

　美的評価基準としての「新しさ」という概念には、いま述べたとおり、歴史的な要素、つまり歴史的批判にさらされる要素が含まれている。ある作品の名声を支えていた新しさが、詳しく調べると見せかけにすぎないとわかった場合、楽譜の音がひとつも変えられなくても、その作品の美的特質は変わってしまう。美的価値判断は歴史的事実判断の犠牲となり、規範的な命題は経験的な命題の犠牲となる。（ヨーゼフ・マティーアス・ハウアーは自分こそが最初の十二音作曲家だと頑強に主張したが、その頑強さの理由は一方で、十二音技法が発明ではなく発見だと彼が信じていて、したがって――自然科学の場合のように――先行権が問題だとされたからであり、他方では、アドルノの言葉を借りれば[21]歴史的に「はじめて」ということが美的特質の一部をなし、作品の年代的な位置がずれてしまうと、その作品の美的真純性も失われる、と彼が信じていたからである。）

「新しさ」というカテゴリーは、また別な意味でも歴史的批判の対象になる。新しさというものは、歴史的認識によって、時代的にも社会的にもその有効範囲が限定されるからである。音楽が真純《オーセンティック》であるためには新しくなければならないという格率《マクシム》は、十八世紀以後の芸術音楽にとっては疑うべくもないが、――典礼聖歌はいうまでもなく――十二世紀や十三世紀の音楽についてはまったく疑わしいものである。それにもかかわらず、これまで中世の音楽史においてはこの新しさというカテゴリーがいつも基礎に置かれていた。たとえば十三世紀における音楽の発展が、この時代に関する研究の基礎を築いたフリードリヒ・ルートヴィヒにおいては、古いものと新しいものが共存しつつ音楽的に統一性のある典礼の実体をなしていた状態の連続としてではなく、前のものから次々に新しい作曲技法が出てくる革新の連鎖として記述されている。[22]

歴史家が伝承された音楽の典範《カノン》を変更する手段のひとつは、アナロジーによる議論である。ある作品を傑出していると感じたときにその根拠となっていた特質が別の作品にも出てくるとわかれば、前の作品の地位が低下するか、あるいはあとの作品の地位が高められる。いずれにせよ、「空想の美術館」の内容が変わることは避けられない。そして逆説的にいえば、ある水準の規範に合う作品の数が、その規範の質を左右するのである。

歴史記述には歴史家の生きる現在が刻印されるということは誰も疑わない常識だが、だからといってそれは必ずしも過去が歪められたり潤色されるという意味ではない。それはまた、すべての過去に対する洞察がどの時代にもすべて可能だとは限らない、ということも意味しうるのである。（ヴェルフリンが芸術について述べたことは、[23]芸術の歴史についても同様に当てはまる。）ある特定の現在は、過去のいくつかの特定な時代に対して、その時代の出来事や状況や作品の意味と内的関連を解明できるような近親性をもっている（前述のとおり、共感が深い歴史的洞察に達するための唯一有利な手段だというわけではないが）。たとえば、マニエリズムがたんにルネサンスの退化現象ではなく独自の美的権利をもった様式だという認識が、表現主義の時代に行なわれたのも偶然ではない。しかしながら、「時代精神」と歴史的認識可能性とのあいだにある依存関係ないし近親関係を、あまり一般化してはならない。たとえば、政治的には動乱の時代であった一九三〇年代に、ドイツ文学の研究《ゲルマニスティク》が――おかしなことに――ビーダーマイヤー時代に目を向けたということは[24]、芸術と同様に芸術学も、自分の身近にあるものを反映するのではなく、しばしば正反対のものに逃避するということを、間違いようもなく物語っている。

第八章
音楽史の「相対的自律性」について

芸術と芸術史の「相対的自律性」という概念は——全面的にではないにしても——マルクス主義のカテゴリーである。フリードリヒ・エンゲルスは一八九〇年代の手紙で、土台《バージス》＝上部構造《ユーバーバウ》というマルクス主義の図式をそれが芸術に無縁な俗論だという非難から守ろうとして、経済の優位性は「最終審において」のみはじめて妥当するのだと述べている。(1) しかしマルクス主義の内部でも——あるいはマルクス主義者だと自称する著者たちのあいだでも——自律性原理の正確な意味はけっしてはっきりしていないし、この概念にあたえられる機能も傾向論争とともに変化する。

美的自律性の概念

美的自律性というものはけっして歴史を超越した原理、いわば歴史に君臨する原理ではなく、むしろ歴史的に限定され、歴史的に変化する現象である。この問題をめぐる議論を多少でも知っている人なら、もう誰もそのことを否定しないだろう。しかし、このカテゴリーが歴史的にどの範囲まで有効かという判断は、美的自律性という概念の内容をどう規定するかにかかっているという点でなかなか難しい。つまり、その内容は一方でハインリヒ・ベッセラーの言う――「日常音楽《ウムガングスムジーク》」の対《つい》概念である――「上演音楽《ダールビートゥングスムジーク》」というカテゴリー(2)と一致するほど拡大できるように思えるし、また他方ではそれを狭く解釈して、「芸術のための芸術《ラール・プール・ラール》」という原理に等しいものとみることもできるからである。「上演音楽」というのは、音楽の範囲を超える事象の部分要素ではなく、それ自体として存在する一種の娯楽であって、太古の昔にまでさかのぼる現象である。それに対して「芸術のための芸術」という説は十九世紀のもので、しかもこの原理を蔑視したマルクス主義者が言うようにブルジョワジーのスローガンなのではなく、(ブルジョワ社会の空洞に住みついていたとはいえ)反ブルジョワ的な心情をもったボヘミアンのスローガンであった。

自律的な音楽と機能的な音楽を判然と区別することは、次のことを考えてもほとんど不可能である。つまり音楽のいくつかの機能――顕示、娯楽、社交、教養――は、「日常音楽」と「上演音楽」との中間、音楽外の事象への適応と自立した存在や意味との中間に位置しており、――自律性の側面を重視するか機能性の側面を重視するかによって――その中間位置も微妙に変化するからである。そうはいっても、十八世紀から二十世紀にいたるいくつかの音楽ジャンルについては、それがはっきり自律的であるとか主として自律的である、と主張しても間違いではない。だから歴史記述上の実用性という見地からすれば――「唯一正しい」自律性概念は存在しないのだから、実用性という見地を無視することはできない――、われわれは用語上、「上演音楽」に相当するものにまで拡大された自律性概念と「芸術のための芸術」説に一致するような自律性概念との、中道を歩むことができよう。そうするとある音楽形象は、次のような場合に自律的だと呼ぶことができる。第一は、その音楽がそれ自体のために聴かれることを要求し、かつその要求を貫けるような場合で、そこでは機能よりも形式が優先することになる。第二は、その音楽が近代の芸術概念の意味で芸術である場合、つまり、その作品が内容や現象形態に関して依頼主の影響を受けず、自由な芸術として成立した場合である。

しかしながら美的自律性というものは、たとえば十八世紀以後の「芸術一般」はそれが芸術の名に値するかぎり自律的である、と主張できるような、年代を特定できる事実ではない。それはむしろひとつのプロセスであって、その始まりはいつとも確かめようがないし、その終着点も今のところまだはっきりしていない。音楽が自律的か否かを断定的に主張するよりも、その音楽がどの程度まで、またいかなる点で自律的であるのか、それを細かく記述するほうが適当である。

美的自律性の有効範囲

十五、六世紀の多声ミサ曲は礼拝の音楽だから、ベッセラーなら「日常音楽」と分類したであろう。しかし、グラレアーヌスがジョスカン・デ・プレを「天分の誇示」と非難したように、(3)ある作曲家が個人として際立つことがなかったわけではない。また、ミサ通常文の——典礼の儀式においては切り離されていた——五章が作曲技法や形式の面でひとつの連作へとまとめられたのは、礼拝という機能に還元できない美的原理であった。(4)

十七、八世紀の宮廷音楽は、君主の名声を讃えたり宮廷社会の姿を称揚する顕示機能を果たしていた。しかし、作曲家が——社会のなかで、あるいは作品に反映された美的人格として——際立った個性を発揮することは、ただ許されただけでなく、むしろ求められたのである。そして十七世紀に由来する「良い趣味」というカテゴリーにおいては、美的契機と社会的契機が一体化した。つまり芸術に対する判断力が自立化すると同時に、そのような判断力をもっていることが社会的ステータスともなったのである。(良い趣味をもつか否かは、個人の選択に委ねられるのではなく、むしろ社会集団のしきたりであった。)

ユルゲン・ハーバマースの説によれば、ブルジョワ芸術は「残余の——日常の社会生活で満たされなかった——

欲求を満足させるもの」である。機能的な要素――社交、顕示、教養――は、「孤独な群衆」(5)となった音楽の聴衆においてはますます弱められた。大衆社会は芸術作品への孤独な沈潜を妨げるのではなく、むしろそれを助長したのである。(社交的な文化はごく限られた集団でしか見られない。)したがって、自律的な芸術にふさわしい態度だとされる美的観照は――またそれが大衆化し退化した姿である聴き手の自己陶酔は――、ブルジョワジー特有の現象というよりもむしろ、集団性の陰に隠れていた孤独が、市民社会であれ他の社会形態であれ、ある社会形態の特徴となるとき、常に予想される現象だといえよう。

音楽の受容ではなく作曲を出発点とした場合でも、自律性の原理を社会史のなかで特定すること、たとえばそれをもっぱら市民社会から起こったブルジョワ的な思想だと解釈することは、ほとんど不可能である。自律的な音楽は――市民社会の産物として――(たとえパトロン制度によって軽減されたとしても)一方で市場のメカニズムに従っている。しかしそれは他方で――まったく反市民的な精神で、ときには封建的な手段までもち出して――商品生産のある種の原理に抵抗する(たとえば成功した手法の繰り返しという原理がそれで、繰り返しによってその手法の芸術性が失われ、通俗音楽に成り下がる危険があるからである)。

美的自律性というものは、生活領域の多様化と自立化の増大という大きな脈絡のなかに見られるひとつの社会的事実である。しかしそれはまた常に、美的判断を下す法廷でもある。たとえば機能的な音楽は十九世紀に地位の低いものという宣告を受けた。しかし機能的な音楽に対する美的不信感が実用的な音楽形態の作曲水準が低下した結果なのか、あるいは逆に、機能的な音楽がとるに足りないものとなったのは、それが自分に対する偏見に同調したからなのか、それを決めることは困難である。

さらにまた、十九世紀に問題となったような芸術と職人芸《ハントヴェルク》との関係も、――実体的にも社会心理的にも――曖昧である。労働が分業化され、疎外され、他人から利用され管理される社会において、芸術が自律的な活動と見なされ、疎外されていない労働の見本であり典型であると見なされるのは、それが手工業生産や工場生産の商品と違って、まだ分業化されていなかった昔の職人的な生産形態を守っているからにほかならない（ユートピアの養分は郷愁である）。つまり、芸術によって保たれた職人芸の威信は、産業時代のただなかに見られる前産業的市民社会の名残である。産業時代は、たしかにブルジョワジーの時代として始まったのではあるが、やがて市民社会にも非市民社会にも共通に見られるような官僚化された形態へと変わってしまった。

その一方、「自由な芸術」としての芸術は職人芸を用途と注文に縛られた仕事だと見なし、自分はそれと違うのだと考える。ローベルト・シューマンが行なった区別、つまり音楽の「詩的」要素——すなわち芸術性——とその「機械的」側面との区別には、職人芸に対するある種の蔑視が潜んでいる。つまり、職人芸というのは、たしかに作曲家がマスターしなければならないが目立って誇示してはならないメチエだというのである。（手の内は隠しておかなければならない。）市民社会の自由な芸術《フライエ・クンスト》は、その要求において、貴族社会のアルス・リベラーリス[6]（自由学芸）の子孫である。たしかにアルス・リベラーリスという観念が目指したものは音楽理論であり、音組織の考察であって、——自由な芸術というカテゴリーのように——現実に鳴り響く音楽ではなかった。しかしアルス・リベラーリスが求めた自由は、十九世紀における芸術の自律性と同様に、「必要性の王国」からの解放、経済的・社会的圧力からの解放であった。

美的自律性は、何世紀にもわたる——そしてまだ終わっていない——発展のなかで、「芸術という制度」の理念として形成されたものだが、それはまた別の意味でも歴史的プロセスの結果である。なぜなら自律性は「生産美学」のカテゴリーであるだけでなく、「受容美学」のカテゴリーでもあるからだ。つまり、自律的な形象として構想されたのではない作品が十九世紀以来自律的なものとして扱われ、その結果、歪曲とはいえない形で、もともとの存在形式から別の存在形式へと転移される。たとえばバッハの音楽が〔十九世紀に〕再発見、いやむしろはじめて発見されたとき、それはもともとの実用性から捨象されることによって美的自律性を獲得し、その結果として絶対音楽の中心的な観念のひとつ、すなわち精細な構造と強力な表現力との完全な融合という観念の、古典的な範例《パラダイム》となった。このことは疑いなく、十九世紀の音楽史における決定的な出来事のひとつであった。そしてこのような見直し《ウムドイトウング》は、あとで撤回できるような恣意に基づくものではけっしてない。古い音楽の「自律化」はむしろ、十九世紀の第二3半期に始まったレパートリーの「歴史化」と表裏一体のものである。作品はその本来の歴史的環境が失われてもなお生きつづける。しかも過ぎ去った時代のたんなる遺物や証人としてではなく、——実体は変化したにしても——ほとんど弱まることのない美的現在として生きつづける。芸術が属していた政治や社会のあり方は取り戻しようもなく死んでしまうのに対して、芸術はその意味を失うことなく保存したり復元したりできるのである。

歴史記述は、美的証拠と政治的証拠のあいだにある歴史的存在様式の本質的な違いから影響を受けずにはいられない。過去の時代が遠ざかるにつれて、その時代の政治的・社会的状況や出来事に関するわれわれのイメージは色褪せていくが、それにつれて芸術作品はますます前面に躍り出て、まるでそれが常にその時代の印であったかのような感じをあたえる。美的現在として生き永らえるもの——それは音楽よりも建築のほうがはっきりしている——は、歴史学が過去を再構築するとき、過去がまだ生きられた現在であったときに比べておのずからいっそう強調される。（ある時代に固有の本質はそれを振り返って見たときにはじめて認識できる、というきまり文句があるが、それは現在に生き永らえている過去を、それが生き永らえているがゆえに、われわれは死に絶えたものよりもいっそう本質的で特徴的なものとみなす、という事情を不正確に表現したものにほかならない。しかし、後世の評価が同時代のそれよりも「正しい」のか否か、つまり、文化史や社会史に決定権があたえられるのか否か、それを決められるのは形而上学者だけである。）

音楽史記述と美的自律性

このように、その有効範囲や意義については議論もあろうが、美的自律性——あるいは相対的自律性——というものがひとつの歴史的現象であることは確かであって、その存在は誰も否定することができない。しかしだからといってそれは、歴史家が自律性原理を音楽史記述の支柱的な前提とすることを、つまりフーゴー・リーマンのように音楽の発展を連続した形式の変遷として記述したり、あるいはロシア・フォルマリズムを手本として音楽の歴史を音楽内部のプロセスとして捉え、ある様式の定着とその結果生じる美的知覚の類型化が絶えず新たな手法を生み出し、それによってそのプロセスが発展すると考えることを、根拠づけたり正当化するには不十分である。たしかに、美的自律性というものが十八世紀から二十世紀まで歴史的に有効な、現実の歴史に影響をあたえた理念であった、という事実を否定する必要はない。しかしそれでも、美的自律性はたんに歴史的説明の対象にすぎず、歴史記述の前提ではないと主張することができる。（そうはいっても、第一審においては研究対象である時代の諸原理から出発すること、たとえば十九世紀の音楽的発展を理解しようとするならその時代の芸術概念を採用することが、発見的手法《ホイリスティク》(7)として適当であることは認めるべきであろう。）美的自律性が音楽史記述にどのような結果をもたらすかは、この概念が歴史的に存在したという事実そのものよりも、むしろこの概念の解釈に左右されるのであって、この概念と現象のさまざまな解釈は互いに際立った違いを示している。すなわち美的自律性は——社会的現実との関係において——道徳的要請としても、虚偽意識としても、あるいはまたユートピア——エルンスト・ブロッホの意味における「具体的ユートピア(8)」——としても解釈されたのである。

市場法則が支配している場合、作曲家はいちど成功した手法をつづけたい、したがって自分自身の亜流になりたいという――経済的にも心理的にも――社会的圧力ないし少なくとも誘惑を感じる。（手法の硬化と思われる自己模倣と独自の様式の確立と見なされる独創性との境界線は、具体的事実によって引くことは難しいだろうが、しかしほとんど常にはっきりと感じ取ることができる。）経済的な動機は、作曲家自身が決定的なものと見なす美的理念と矛盾するようになる。（公衆の反応はしばしば分裂していて、新しいものへの要求と反復を求める正反対の要求とが拮抗する。そしてすぐに成功するための定石は「聴き慣れた感じ」、たとえばチャイコフスキーの――本当は完全に独創的な――主題がもつような感じなのである。）しかし、作曲家は作品の完全さを求めて社会的圧力に抵抗しなければならないという要請のなかでは、自律性原理がその道徳的側面をのぞかせる。そして十八世紀末以来、現実には経済的要因が力をもっていたにもかかわらず、この要請こそが音楽史を作ったのであった。作品のもつ客観的な美的誠実さと作曲家の主観的な道徳的誠実さが関連しあうのである。

アドルノの場合には、彼の以下のような命題のなかにこの道徳的パトスが隠されている。すなわち、シェーンベルクとヴェーベルンが社会的な疎外という犠牲を払ってまで守り抜いた美的自律性は、社会からのたんなる離反ではなく、芸術の不吉な運命を予告する社会の現実に対するむしろ抵抗を意味する、という命題である。アドルノによれば[9]音楽内部の発展は、作曲家たちがそれを意識するか否かに関わりなく、社会全体の発展の表われ、反映、ないしは沈殿物である。作品の内部に見られる現象は、歴史において起こったことの認識を助ける、というのである。作曲家たちが外部の影響や要求に屈することなく、作曲の歴史が提出する（技術的）問題を迷うことなく追及し、「素材の傾向[10]」に身を委ねることによってこそ、彼らは自分の生きる社会についてなにがしかの真理を語ることができる。しかも、社会を直接に無邪気に描くときよりもいっそう正確かつ的確に語ることができる。現状を表現するということはすなわち、そこから距離を置くことにほかならない（悪を承認する美的形態はそれを理想化することであって、悪を写し出すことではない。アドルノによれば、この写し出しは現代音楽の「形式主義」によって妨げられたのではなく、それによってはじめて可能になったのである)。自律性はある意味で現実の認識を包含し、その認識をいわば利用するのだから、自律的な芸術は惨めな現実に順応してそれに身を委ねるのではなく、その現実に抵抗するのである。

したがって音楽内部の発展は、それが外部の影響を避け、形式の問題を追及することによってこそ、まさに社会の発展を忠実に反映することになる。そして歴史家がこの命題を受け容れると、音楽史をそれ自体としてではなく社会史との関係で記述する場合でも、彼が頭では超えようとした美的自律性が解釈のうえではあくまで生き残る、という方法論上の結果が生まれる。音楽作品はそのドキュメントとしての——あるいは歴史哲学的な——意味をその芸術性と無関係に得るのではなく、まさにその芸術性によって獲得する。したがって、アドルノが要請し実行した「社会の解読[11]」においては、たとえ美的孤立化が崩壊しても、技術的な要素を損なうことは許されない。音楽が社会について雄弁に語るようになるのは、まさにこの自律性ゆえだからである。このことは解釈者が音楽の語ることを解読するとき、この自律性を、たとえそれを越えるような解釈を行なうときでも、けっして犠牲にしてはならないということを意味する。もしも音楽がその表現するものを自分の形式によって表現するのでなかったら、そもそもそれを表現すること自体が無意味であろう。

マルクス主義における自律性概念

厳格なマルクス主義の命題によれば、芸術は一種のイデオロギーないしは虚偽意識、物質世界への目を歪める「人間の頭脳における茫漠とした像[12]」のひとつであり、近代の芸術がそのなかで存在すると信じる美的自律性は、粉砕しなければならない仮象《シャイン》である。しかしマルクスが芸術に対して行なったこの厳しいイデオロギー批判は、彼の唯一の、あるいは最終的な芸術観ではない。それは彼の理論においていっそうはっきりと見える一面にすぎず、その裏側にはユートピア的な芸術概念が存在している。つまり、芸術の自律性が欺瞞と見えるのは芸術本来の特徴ではなく、芸術が分業の法則のもとで存在することを強いられ疎外されたときの特徴であって、解放された社会になれば、芸術は真に自律的なものとなり、芸術に携わる人間の自己実現を唯一の目的とするような活動になる、というのである。（しかしここで疑問なのは、社会全体における疎外されない労働というこのユートピアは、その多くが非現実的でまったく観念的なものではないのか、また、このユートピアが実現されるわずかな可能性は、芸術活動のなかですでに先取りされているのではないか、したがって芸術活動というのは――現実に可能なことの範囲内で――すでに疎外されない労働の範例《パラダイム》ではないのか、という点である。）

近年のマルクス主義の美学と芸術史は矛盾した態度をとっている。それは一方で過去の音楽を一種のイデオロギーと見なし、その音楽を生み出した社会秩序によって規定されていると考える。たとえばグルックやハイドンの音楽がもつ「人間性《ヒューマニティ》の音調」は、現実の社会を支配していた非人間性をその時代が無視したり忘れたりした「虚偽意識」の表われだというのである。しかしその一方で、偉大な作品はその内実によってそれが生まれた時代を超えてそびえ立ち、社会構造の異なるのちの時代に遺産としてあたえられる。したがって音楽における「人間性の音調」は、現状の惨めさを隠したりそれを我慢させたりする――つまり我慢できないという意識を抑制する――仮象であると同時に、「自由の王国」であり人間性が実現される未来の「前兆」でもあって、偉大な音楽はそのときにはじめて、前から常にそのなかで潜在的に予示されていた社会的機能を真に果たすことになる、というのである。

日常の党派論争では歴史哲学的なパトスが瑣末な冗句に退化しがちだが、そこでマルクス主義の立論が硬直したイデオロギー批判に向かうか、それとも芸術の相対的自律性という概念から出発するかは、その議論が果たすべき機能が攻撃的なものか弁明的なものかによって左右される。つまり、非社会主義的な社会で音楽の果たす機能を問題にするときには、土台＝上部構造というイデオロギー批判の図式がもちだされる。それに対して、社会主義の実現に近づいた状況を描く場合には、マルクスが社会の変革によって期待した「疎外」の終焉がまるでもう近づいているかのように、イデオロギーとユートピアという両義性からすでに解放された人間的な意味を音楽にあたえるのである。

〔マルクス主義における〕相対的自律性という概念は、音楽がそのイデオロギー的、欺瞞的な機能に尽きるのではなく、同時に一種のユートピアを提示する、という信念の表われである。それはしたがって、社会主義が実現されたときに受け継がれる「文化遺産」の理論（および政策）のひとつの前提をなすものである。しかしこの前提が、──古代芸術の生きつづけに関していつも引き合いに出されるマルクスの命題⑬のように──古典主義的な格率《マクシム》なのか、それとも作用史的な命題なのか、それは必ずしもはっきりしない。つまり、われわれが古い芸術を伝承するのはそれがもつ現在的な意味、現在に語りかける意味のゆえであるが、その意味を作品が本来もっていた内実と見なすべきなのか、あるいは発見の歴史であるだけでなく新たな解釈の歴史でもある受容史の結果とみなすべきなのか、それがはっきりとわからないのである。

マルクス主義の芸術理論に見られる「二重真理」、すなわち一方ではイデオロギー批判によって芸術を「仮象」として非難し、他方では古典主義的な原理で芸術を「前兆」として救済するという違いは、マルクス自身の著作に予示されているだけではない。それは一八〇〇年前後に歴史的意識と美の形而上学が対立して以来、マルクス主義以外の芸術理論も和解させようと努めた対立に特有の問題である。それはすなわち、音楽形象を思想史や社会史のドキュメントとして歴史的に解読すべきなのか、あるいはそれ自体のために存在する芸術作品として解釈すべきなのか、という対立である。後者の場合には、作品のもつ歴史的意味合い《インプリケーション》──それが存在することは、理性的で「作品内在的」な解釈であっても否定しない──が形式の関数であって、逆に形式がドキュメント性の関数なのではない。芸術作品の「自律化」というプロセス、つまり、音楽がそれを生んだ環境が崩壊したのちもその内実を保ちつづけたり、あるいはのちになってはじめてその内実が明らかになるという過程は、マルクス主義の解釈によれば、音楽作品がその成立期に果たしたイデオロギー的な機能が、美的自律性によって解消されるということを意味する。そしてこの自律性は、もはや「疎外」を特徴としない解放された社会において達成されるもので、そのような社会では美的自律性が同時に人間の自律性ともなる。なぜなら、そこでは人間の自己実現こそが音楽の唯一の意味となり、音楽は音楽によって自らを表現する人間の、あるいは音楽的表現のなかに自分を再認識する人間の、自己実現を助けるからである。

マルクス主義の問題点

芸術の相対的自律性という概念に関する正統マルクス主義の解釈は、ユートピア的な契機を排除し、しかし他方では、土台＝上部構造という図式の「俗流マルクス主義」による誤用にも対抗しようとする。この解釈はたしかに土台と上部構造の一方的な依存関係に代わって両者の相互関係を認めるが、しかし「最終審においては」経済構造がいついかなるときにも決定的だ、という公理には固執する。したがってこの解釈を歴史記述に適用すると、経験的に研究可能な技法的、美的、心理的、社会的、経済的要素の複雑な関係の根底に、解釈図式としてひとつの、しかも常に変わらない階層《ヒエラルヒー》のモデルを置くことになる。

この階層説と対決するときに遭遇する問題はまさに迷路のように複雑なので、音楽史家が恐ろしさのあまりその問題を避けようとしても許されなければならない。しかし——科学哲学を気取ることなく——若干の指摘はやはり避けられないであろう。

（1）方法論の多元主義　第一に、説明根拠の常に変わらない固定した階層性《ヒエラルヒー》というこの公理は、方法論上の「多元主義《プルラリスムス》」と矛盾することになる。この多元主義は――「観念論的」な構想ではなく――マルクス主義の歴史理論に対抗して現に行なわれている試みといえるものである。この多元主義は一種の批判主義であって、それが攻撃するときの矛先は二つの目標に向けられる。第一の目標はドグマ主義である。このドグマ主義は、歴史的出来事のあいだにはただひとつの、唯一正しい関連があると主張し、したがって起こった事象の歴史的記述《ヒストーリア・レールム・ゲスタールム》と起こった事象《レス・ゲスタエ》との関係において「反映《ヴィーダーシュピーゲルング》」という要素を一面的に強調して、知的構築《コンストラクシヨン》という要素を過小評価する。第二の攻撃目標は極度の懐疑から生じた決断主義《デツィジオニスムス》(14)である。この決断主義は、音楽史の出来事――たとえば一九〇七年前後に起こった無調への移行――が音楽内部の作曲技法史からだけでなく、文学や絵画における伝統の崩壊との類比や社会史的理由からも説明できるという事実から出発する。そしてこのように競合しあう複数の解釈図式があるという理由から、歴史家が設定できる歴史的関連はほとんど無数に存在し、歴史の事実は、それを説明しようとしてもちだされるきわめて多様なモデルに、驚くほど抵抗なく適合する、という結論を引き出すのである。

　したがって、方法論の多元主義がこのような懐疑主義を避けようとするなら、その場合の中心的な問題は、説明モデルがどこまで事実によって支えられ、どこまで「深く」説明できるか、その決定を可能にし正当化するような基準を開発することである。歴史記述上の命題は経験的に実証されなければならない、という要求はありふれたものだが、それはしかし部分的にしか実現することができない。なぜなら、ある説明モデルの妥当性をどのような事実によって判定したらいいのか、それがはっきりしないからである。ときにはモデルの選択そのものが、どの事実が重要でどれが重要でないかを決定してしまう。

　作曲者の意図、作品の成立史、思想史や社会史といったさまざまな要素が共存したり競合したりするので、出来事の原因と考えうるものは数多く存在する。その結果、歴史を説明しようとする者もそれを物語ろうとする者も、全体を見渡せないほど大量の事象と対決することになり、どの事象を選択し強調するか、その合理的な根拠は何かという問題に直面することになる。歴史の記述が扱う動機、条件、原因、背後の理由といったものの区別は漠然としていて、理論的にも十分に説明されていない。だがそうはいっても、ある出来事について考えられるすべての原因に同じ比重をあたえたり、原因の選択と比重の置き方をもっぱら歴史家の「認識関心」に委ねるのでないかぎり、以上のような要因を区別することは避けることができない。（歴史家は自分に興味のある問題設定を選ぶという学問的な権利をもっていて、その問題設定次第で原因とたんなる条件との関係も変化する。たとえば、交響曲の歴史においては原因であるものがベートーヴェンの伝記では条件であったり、その逆だということもありうる。このことは自明のことである、あるいは少なくとも〈非マルクス主義者のあいだでは〉自明なことでなければならない。しかし、だからといって、中心的な問題設定と周縁的なそれとを区別することを恐れる必要はない。これはある説明のほうが他の説明よりも「正しい」とか、よく無反省に使われる文句のように「いっそう真実に近い」という意味ではなく、ある説明のほうがいっそう重要だとか、いっそう基本的だという意味である。）

同等な権利で共存する説明の多元性は、歴史家が最後に到達する結果というよりも、自分に可能性を開いておくために歴史家が出発点とする発見手法的《ホイリスティッシュ》な原理である。自分の研究結果を明快かつ説得的に提示するという段階にいたると、歴史家はたちまち、自分が考慮すべき原因を選択し段階づける必要に迫られる。その場合に歴史家は、混然とした無数の可能性を前にして――決断主義の流儀で――もっぱら選択の自由という権利を盾に取るのではなく、自分の決定を合理的に根拠づけようと努めるべきであろう。

歴史家がそれほど基本的でなかったり、他のものほど重要でない問題設定を選択することは完全に許されるし、学問的な状況次第ではそれが望ましいということさえありうる。そのことを認めても、歴史的原因の階層性という

郵 便 は が き

おそれいりますが切手をおはりください。

101-0052

東京都千代田区神田小川町3-24

白 水 社 行

購読申込書

■ご注文の書籍はご指定の書店にお届けします．なお，直
ご希望の場合は冊数に関係なく送料300円をご負担願いま

書名	本体価格	部

★価格は税抜き

(ふりがな)

お 名 前 (Tel.

ご 住 所 (〒)

ご指定書店名（必ずご記入ください） Tel.	取 次	(この欄は小社で記入いたします

『音楽史の基礎概念《新装復刊》』について (8441)

その他小社出版物についてのご意見・ご感想もお書きください。

なたのコメントを広告やホームページ等で紹介してもよろしいですか？
はい（お名前は掲載しません。紹介させていただいた方には粗品を進呈します） 2. いいえ

住所	〒 電話（ ）		
がな） 名前			（ 歳） 1. 男 2. 女
または 校名		お求めの 書店名	

の本を何でお知りになりましたか？
聞広告（朝日・毎日・読売・日経・他〈 〉）
誌広告（雑誌名 ）
評（新聞または雑誌名 ） 4.《白水社の本棚》を見て
頭で見て 6. 白水社のホームページを見て 7. その他（ ）
買い求めの動機は？
・翻訳者に関心があるので 2. タイトルに引かれて 3. 帯の文章を読んで
評を見て 5. 装丁が良かったので 6. その他（ ）
版案内ご入用の方はご希望のものに印をおつけください。
社ブックカタログ 2. 新書カタログ 3. 辞典・語学書カタログ
パブリッシャーズ・レビュー《白水社の本棚》（新刊案内／1・4・7・10 月刊）

入いただいた個人情報は、ご希望のあった目録などの送付、また今後の本作りの参考にさせていただく以外の目的で使用することはありません。なお書店を指定して書籍を注文された場合は、お名前・住所・お電話番号をご指定書店に連絡させていただきます。

観念に重大な支障が生じるわけではない。しかしたとえそうであっても、学問の論理による説明根拠の段階づけ——最初にあった発見手法的《ホイリスティッシュ》な未決定状態ののち歴史家が最後に到達する階層性——と、存在論的な段階づけとを無条件に同一視することは避けなければならない。音楽史におけるある出来事の「深層の」原因が生物学的な、あるいは生化学的な、そして究極的には物理学的な事象に認められるという主張は、存在論的には明らかに否定できないだろうが、学問内部の論理からすれば無意味なものである。その一方、どこまで「下がる」原因究明が意味をもっているか、あるいは妥当なものであるか、それはけっしてはっきりしていない。たとえば音楽史上の事実を説明するとき、その根拠を求めて社会学や心理学や人類学にまで遡るべきかどうかという論争は、いまのところ決着しそうにない。それでも、歴史家が避けるべき危険ははっきりしたように思われる。すなわち第一は、歴史的説明根拠の段階づけを、個人的あるいは党派的な恣意によって「その場その場で」行なう決断主義《デツィジオニスムス》の危険、第二は、歴史的原因の一定不変の階層性《ヒエラルヒー》という先入観から出発するドグマ主義の危険、そして第三は非妥当性という危険、すなわち、現実に存在はするが、説明対象に対する正しい関心方向を欠いている原因をもち出すという危険である。（音楽史の事象を理解しようとするとき、ベートーヴェンの聴覚障害を引き合いに出すことはあっても、その生理学的な説明を求める者はいないであろう。）

多元主義の命題——マルクス主義の歴史理論に対抗する企てという意味での——はこのように、歴史家が、最後には説明根拠の階層性に到達しようとするにせよ、最初は一定の段階づけを避けるということを意味する。歴史家はそのかわりに、発見的手法《ホイリスティク》としてまず原因に関する多くの対等な仮説を立ててそれらを検証する、という困難な道を選ぶのである。なぜなら歴史家は、自分が出発点とした多元主義の開放性や未決定性と、彼が——一般的にではなく特定の問題の範囲内で——最後に到達しようとする体系的な整合性や確実さのあいだの弁証法によってこそ、知識の進歩が約束されていると信じるからである。

（2）合意の可能性　マルクス主義の歴史理論に対する不信感の第二の理由は——多元主義が開いた可能性を閉ざしたくないという一般的な理由を別にすれば——論理的な性質のものである。土台＝上部構造という図式は、非マルクス主義者にとってもけっしてアプリオリに非難すべきものではないが、それは不可侵の公理ではなく、経験的な検証を要する仮説としてのみ議論の対象にできるものだと思われる。たしかに歴史的な学問の場合、検証方法は自然科学の場合ほど明確には行使できない。たとえば前述のとおり、一定の歴史的な事実がさまざまな、相反するような解釈図式にさえ当てはまることが稀ではない。しかしそうはいっても、学界（scientific community）がディレッタントや狂信者の集団からはっきりと距離を保つかぎり、極度の懐疑から生まれる非合理的な決断主義《デツイジオニスムス》に身を委ねる理由はない。歴史家というものは——原理を論じるとき——とかく論争的になったり懐疑的な態度をとりがちである。しかしだからといって、歴史家が——具体的な事例を前にしたとき——有効な仮説と勝手な想像との違いについて合意に達しえないとか、その判断をためらうということにはならない。日常的な学問の現場では、合理的な主張と的外れな主張、根拠のある主張と脆い主張との違いについて意見の一致《コンセンサス》をみることは、歴史家が理論を立てるときに思わず陥る原理闘争の激しさから想像されるほど、困難なことではない。

（3）歴史的要因の歴史性　第三に、経済的要因が歴史の全時代を通じていつも変わらず最終的な決定要因であったというのは、非マルクス主義者からすればほとんど納得できず、むしろ信じがたい主張である。十九世紀については正しいことも、中世について当てはまるとはかぎらない。いずれにせよ、歴史哲学的な予断に屈したくない歴史家にとっては、開かれた柔軟な体系という観念、つまり個別的な要因相互の依存度や比重は〔時代によって〕変化するのだという観念のほうが、いっそう納得のいくモデルであろう。そして、マルクスをマルクス自身に反論させてイデオロギー批判を行なうことが許されるなら、マルクスは——経験的知識から歴史哲学へと一気に跳躍して——彼が自分の時代の特徴だと認めた事態を簡単に転用し、歴史記述の一般原理にまで高めたのだといえるであろう。「最終審における」経済的要因の優位性を主張するマルクス主義は、——出来事の歴史をたんに意識変化の表われと見なす観念論と同様に——歴史感覚の欠如を物語っている。なぜならそれは、音楽現象がどのような形で歴史的に条件づけられるか、その形自体がまた歴史的に条件づけられていること、そして歴史的変化を引き起こす要因の構造もやはり歴史的に変化するということを、見逃しているからである。(歴史家がある歴史哲学の図式によって安心したいという要求に屈しないかぎり、ヤーコプ・ブルクハルトがその『世界史的諸考察』のなかで宗教、国家、文化という「三つの力《ポテンツ》」のあいだに認めた基礎づけと依存関係の可変性[15]というモデルのほうが、歴史家にとっていっそう納得のいくものである。)

(4) 経済的要因への疑問　第四に、歴史的諸原因の依存関係、相互作用、相関関係の体系のなかで、経済構造が事実「最終審」だと思われるような時代を前にしても、芸術史の記述において経済的要因にまで立ち戻ることが学問的にどれほど有効かは疑ってみることができる。ブルクハルトは『世界史的諸考察』のなかで言っている——「そして最後に、それぞれの精神的なものが解放されるための基盤として、物質的な根拠を見つけ出す必要はない。最終的にはそれが存在するとしてもである。精神がひとたび自分自身を自覚したならば、精神は自分からその世界を形成しつづけるのである。[16]」「精神的なもの」が自己反省し、「自分自身を自覚する」ことによって、精神的なものの発展に見られる相対的自律性が根拠づけられる。だから「物質的な根拠」にまで立ち戻ることは、それが常に可能であっても、あまり実りのないことと思われるのである。古代における音楽理論の本質は「奴隷社会」の経済構造を分析してはじめて理解できる——なぜなら理論は観照から、観照は余暇から、余暇は経済的抑圧から生まれたから――という主張は、たとえ古代における経済的要因の優位性を認めたとしても、きわめて疑わしいものである。われわれは経済的要因の基本的な意義を否定しなくても、芸術理論の事実内容と真理内容の理解にとって経済的前提を考慮することはあまり意味がないと主張することができるからである。さらにまた、物事の本質はその最も深い起源を掘り起こしたときに理解できるという信仰も、マルクスとニーチェが共有していた十九世紀末に特有の偏見であって、二十世紀になると、それがかつてもっていた見かけの自明性は失なわれてしまった。（「起源思考」は「還元主義」[17]だという不評をかった。）物事の成熟段階を考察の出発点とするのではなくその根を掘り起こすことは、疑い深い十九世紀末の実証主義がそれ以前の古典主義に対抗しようとしたときの衝動であった。（しかし――マルクス主義以外の還元主義を例に挙げるなら――ベートーヴェンの後期作品を理解するために甥カールとのやっかいな関係を心理分析的に解明することが本当に必要だろうか？　たとえその分析が当たっていたとしても、それはサラエボにおける暗殺[18]の原因は何かという問いに、医学的な説明で答える人間と同様に馬鹿ばかしいことであろう。）

（5）**社会階級の意味**　第五に、音楽史に最もはっきりと介入している社会的要因が、社会史的な基準からしてもその時代の本質的な特徴に属するとはきまっていない。マックス・ヴェーバーの説によれば[19]、マルクスがその歴史モデルの基礎に置いた所有による階級の区別は、社会的階級形成の類型として学問的に考えられ歴史的事実によって検証できる唯一のものではなく、社会階級はむしろは所有だけでなく業績や身分によっても分けることができる。これに対してマルクス主義の側は次のように反論した。すなわち、所有の差による階級間の対立こそが唯一決定的な敵対関係であり、これまでの歴史を動かした原理であって、「身分」といったものはたんに「上部構造の現象」にすぎないのだと。（マルクス主義者たちはもちろんイデオロギー批判によって非難することも忘れず、ヴェーバーによる階級概念の細分化は科学哲学的な策略、つまり、脅かされたブルジョワジーが自らと他の人びとに、本来の最も決定的な敵対関係を忘れさせるための策略だと批判した。）しかし社会学者の論争に立ち入るまでもなく音楽史家にとって明らかなことは、マルクス主義によれば二義的とされた区別、つまり身分による階級の違いこそが、所有による階級の対立以上に、芸術史では力を発揮したということである。たとえば十九世紀において音楽文化の主要な部分を担った「教養人」という概念はある身分を指すものであって、教養人を他から区別する境界線――「公務員」の場合は大学教育、商人の場合はカウンター席ではなく帳場席――を、経済的なカテゴリーで説明することは困難である。（そしてわれわれはブルクハルトが認めたように、「最終審においては」すべてが経済的要因に還元できるという主張に脅える必要はない。なぜなら歴史学においては、この比喩が語る法律の場合と違って、最終審が必ずしも決定的な法廷ではないからである。）

音楽史と全体史

音楽史の相対的自律性について「自律性」という側面を特に強調し、「相対的」依存関係という要素を、否定したり忘れたりするのではなくても、いっそう軽くみる者は、マルクス主義サイドからの非難、すなわちその人は本質的な脈絡を、つまり歴史的現象である音楽の本来的な意味をそもそもはじめて形成した脈絡を考慮していない、という非難に耐えなければならない。マルクス主義理論の中心をなすのは、「全体性の要請」とでも呼べる前提、すなわち、音楽の歴史であれその他の上部構造現象の歴史であれ、一般史から切り離された歴史はまったくの抽象だという主張である。マルクスによれば、[20]歴史をもつのは――一種のイデオロギーである――音楽そのものではなく、全体としての社会だけである。したがって、音楽をただイデオロギーとして受容するのではなく歴史的に理解するためには、生産力と生産関係の状態によって予示された地平のなかで音楽を見なければならない。音楽史家が書くことは、それが音楽の歴史にとどまらないときにのみ、音楽の歴史となる、というのである。

この命題はひとつの挑戦であって、われわれはそれを避けるべきではないであろう。マルクス主義の論客たちはしばしば、その敵対者たちがまるで百年前と同じ地点にいるかのように、非マルクス主義の音楽学を総じて「観念論的」だと呼ぶが、それは間違いである。非マルクス主義の音楽学においては歴史的研究も個々の作品やプロセスや関連に関する歴史的解釈も、たしかに不足してはいないからだ。しかしながらそこでは、作曲家の歴史、思想史、ジャンル史、制度史の断片の百科事典的な寄せ集め以上の、包括的な音楽史記述に対する理念がまだ欠けている。だからこそ、われわれはマルクス主義の挑戦を避けてはならないのである。音楽史学は、その名が約束するものをなおざりにするという危険に陥っている。精神史〔的な音楽史〕の構想――宗教史と哲学史に最もはっきり見られる意識の変化から音楽の歴史を説明しようとする考え――は崩壊してしまった。しかも言葉を尽くして議論されることもなく、いつのまにか古びて滅んでしまった。ロシア・フォルマリズムの歴史理論は音楽史家から受け容れられず、その理論のいくつかの前提が崩れた今となっては、それを単純に採用するにはもう遅すぎる。そして最後に方法論の多元主義という理念――原理をもたないという原理、あるいは、歴史的な説明根拠の不動な階層性《ヒエラルヒー》を前提とせず、多数の開かれた可能性から出発して、ようやく最後になってから特定の時代にとって特徴的な説明根拠の比重関係や依存関係を確定しようという考え――は、音楽史記述においてこれまでのところごく稀に実行されただけである。このように現在は、音楽史記述を担う原理は何かということについて、非マルクス主義者のあいだでコンセンサスがあるとはとてもいえない状況である（たしかに活気ある学問の場合、過度なコンセンサスは許されるものではないが、それにしても現在はそれがあまりにも弱く、しかもそれは論争癖の結果ではなく、むしろ無関心さの結果なのである）。このように確信のなさが特徴とさえいえる状況にあるからこそ、有効なものを採り入れるためであれ、自説のなかでいっそう反省の度合いを高めるためであれ、あるいはまた他の前提との違いを意識することによって自説にいっそう確かな輪郭をあたえるためであれ、マルクス主義の諸原理と対決することは緊急な課題だと思われる。〔マルクス主義が主張する〕「全体性の要請」——自律的だと自称する孤立した音楽史は歴史とはいえないもので、それ自身の運動法則を欠いた歴史の断片にすぎないという命題——に対する批判は、歴史哲学、認識論、あるいは学問の現場といったさまざまな観点から可能である。そしてここでは、深遠な理論的考察ではなく、つつましい実際的な指摘を行なうだけで十分であろう。

(1) **全体性の原理**　第一に、ジャン＝ポール・サルトルが言ったような、[21]歴史家は「全体化」しなければならないという原理は、歴史哲学の理論に酔いしれた思弁においては魅力的に聞こえようとも、歴史記述の現場ではおそらく実現不可能だという欠点をもっている。しかしこの全体性原理は、それを蔑視する人たちが茶化したほど不合理なものではない。歴史家は歴史の全体から個別の事象を取り出して捉えなければならないという考えは、けっして量的な意味での完全さを目指すものではない。それが到達できない目標であることは誰でも知っている。歴史の全体という理念が意味するところはむしろ、「関連の設定」から、つまりは歴史家が日ごろ行なっていることから（歴史家が何よりもまず事実を集めるというのは、よくある誤解である）、全体的な関連、「関連の関連」というイメージが自ずから自然に出てくるということである。したがって、「歴史一般」——この単数形での歴史は、今でこそありふれた言葉になっているが、実は十八世紀にようやく発見ないし構想された逆説にほかならない——は、経験的な学問だと自認する歴史学の対象とはなりえないように思われる。複数の個別的な歴史のたんなる寄せ集めにとどまらない「歴史一般」という統一体が存在するということは、せいぜい歴史哲学の仮説としてのみ考えられるもので、事実によって——少なくとも十分に——確かめられるものではない。したがって全体性の要請は、その誘惑がいかに刺激的であっても、思弁を最少限にとどめたいと思う歴史記述の理念としては実行不可能なものである。また模範的な――したがって局部的な――全体性という概念も自己矛盾であって、その矛盾を、事象のなかにある弁証法を反映する弁証法として、正当化することさえできない。全体的な関連を視野に入れた歴史家は、個別的な関連を記述するときにその全体的関連を大まかに示すことができるという前提は、たしかに魅力的なものである。しかし歴史学の日常的な仕事においては、「模範的な」分析なるものが実は、歴史の運動法則を示すと主張されているいくつかの雑な公式の不断の繰り返しにすぎないことがわかる。（全体的にみると、マルクス主義の歴史学においては、その理論のほうが――そして非マルクス主義の歴史記述に対する批判のほうが――突出していて、歴史記述の現実の成果がそれに比べてはるかに遅れているのが特徴である。）

（2）**音楽史と社会史**　第二に、社会史が音楽史の一部なのか、あるいは逆に音楽史が社会史の一部なのかという決定は、必ずしも、相反する原理のあいだでの選択を意味するとはかぎらない。つまりその選択の正しさや正しくなさについて、歴史家自身も学界も基本的に合意しなければならないような選択ではない。その選択は歴史家の認識関心にも左右されるのであって、しかもその関心は、非合理なものとなることなく、変化しうるものである。音楽は作品としてもドキュメントとしても捉えることができる。つまり音楽は、歴史家が理解しようと目指し、そのために説明根拠を集める対象をなすこともあれば、彼が社会史的な構造やプロセスを例示するために利用するたんなる材料をなすこともある。社会史や文化史のパノラマ的な記述のなかで音楽がひと役買っていても、それが学問的に正当なものであることは誰も疑わない。しかし、それこそが「本来の」音楽史なのだという主張には違和感がある。いずれにせよ、音楽史的事実の集合は社会史的なコンテクストのなかではじめて音楽の歴史になるという命題に対しては、それはそのことによって音楽の歴史であることをやめるのだ、という命題を対置することができよう。

（3）社会的コンテクストの有効範囲　第三に、全体性の要請は解釈学の基本規則、すなわち、テクストが言わんとすることを理解するためにはそのコンテクストを考慮しなければならないという規則の、極端な表現であるように思われる。いわばマルクス主義者にとってのコンテクストは、常に全体としての社会なのである。しかし、昔からこのコンテクスト規則と結びついている本来の解釈学的難題は、われわれが十分な理解に必要とするコンテクストはどの範囲まで拡がるのか、それを個々のケースについて合理的に決定することである。ここで「十分な」というのは、解釈の対象とその解釈が果たすべき目的に関してのことである。コンテクストが狭すぎる場合だけでなく、広すぎるということもありうる。（エードゥアルト・ハンスリックの『音楽美について』に見られる表現や概念を誤解しないためには、この著書のいくつかの章は他の章が書かれる前にそれだけが別個に公表されたという事実を知らなければならない。[22] だからいくつかの章のコンテクストはこの著書全体ではなく個別的な章のコンテクストにすぎないのである。）もしも十九世紀におけるソナタ形式と調性と半音階法の関係だけを記述しようとするのであれば、社会に言及するのは余計なことといえるであろう。そしてこのような音楽内部の問題設定を「非歴史的」だといって非難し、作曲史はそれ自体として理解可能な関連を示し、それを記述することは意味があるということを否定するのは、画一化《ジユステームツヴアング》に基づくドグマ主義であろう。しかし、記述対象にとってどのようなコンテクストがふさわしいのか、それを判断するときの基準を設定することは難しいであろう。なぜなら、コンテクストの範囲を画定することは、解釈者が前提とする、また前提とせざるをえない先行理解《フォアフエアシユテントニス》[23]と同様に、解釈学的循環の弁証法に支配されているからである。解釈が行なわれる範囲の画定は、そのときどきに何がふさわしいかという感覚に導かれなければならない。この能力は歴史学の人文主義的伝統において常に強調されたもので、常に同じコンテクスト——すなわち全体としての社会——を指定するドグマによってそれを置き換えることは困難である。

（4）時代精神の意味　第四に、唯物論による全体性の要請と、それと正反対な観念論による全体性の要請は、きわめて疑わしい前提を共有している。すなわち、同時代のものがもつ実体的な一体性という観念、あるいは少なくとも、同時代的でないものを測るときの基準となる実体的な「時代精神」という観念である。ネガティヴにいえば、年代的に同時期のものがもつ根本的な――根底にまで達する――非同時代性という感覚が、マルクス主義の歴史記述では十分に発達していないか、方法論的な前提によって押さえ込まれている。もちろんマルクス主義者も、「上部構造は土台よりもゆっくりと覆る」ということをいつも認めてきたし、あるいはむしろ強調さえしてきた。しかしその一方、マルクス主義者にとって、何が「同時代的なもの」つまり「時代に即しているもの」――土台――なのか、そして何が「非同時代的なもの」つまり「時代に遅れているもの」――上部構造の一部――なのかについては、何の疑いも起こらない。換言すれば、歴史の時を刻んだものを決定するのは常に経済なのである。社会全体の歴史はいくつもの下位システムの歴史から構成されたもので、それら下位システム同士は互いに「非同時代的」であって、そのうちのどのシステムが「時代精神」を代表しているのかを決定できない、という考えは、マルクス主義者には無縁のものである。（「時代精神」という概念は一八四〇年代特有のスローガンで、その中心には歴史的時点の実体性という観念があった。そしてマルクス主義は、時代精神の精神的な解釈には反論したにもかかわらず、歴史的時点の実体性というこの観念には固執している。）しかし、下位システムの歴史学的および歴史哲学的地位を測る基準だとされる時代精神は虚構であり、恣意的な仮定である（この概念を、ジャーナリズムが使うように、ある時代に支配的な漠然とした気分を指すために使うのではなく、歴史哲学的に真剣に受け取るかぎり）。音楽史学の立場からごくわずかに反省しただけでも、年代がもつ実体性への信仰は、それがとうてい背負いきれないほどの重荷を背負っていることがわかる。たとえば、十九世紀末期の音楽の重要な部分は、哲学や「世界観」においては実証主義が特徴となった時代のさなかにあって、第一級のロマン主義を示していた――悪しきロマン主義もどきは文学と絵画にもあったが――という事実は、一体的な時代精神、つまり年代的に共通の実体という観念と――マルクス主義がいう経済的土台は「倒置された」時代精神である――まったく両立することができない。そして音楽が哲学に「遅れをとっていた」という主張を正当化できるものは何もない。（たとえば十九世紀末が二十世紀に遺産として遺したものを前提とするならば、哲学が「同時代的」で音楽が「非同時代的」だと主張するのではなく、その時代に「固有の」実体は実証的な哲学ではなくロマン主義的な音楽のうちにこそ現われていた、というまさに正反対の確信にさえ達することができよう。しかしそれはともかく、最も理にかなっているのは、実証主義とロマン主義との「非同時代性」から十九世紀末にきわめて特徴的な補完関係がどのようにして形成されたかを記述し、理解させることであろう。「音楽は別だ」(music is different) というのは実証主義のスローガンである。）

（5）**全体としての歴史**　第五に、マルクス主義がその全体性の要請によって究明しようとする「全体としての歴史」を、部分史との類比によって、原理的に物語りうる（現実には素材の大量さがそれを物語ることを妨げるにせよ）出来事の連続として理解したならば、明らかにそれを誤解したことになる。「全体としての歴史」というものはむしろカントが言う意味での「統制的理念《レグラティーヴェ・イデー》」[24]である。すなわち、単数の「歴史」という概念は、その内部で下位システムの歴史が歴史として構成されるような「超越論的な地平」[25]を意味している。しかしこの「超越論的な地平」は、いつも歴史的認識以前にもうすでに存在する条件であって、それ自体は歴史的認識の対象となることができない。自然科学における「全体としての自然」と同様に、精神科学における「全体としての歴史」は仮定された前提であって、経験的な研究対象ではない。歴史家はそれを自分の眼前に置くことができるのではなく、いわばいつもそれを支えとして背負っているのである。歴史家が「全体としての歴史」について語るならば――語ることはまったく正当だが――彼は歴史家たることをやめて哲学者となってしまう。

マルクス主義者が反論したくなるような自律的な音楽史という理念は、厳密にいえばまだ一度として、フーゴー・リーマンによってさえ、実現されたことがない。「文学的素材の特性に基づいてひとつの自律的な文芸学を発展させよう」と「努力」した（ボリス・アイヒェンバウム『文学の理論と歴史に関する論文集』[26]）ロシア・フォルマリストたちの原理は、前述のとおり、音楽学には採り上げられなかった。音楽史は目下のところ、――重点の置き方は歴史家によっても対象とする時代によって変化するが――作曲家の歴史、ジャンル史、制度史、思想史、様式史の混淆という姿をとっている。そして、これらさまざまな観点がしばしば相反する歴史モデルに基づいているという事実に、誰も不安を感じていないように見える。たとえばジャンル史の有機体モデルは、思想史における時代精神という概念とはうまく一致しない。なぜなら、かりに音楽のジャンルは老朽化したために滅びるのであれば、それと同時にいつもある時代精神が支配権を獲得して、有機体の比喩によれば最後を迎えたものに背を向けるとは考えられないからである。歴史家というものはほとんど常に折衷主義者であって、そのことで歴史家を責めるのは不適当であろう。折衷主義というものはたしかに見苦しい哲学だが、歴史家にとっては完全に合理的で実用的な哲学だからである。その一方、自律性原理に関する説明が批判の批判――マルクス主義の反論との対決――に終始しないためには、厳格な形式主義の理念から出発すると音楽の歴史記述がどのような姿をとるか、少なくともその概略を述べることが役立つであろう。

フォルマリズムの理論

一九二〇年頃、ヴィクトル・シクロフスキーによって提唱された最初の極端な形での〔ロシア〕フォルマリズムは、芸術の歴史を美的知覚が惰性化するプロセス、そしてその惰性化に触発された手法の革新による異化のプロセスとして理解した。つまり大ざっぱにいえば、それは新しい形式が古い形式の美的消耗によって生まれると考えたのである。このフォルマリズムは、思想史的にみると、発生《ゲネシス》と妥当性《ゲルトウング》との伝統的な区別、すなわち作品が何であるか、あるいは何を意味するかということと、その作品が成立したときの条件とを区別すること、と対立する。十九世紀末の——ヘーゲル主義が崩壊したのちの——見解によれば、たとえば音楽学でフィーリプ・シュピッタによって代表された見解によれば、作品の「存在《ザイン》」は美学の、「生成《ヴェルデン》」は歴史の問題であった[27]。フォルマリズムはこのような美学と歴史学の分権に反対して、美的要素すなわち作品の芸術性を形而上学的に——美の哲学のカテゴリーによって——ではなく歴史的に解釈することを、方法論上の眼目とする。手法の革新による知覚の異化——見慣れたものや慣習化したものを異化し、その結果としていっそう細心な考察、つまりは美的態度へとわれわれを推し進めるような異化——という概念は、心理学的カテゴリーであるだけでなく、明らかに歴史的カテゴリーでもある。フォルマリズムの理論において、芸術史は革新の連鎖という姿をとる。「存在」と「生成」の分離、つまり芸術作品をひとえに芸術作品として捉える形而上学的な美学と、——作品の芸術性に達すると主張することなく——伝記や社会史やジャンル史の前提を追及する歴史記述との相違は放棄される。フォルマリズムの方法論的構想においては、芸術の歴史が芸術の歴史になる。「新しい形式が現われるのは、新しい内容を表現するためではなく、もうすでに芸術的ではなくなった古い形式を解消するためである」とシクロフスキーは書いている(アイヒェンバウム[28])。

フォルマリズムが抱える一面性は、フォルマリズム自身がそれを強調しているのだから、それを非難するには及ばない。フォルマリズムの構想においては芸術のすべての意味合い、前提、作用が語られるわけではなく、――エードゥアルト・ハンスリックの音楽美学の場合と同様に――もっぱら人為的な要素に固有なもの、つまり芸術を芸術でないものから区別するもの、ある芸術を他の芸術から区別するもののみが問題にされる。そしてフォルマリズムに反対し、しかもその枝葉末節の特徴にこだわりたくない者は、芸術に特有な要素が芸術の本質的な要素であるというこの基本命題に挑戦しなければならないし、また挑戦することができるであろう。

フォルマリストたちが主張するのは、彼らの語る歴史が歴史の全体であるとか、語りうる唯一のものだということではない。そうではなく、「芸術としての芸術」の内的歴史が――社会史や思想史のプロセスのためのたんなるドキュメントとしてでなく――そもそも再構築できるという主張である。しかもそれは、多くの作品解釈をつながりもなく併置し、年代的に並べるだけでそれが歴史であるかのような錯覚を呼び起こすのではなく、惰性化と革新の弁証法によって構成された出来事の一貫した連鎖として再構築できると主張する。したがって手法の歴史は、それがいかに特殊なものであろうとも、まず第一にそれが本質的なものであり、そして第二には、それが――不連続で外部の諸条件に依存しているのではなく――連続的で自己完結的だというべきであろう。そして不信感や敵対感をもってフォルマリズムに対抗する者は、その第一の命題にイデオロギー批判によって反論し、第二の命題を経験的に否定しなければならないであろう。

フォルマリズムを厳しい批判の対象とすることは、事実難しいことではない。数十年におよぶ論争のなかで明らかになったことだが、第一に、新しい形式が新しい内容から生まれる可能性をフォルマリズムが排除したことは一種の硬直主義であって、それが歴史的実情としてではなく方法論的な原理として考えられたにしても、ほとんど正当化することができない。そして第二に革新という概念は、音楽作品の芸術性を――したがって芸術を芸術でないものから区別するものを——根拠づけるには不十分である。第三に、フォルマリズムの方法は現代芸術との内的近親性を本質としているので、この方法の歴史的有効範囲は限られている。（フォルマリズムは、それが反論した思想史的方法が象徴主義の理論であったように、極端にいえば、未来主義の理論である。）第四に、美的知覚の惰性化は、未来に向かってだけでなく、過去に向かっても避けることができる。つまり、革新の代わりに、歴史的に遠く離れたものの復興を選ぶこともできる。そして第五に、惰性化と異化というカテゴリーには社会心理的な意味合いがあって、それを学問的に説明しようとすると、「芸術としての芸術」の内的歴史を離れることになるであろう。（フォルマリズムが出発点とした知覚心理学的な前提は、ある時代には幅広い公衆に当てはまるが、別の時代には手法の発展過程を担った芸術家だけに、また消息通の狭い仲間うちにのみ当てはまる、ということがわかるかもしれない。）

解決すべき問題はしかし、フォルマリズムの弱点を発見することではなく、その弱点を取り除き、しかも中心となる方法論上の理念を放棄しないことにある。それは、芸術の歴史である芸術の歴史、という理念である。

第九章
構造史を考える

「構造史」はいまや流行語である。歴史家たちはここ何十年か、出来事やその連鎖を物語るよりも歴史的構造――十九世紀の言い方をすれば「状況《ツーシュタント》」――の叙述や分析に傾いている。そしてその理由の一部は学問以外の――さもなければ流行という言葉を使うのはふさわしくないであろう――性質をもったものである（トーマス・クーンによれば学問のパラダイム転換はほとんどいつもそうであった[1]）。一方で歴史家たちは「法則定立的《ノモテーティッシュ》」[2]な厳密科学の威信に脅かされて、伝統的な歴史記述の叙事的なスタイル――実際の歴史が記述された歴史に近いと感じさせるようなスタイル――に代えて、あるいは少なくともそれを補おうとして、分析的で論証的な記述を行なうようになった。（彼らが必ずしもそのことを意識していたとは限らないが、こうした歴史家たちが語りかけたのは、その環境から抜きんでた個別的な英雄と自分を同一視する読者ではなく、むしろ集団的に体験された歴史的状況に自分を移し入れようとする読者であった。）また他方で、現代社会――アドルノが嫌悪感をもって語った[3]「管理された世界」――においては、無名性や非人格化や画一化の重圧を経験した結果、個性という概念は歴史主義が信じたほどまだ有効かどうかが疑わしくなった。このような経験はいずれにせよ、以前の時代についても、そこになかば隠れていた機能関連を探り出し、それらを個別的な出来事や行動よりもいっそう強調するための理由として十分なものであった。（極端な構造主義者によれば、具体的な事象は色褪せて構造の付随現象と化し、そうした現象を知りその真の姿を解明するためには、まずもってその

構造史の有効性

ヨーハン・ホイジンガははやくも一九四二年に、産業革命以来起こった「歴史の形態変化」――「起こった《ヒストーリア・》ことの歴史的記述《レールム・ゲスタールム》」ではなく「起こったこと《レス・ゲスタエ》」という意味での歴史の――について語った(4)。しかし、「出来事」に対する「構造」の優位性は近代史――古代、中世、近世につづく「第四期(5)」――の特徴である。だとすれば、歴史家は自分の学問が反省的な学問だということを意識して――つまり、歴史記述の構想はその歴史家が生きる時代の文化に左右されるという事実そのものがさらに歴史的反省の対象になる、ということを意識して――構造史の原理やモデルをそれ以前の時代、産業革命以前の時代に転用する場合には慎重でなければならない、と感じざるをえないであろう。（もちろん、産業時代にようやく誘発された方法論的発見が、ひとたび発見されると、いまや普遍的な有効性をもつとわかった、という可能性も原則的には排除できない。歴史について一般的にいえること――つまり、いかなる歴史家も歴史的意識が生まれる以前の歴史を無視できないということ――は、構造史についてもいえるかもしれない。だとすると構造史は事実としてではなく思考形式としてのみ、産業時代の産物だということになろう。）

しかしその一方、雑然とした現在、つまりわれわれが体験しつつある歴史のなかでは、出来事やセンセーショナルな行動がまず注目され、「パターン」として具体的な事象の根底にある構造や機能関連はあとからそれを振り返ってみたときにはじめて浮き上がってくる、ということもありふれた経験である。そうなると、産業革命以後にそれ以前の時代よりもはっきりと姿を見せる構造史の輪郭が、われわれを日々取り囲んでいる現代史のなかで再びぼやけてしまう。構造よりも出来事のほうが目につくのは、現代に生きる人間の――距離の欠如からくる――たんなる偶然の印象ではない。まさにここ数十年来の歴史の流れは大きな変動を特徴としていて、それを正しく理解するためには——さきに略述した傾向、つまり目に見える人物や集団ではなく無名の潜在的なシステムが主として「歴史」を形成するという傾向へのいわば反動として——分析的・論証的な歴史記述よりもむしろ物語る歴史のほうがおそらくふさわしい、とさえ考えることができる（といっても英雄史に立ち返ることを主張すべきではない）。構造史の方法はシステムの構成部分と内的まとまりを記述するために考え出されたのだから、システムの崩壊や解体を描いたり説明するためには明らかにあまり適していないのである。

構造という概念はいかにも魅力的にきこえるが、構造史という用語がいわんとする原理——個人や集団の行動は常に優位の座標系の諸条件に支配されていて、その座標系こそが、その基本的な重要性ゆえに、歴史記述の第一の対象をなすという観念——はそれほど新しいものではない。音楽史記述のなかには、制度と社会的役割を述べるときにも、また様式や作曲技法の規範と支配的な美的理念を規定する場合にも、すでになにがしかの構造史がいつも含まれていた。

しかしその一方、音楽史記述が一般に主として作曲家の歴史、形式やジャンルの歴史、また国別史として理解されてきたことも否定できない。（音楽の覇権をめぐる国民間の争いという観念は、音楽史記述を担った理念のひとつである。）音楽史家たちは、それが自明なことであるかのように、明らかに折り合いの悪い三つの格率《マクシム》から出発した。第一は、傑出した作曲家たちが「音楽史を作る」という格率（とりわけ十八世紀と十九世紀の音楽史は英雄史へと様式化された）、第二は、音楽ジャンルの発展は（音楽史が一種の自然史であるかのように）有機体の生命に喩えることができるという格率、そして第三には、ある国民の音楽史のなかには（まるで北ドイツと南ドイツが共通の国民的音楽史をもっているかのように）その「民族精神」が刻み込まれ現実化されているという格率である。十九世紀の多くの音楽史家たち

──アウグスト・ヴィルヘルム・アンブロス、(6)ヴィルヘルム・ハインリヒ・リール、(7)アードルフ・ベルンハルト・マルクス(8)──は、出来事の連鎖を再構築することよりもむしろ状況を描くことによって音楽の過去や同時代の歴史を捉えようとした。このことは一方で構造史と文化史とのあいだの、また他方では出来事史と政治史とのあいだの──したがっていずれも方法と対象領域とのあいだの──親和性を考えれば納得のいくことである。文化史の一部である音楽史はおのずから「本来的に」構造史的な方法になじみ、それを要求するのだと考えられるし、歴史理論の素養がある部外者ならいやでもそう考えるであろう。それにもかかわらず出来事史の方法が大きな影響をあたえたことは、それだけになおさら驚くべきことである。(思想史ないしイデオロギー史的にみると、その理由は社会史よりも政治史が優勢だったことにある。)この影響は以下の点に現われている。(1)音楽作品の成立年代から寄せ集めた年代的枠組みが重要視されたこと(ある音楽文化における作品の生存期間ではなく、作品が生み出された時点のみが歴史にとって決定的であるかのように)。(2)音楽史を作曲家たちの伝記から構成し、決定的な音楽的事象を、政治的事象との類比で、英雄の功績として述べる傾向。(3)「音楽国」が入れ替わりヨーロッパを支配したという前述のような観念。(4)音楽史は主として作曲技法の革新から成り立つと考え、それらを──政治史になぞらえて──互いに絡み合った出来事の連鎖として提示できるという前提(しかしながら第一に、のちの作品は以前の作品への「反動」として成立したという想定は、政治の出来事史を指針とする方法の隠れた意味合いとして一般的に前提とするのではなく、個々の場合に即して確認しなければならない。そして第二に、音楽の過去を新しい手法の連続へと還元することは──そこでは古典・ロマン主義美学の独創性理念が政治史記述のモデルへの無意識の依存と奇妙にも結びついている──歴史の現実を大幅に切りつめてしまうので、方法的には正当な態度がほとんど事実を歪めることになってしまう)。

構造史と出来事史

一般史——すなわち主として政治の歴史——で構造史のライバルである出来事史は、したがって音楽史記述にとって間接的に——その影響にほとんど気づかないような手本として——きわめて大きな意味をもっていた。しかし直接の影響は少なかった。音楽史という形をとる作曲家の歴史、ジャンル史、国別史は、方法論的に出来事史に似ていても、出来事史そのものではないからである。十八世紀から音楽史記述と同時に、またそれとの相互作用のうちで発達した美学は、アリストテレス流にいえば、音楽をプラクシスとしてではなくポイエーシスとして、つまり社会的「共存性《ミットヴェルト》」のなかでの行為としてではなく形象の制作として理解した。したがって、基本的なカテゴリーは、政治史の場合と違って、出来事という概念ではなく作品という概念である。出来事と作品との範疇的な違いをごく簡単に説明すれば、およそ次のようにいえよう。出来事というものは、しばしば対立するさまざまな動機や状況判断や目的意識に基づく多くの行動の相互作用から生じる。そして出来事の意義は出来事そのもののなかにあるというよりも、その出来事から生まれた結果にかかっている。(結果を伴わない政治的「出来事」は出来事ではない。)それに対して作品というものは——ともかく「理念型」としては——個人の理念の実現である。つまり範例的な場合には意図を実現することであって、——政治史の場合のように——意図から逸れることではない。そして作品の意味はまずもってその美的存在にあるのであって、そこから出てくる歴史的作用にあるわけではない。

しかしこのことは、音楽の出来事が存在しないという意味ではない。たとえば演奏というものは、そのなかで楽譜テクスト、解釈様式、制度的条件、聴衆の期待、社会的・政治的状況が出会っており、完全に出来事として——行動と構造の交点として——定義することができる。音楽史ではほとんど常に個別的な出来事が記述される——稀には分析される——とはいえ、音楽史を出来事の歴史として書くことはまだ一度も試みられたことがない。音楽史記述は、それが事実によって支えられ、一貫性のある記述となるために、それらの事実のなかに「パターン」を認識しようと努めるのだが、そのような事実の総体をなすのは、〔出来事ではなく〕むしろ音による現実化と社会的状況から捨象された楽譜テクスト、さらには音楽の出来事を担う制度、そして最後には音楽受容の基礎にあるさまざまなカテゴリーなのである。たしかに理論的には、〔楽譜テクストという形に収縮した作品ではなく〕出来事——ある社会的コンテクストのなかでの音による事象という意味での——が音楽固有の現実だと考えることもできる。しかし学問の現場では、音楽史記述がどのようにして出来事史として構想されうるのか、それは目下のところほとんど予想もつかないように思われる。

しかしながら、まさに構造史を重視することこそ、音楽の出来事史——政治の出来事史を手本とする作曲家の歴史や国民の歴史ではなく——の構想を、妨げるのではなく、むしろ助長することになるかもしれない。つまり構造史と出来事史は——政治史や社会史においてさえ——けっして相互に排他的な関係にあるのではなく、多少の不一致はけっして取り除けないとしても、むしろ互いに補完しあうのである。なぜなら構造は出来事を支える基盤であり、また逆に、構造が現実化され明示されるのは出来事のなかにおいてだからである。音楽的事象、たとえば一八六八年に『マイスタージンガー』〔ヴァーグナー〕と『ドイツ・レクイエム』〔ブラームス〕が初演されたという事象が、注目もされずに埋もれることなく、歴史的出来事になったという事実は、歴史的および美学的諸条件の特定の位置関係《コンフィグラツィオン》を前提としていた。そしてその位置関係は、たんに事実の集積として記述するだけでなく、機能関連として説明することができる〔もしも『悪魔のロベール』〔マイヤーベーア〕の初演〔一八三一年〕といった音楽の出来事がオペラの本質に関する公衆の観念を覆すことができたとすれば、(9) このような意味の変化のための条件が——この出来事がそのときの遭遇した構造として——すでに予示されていたはずである。そして逆説的にいえば、ある出来事が決定的な原因となりえたとすれば、そうなりえた原因を探ることが歴史家の仕事である。）

したがって歴史家は、そのときどきの「認識関心」に従って、出来事の根底にある構造を解明するために出来事から出発することもできるし、あるいは逆に、ある特定の出来事を理解するためにいくつもの構造を互いに関係づけることもできる。いっそう正確にいうならば、ある出来事を説明しようとする者は、ただ外的な事象を物語り、その背後にあるなにがしかの主観的動機を推測するのではなく、その出来事を包み込んでいる構造を再構築しなければならない。そしてある構造の変化を理解しようとする者は——そしてその構造が機能する状況を示すだけで満足しない者は——、内部からまたは外部からその構造の変化に介入した出来事をいやでも探さざるをえない。（学問の現場からいえば、自分の関心方向において何か新しいことを発見するためには、それを補うような別の関心方向の知見に助けを求めることが、ほとんど常に有効である。たとえば、エルンスト・ブロッホが言うように[10]、物質について何かを知りたいと思う者は、観念論哲学を読むべきなのだ。なぜなら、その体系においては物質が前提ではなくひとつの問題となっているからである。）

出来事史と構造史が互いに関係づけられている——あるいはそうあるべきである——ということはしかし、両者が切れ目なく互いのなかに融合するという意味ではない。なぜなら、偶然とか恣意という要素——両立しがたい行動がたまたま一致したり、個人的な恣意によって決断が行なわれる場合——は、機能関連の最も精細な記述においても完全にはけっして解消できないからである。

その一方、すでに示唆したように、音楽の出来事——たとえばマイヤーベーアの『悪魔のロベール』やヴァーグナーの『マイスタージンガー』の初演——は、その出来事を生んだ作品よりも歴史の構造といっそう明白に関係していることがわかる。あるオペラがなぜセンセーションを巻き起こしたのか、なぜそれが広範囲な影響を及ぼしたのかを説明しようとする場合には、社会史的・文化史的構造にたち戻ることが、作品の美的本質を理解しようとする場合よりも有効である。作品の美的本質というものは、出来事としての分析ではなくテクストとしての解釈を求めるからである。換言すれば、われわれが音楽史を構造史として捉えれば捉えるほど、音楽の事象をその言葉の強い意味で出来事として分析的に正しく捉える可能性が大きくなるのだといえる。（そして、音楽の社会学が息苦しい環境論を旗印とするたんなる伝記から解放されたいと思うならば、それは音楽作品の成立史ではなくその機能史でなければならないであろう。）

構造の概念と歴史記述

構造史という表現――その意味は、記述すべき構造が過去に属している、ということに尽きるものではない――は、自己矛盾だという疑惑を抱かせるかもしれない。つまりある状況を構造として描けるのはその状況が歴史的変化から独立している場合だと考えざるをえないし、また逆にわれわれがその状況を歴史的に描くことができるのは、その状況をシステムだと思わせる機能関連の堅固さをわれわれが解消したり、あるいは少なくとも緩めたときではないか、という疑惑である。そしてまた、構造史は本来の歴史的認識――歴史的プロセスの記述と説明――をシステム思考癖（機能主義的な社会学に由来する知的構築への衝動）の犠牲にすると非難されるが、この非難には、構造概念の理論的地位が矛盾を孕んでいると考える構造概念への科学哲学的な懐疑が密接に結びついている。換言すれば、構造史が捉えようとする構造はどの程度までマックス・ヴェーバーの意味における理念型として理解できるのかが不明確である。つまり、構造を形成する諸要素も、それらの要素のあいだに存在する機能関連と同じように、すべて歴史の現実のなかにあたえられていなければならないのだろうか？　それとも、いわばトルソーのような現実を頭のなかで補って、ばらばらな事実と断片的にしか見えない相関関係――それは意味関連としては明白だが、経験的には十分検証できない――から過去の姿を描くことが、方法論的に許されるのだろうか？　この場合の過去の姿とは描写であるよりもむしろ知的構築物《コンストラクシヨン》である。そしてこの知的構築物の機能は寸断された現実を見渡せるようにすることで、しかもその場合、理念型からはずれているもののみが特別な予期せざる事態にまで立ち入る説明を必要とし、理念型のモデルに合致する現実断片の意味はそのモデルのシステム性によって保証されている、と考えるのである。

いわば時代を静止させるような歴史記述は歴史的現実の本質を見失っているという非難は、現代の構造史だけでなく、ブルクハルトの『イタリアにおけるルネサンスの文化』[11]に代表されるような十九世紀の文化史についてもすでに当てはまる。ブルクハルトの場合、ルネサンスはプロセスとしてではなく状況として描かれる。しかし、構造の記述を理念型の下絵と考え、また理念型を歴史研究の――結果ではなく――道具と解釈するならば、構造観念の硬化が歴史のプロセス性を忘れさせる危険はそれだけ少なくなる。理念型が主として発見手法的《ホイリスティッシュ》な機能を果たすならば、つまりそれがシステムから明白になるものを個別的に理解すべきものから選り分けることに使われるならば、システムから逸れシステムから抜け落ちるような、あるいはシステムの変更や最終的にはその解体を迫るような事象を描くための余地は十分に残されるであろう。

構造史が再構築しようと努める構造は、十九世紀の歴史記述が語った「状況《ツーシュタント》」とよく似てはいるが、けっしてそれと同じものではない。構造というのは――少なくとも傾向としては――自足した機能関連であり、それに対して「状況」は諸事実のゆるやかなまとまりである。とはいっても、経験的に捉えうる構造はたんなる下位構造

——コンサート制度の仕組み、美的受容のカテゴリー、作曲の技術的な装置——にすぎない。それらの下位構造は互いに絡み合ってはいるが、それらがひとつの関連を、つまり互いに共存し影響しあう下位構造のたんなる寄せ集めではなく「諸システムのシステム」であるような関連を形成するのかどうか、またそうだとすれば、どの程度までそうするのかははっきりしない。十九世紀の歴史記述がいう意味での「状況」の描写は、それ自体でまとまった全体構造を捉え見通させると主張するものではなく、不一致や相違、そしてとりわけ、外部からある機能関連に介入する偶然の要素に大きな余地を残すものである。（大陸封鎖[12]が十九世紀初期のロンドンの音楽文化にとって壊滅的な影響をあたえたという事実は、ロンドンの音楽文化というシステム内部の条件とはまったく結びついていない事実であった。）

「状況」という概念はそれだけでなく、システムが常に発展プロセスの諸段階であること、そして包括的な理解を得ようと努めるときには、先行する段階と後続する段階——機能的な分析によってではなく、歴史的研究によってのみ解明できる段階——を考慮しなければならない、ということをはっきり思い出させてくれるようにみえる。やや使い古され時代遅れとなった「状況」という概念を想起することは、したがってけっして無駄なことではない。この概念は、構造史的な手法の一面性を取り除くのに適していると思えるからである。だからといって、構造史のいっそう野心的な要求、つまり事実をただパノラマ風に並べるのではなく機能関連を明らかにする、という要求を犠牲にして、状況の記述といういっそう控えめな方法に立ち返るべきだという意味ではない。しかし、伝統的な歴史記述の長所をある程度認めるならば、システム化への衝動がぶつかる限界を意識しつづけることができよう。

すでに述べたように、音楽の構造史という構想は、音楽史学の歴史において、作曲家の歴史やジャンル史や国別史とははっきりと違っている。しかしそれはまた他方、システムという形で提示され、その歴史性が十九世紀にほとんど否定されたり意識の片隅に追いやられた音楽理論や音楽美学ともはっきり違っている。したがって、システムとしての基礎づけを欠いた歴史と歴史的基礎づけを欠いたシステムとが対立しており、音楽の構造史という構想は両者を仲介する試みである。つまりそれは、歴史的実態の記述においてはその基盤であるシステムを再構築し、理論的・美学的システムの整備においてはその歴史的性格と限界を明らかにして、両者を調整しようとする試みである。

構造史のもうひとつの目的は、音楽史記述においてあまりにも日常的なのでほとんど気づかれてもいない不一致や不均衡を回避することである。たとえば学者たちは、学界の一員として認められたいので、事実や事実関係を実に綿密に集めて調査するが、「新ロマン派」とか「後期ロマン派」といった包括的なカテゴリーを定義するときには曖昧で陳腐な表現を用い、それでも数字を間違ったり矛盾する事実を結びつけたときほどには非難されることがない、といった矛盾である。それに対して構造史においては「新ロマン派」といった概念が「諸システムのシステム」を指すレッテルという役を果たすので、構造史は、機能と相関関係を規定することによって、包括的な関連を正確に記述しようという試みである。その正確さは、事実の確認するときの厳密さとは別種のものではあるが、それと同じ程度に、学問としての歴史の——しかも歴史研究と同様に歴史的記述の——要求に応えうるものである。

構造史と社会史

音楽の社会史には、慎重に経験的態度をとるものから歴史哲学にまで手を伸ばす野心的なものまで、いろいろな形があるが、構造史と社会史とはカバーする領域によって、あるいは基礎とする方法論的原理によって区別される。社会史は、無邪気な記述的学問として制度や社会的役割の描写に自分を限定するか、あるいはマルクス主義による場合のように、音楽史は全体として一種の社会史であり、経済的・社会的土台《バージス》のイデオロギー的な上部構造にほかならない、という公理から出発する。構造史は、音楽史の構造を形成する要素として制度や社会的役割のほかに、作曲技法の規範や美的理念をも数え入れるという点で、狭く限定された社会史を超えるものである。(構造史と精神史の対立は、明らかに存在はするけれども、過度に強調してはならない。構造史的な方法の創始者たち——一九二九年から『アナール誌』(Annales)を中心に集まった歴史家たち[13]——は、たしかに経済史的および社会史的状況とプロセスの意義を強調したが、思想史的な関心——たとえば封建主義の「精神構造」を語るときに具体的に現われるような——をけっして犠牲にしたわけではない。)

音楽史を社会史の一部とするマルクス主義の主張と構造史的な試みとの主な違いは、後者が歴史哲学的な前提を放棄する点にある。構造を探す音楽史家は経済的、社会的、心理的、美的および作曲技法的事実や事実群のあいだの関連や対応関係を観察して再構築し、それらが織りなす織りもののなかに過去の音楽文化の骨格を認識しようとする。しかし彼はアプリオリに、つまり歴史の細かい事実を知る前に、その織りもののどの要素が基本的なもので、どの要素を結果的なものと見なすべきかを、あらかじめ知っているわけではない。彼は歴史的事実のあいだに階層性がありそうだということは認める(そして、事実を本質的なものと非本質的なものに分けることを、けっして「認識関心」のたんなる恣意性にゆだねるわけではない)。しかし彼は、それがどのような階層性であるかを、あらゆる経験的知識の前に決定することを拒否する。マルクス主義の命題が多くの時代について——特に十九世紀についてはー—当たっているということはありうるし、その可能性が大きいとさえいえるが、それでも確かにそうだとはいえない。現代の構造史家とマルクス主義者に共通するのは、歴史主義によって実体化された「精神《ガイスト》」というカテゴリーへの不信感である。しかし構造史家たちは——マルクス主義者と違って——何か別の内容(経済的土台)を歴史の本来的な実体だと単純に言明するのではなく、つまり精神史の構想を逆転させるのではなく、精神史から——実体化を放棄して——たんに形式的な要素だけを借用するのである。すなわち、ある歴史的状況の要素と要因のあいだにある関連や相互作用の全体を名づけ概念化する、という機能を借用する。換言すれば、構造というカテゴリーも精神というカテゴリーも、抽象的に方法論としてみれば、一方では歴史の現実がたがいに孤立した部分領域へと解体することを防ぎ、他方では、社会史がとかく傾きがちな因果的な説明を機能的な説明によって置き換える、という課題を果たすのである。

構造史にいわば隣接する二つの学科、つまり十八世紀と十九世紀に構想された文化史と近年前面に出てきた社会史とのあいだには、ひとつの方法論的な違いがある。その違いは、音楽の歴史であると同時に音楽の歴史でもあるためには音楽史をどのように書いたらいいのか、という問題を考えたときにはっきりさせることができる。文化史はおのずから「空想の美術館」を描くことに傾き、過去の遺産を現在から振り返ってみたときの姿で眺める。つまりそれを、目的関連や機能関連から捨象され美的観照の対象となった証拠や形象の集合として眺めるのである。道具や器具でさえ、いつのまにか工芸品へと変貌する。といっても、美術館の収蔵品を生み出した全体としての文化が否定されるというわけではない。過去の芸術のコンテクストを再構築することはむしろ、（グスタフ・フライタークの特徴的な書名を借用すれば）[14]「過去の情景」を描く文化史が自分の目標だと宣言したものである。しかし機能的な要素は「美的に評価され《エステティジーレン》」、「空想の美術館」に組み込まれる。

現代の社会史はそれと正反対に、もとの環境が死滅したことによって自律的芸術となった音楽形象を、それが出てきた社会的機能関連へ置き戻そうとする。社会史が出発点とするモデルは、忘我の境地で観照される美的対象としての音楽ではなく、――ベッセラー流にいえば――「日常的な《ウムガングスメーシヒ》」音楽、つまり人間交流の構成要素としてひとつの社会的事象をなす音楽である。したがって、文化史が機能的なものを美的に評価する――道具を工芸品と見なす――という危険があるとすれば、社会史は美的なものを機能化する――工芸品を道具と見誤る――という反対の過ちを犯しがちである。そして文化史と社会史の仲介を意図する構造史は、折衷主義という非難を恐れることなく、この二つの方法論をいろいろに混ぜ合わせ、重点をいろいろに移したときに、はじめて歴史の現実を、つまり音楽が事象――相互作用の構成要素――としても作品――観照の対象――としてもありうる現実、またそうであった現実を、正しく認識しうると主張することができる。

　音楽の社会史は自分を確立しようとした最初の試みにおいて、すでに信用を失ってしまった。なぜならそれは、音楽を――一種のイデオロギーとして――経済的な土台から理解させることができるという主張に直面したとき、古めかしい内容美学と伝記研究の伝統にたち戻ってそれを社会学的に解釈し直すことで対応しようとしたからである。つまり公式的にいえば、音楽の社会史は音楽の形式を内容的に、内容を伝記から、伝記を社会学的に解読したのであって、とりうる唯一の道、すなわち音楽の歴史をまず音楽そのものに基づかせ、社会学的試みの有効性を音楽の機能の歴史によって検証する、という道をとらなかった。われわれはいまや――換言すれば――観念論のスローガンを絶えず唯物論的に「倒置させる」――そうしてもスローガンであることは変わらない――退屈な論争をやめて、興味もありしかも経験的な手段で解決できるような問題に目を向けるべきではなかろうか。（ベートーヴェンが作曲家として生き、彼の音楽が反応した場面を決定した「環境《ミリュー》」については、伝記から逸話や多少は役に立つ事実がわかるだろうが、構造――たとえば一八〇〇年頃のヴィーンにおける貴族文化――を理解させてくれるものはほとんど知ることができない。同様にベートーヴェンの聴衆についても――彼が聴衆の期待に逆らったり期待を裏切った場合でさえ――われわれは無知である。しかもわれわれは、聴衆の社会的構成を調べるだけでなく、その聴衆が音楽にそもそも何を期待したのかを研究すべきであろう。つまり、音楽がいかなる機能を果たしたのか、あるいは音楽にいかなる機能が期待されたのか、ということである。またわれわれは「識者《ケンナー》と愛好家《リーブハーバー》」に関する面倒な説明にもかかわらず、音楽的教養の水準についても、つまり実践的な能力や美的理念、そして社会的態度から、いかにして音楽通とか「高貴なディレッタント」と呼ばれたものが形成されたのかについても、よくわかっていない。そしてまた、作曲家の社会的役割についていえば、われわれが今日理解するような意味での作曲家が一八〇〇年頃にどの程度までそもそも存在したのかは——ベートーヴェンがいたにもかかわらず——けっしてはっきりしていない。ベートーヴェンの地位は例外的なもので、それがほとんど通例となったのはもっとのちのことである。しかし一八〇〇年頃に支配的であった通例を社会学的にどうやって規定できるかは、今後の研究をまたなければならないであろう。)

事実の対応関係

構造史の基本的なカテゴリーである対応関係《エントシュプレッヒュング》——帰属性とか補完性——という概念についても議論がなかったわけではない。構造を求める音楽史家が互いに関係づける現象——たとえば十九世紀における市民的な演奏会制度と美的自律性の原理——は、年代的にずれていることが稀ではない。それらの現象が厳密に同時期に、あるいはすぐ近い時期に生まれたり死滅することは、通例というよりもむしろ例外である。時期の決定はいつも曖昧で概略的である。そしてあるシステムの部分要素は、相互の関係においてはじめて意味をもつかのように見えるにもかかわらず、概して同時期に現われるのではなく、ばらばらな起源から徐々にまとまりをもつようになる。構造という概念に不信感をもつ懐疑主義者はしたがって、内部から理解できる相関関係のようにみえる対応のある要素が、歴史的には他の要素に先行していたり他の要素よりも生き永らえるという例を、ほとんどいつも苦労せずに示すことができる。(市民的な演奏会制度は美的自律性原理の支配よりも古いものである。)

構造史を挫折させようとして、それを以上のような年代的な論拠で検証することがあるが(そうなると構造史が挫折することは目に見えている)、この検証はしかしあまりにも厳格で、歴史的関連の記述が因って立つどんな原理もそれに耐えられないようなものである。厳密な帰属関係を求めることは、モデルの構築ではなくたんに類型化や図式化を試みる学問においては不合理かつ的外れだといわざるをえない。第一に、複数の現象が起こったのが同時期でなかったからといって、それらがのちの段階においても対応関係をもたないということにはならない。なぜならひとつには、ある現象はその姿や機能を変えて別のコンテクストに（アイデンティティを失うことなく）適応することができるし、また他方では、経験的には対処できない過度な歴史哲学に陥ることなく、ある物事が存在した期間とその物事が「本来」属していた時期を区別することができるからである。（しかしこの「本来の」生存時期という観念には、あとでまた示すように、議論の余地がある。）第二に、歴史家が音楽史のある時代の骨格として発見したり再構築する対応関係のシステムは、マックス・ヴェーバーの意味における理念型として理解することができる。つまりそのシステムは、経験的に確かめうる事実の単純な写しとしてではなく、システムの諸部分を関連させるときにいくらかの時間的・空間的不正確さが許されるような、提案として理解することができる。それが許されるのは、結果的に関連が理解しやすくなれば、それは経験的な不完全さを補って余りあるからである。

しかし学問の現場では、必要十分な経験的根拠が挙げられているか否か、それをを決める判断基準については議論が起こりうる。それだけでなく歴史家は、ひとつの時代のなかで対応関係だけでなく不一致を――しかもしばしば理解しがたい不一致を――発見することも予測して、それに備えなければならない。ある時代の音楽文化全体をくまなく構造として、あるいは「諸構造の構造」として記述しようとする野心は間違いで、思い上がりであろう。いうまでもなく、ひとつのシステムに適合する事実以外に、うまく合わない孤立した事実が常に存在する。歴史家というものは、過去を理解させるために、一見相反するような事実をひとつの間然するところのない脈絡へ統合したいといういわば生来の傾向をもっているが（語り部《べ》の遺産）、だからといって、互いに結びつく事実だけでなく関係のない事実が常に存在するということも忘れてはならない。（シューマンとドニゼッティ、あるいはリストとオッフェンバックは――不可解とさえ思える同時代性にもかかわらず――まったくもって比較不可能である。)

同時代性と非同時代性

構造史にとって最大のそして最も厄介な問題、まさにそれを麻痺させせかねない問題は、よくいわれる「同時代的なものの非同時代性」である。これが方法論的にそもそも何を意味するのか、つまり、それが歴史記述上いかなる結果を許容し、いかなる結果を強要するのかは、目下のところはっきりしていない。いくつもの構造――制度、思考形式、行動様式――が歴史上のある時点に共存し、たがいに関係しあいながらひとつの歴史的状況を作り出したり決定したりする場合でも、それらの構造はその年齢によって――その構造が遡る時間の深さとその構造に割れ当てられた持続時間によって――だけでなく、その構造が変化するテンポによっても互いに区別される。(「アナール派」に属するフェルナン・ブローデルは、ある文化の地理的条件から芸術様式にいたるまで、同時に存在するいくつもの構造がもつ異なった「時間リズム」について語った[15]。)そしてこの場合には――音楽の比喩で語るならば――重なり合って共存する複数のテンポが、基本尺度とでもいうべきひとつの共通の尺度に関係づけられるのかどうかが疑問になってくる。(ヴィルヘルム・ピンダーによれば、世代の交代が美術史のいわば「自然な」リズムを形成している[16]。)時間は運動の尺度だとするアリストテレスの定義から出発するなら、厳密にいうと――持続時間も変化の速度も異なる諸現象をまとめる均質な媒体としての――「単数の時間」というものはまったく存在せず、あるのはただ「複数の時間」、つまりリズムを異にしながら重なり合うさまざまな時間だけである。

ブローデルが地理的条件、社会構造、政治体制、衣服の流行などについて語った「時間リズム」の不均質性は、音楽史のようなごく狭い領域においてさえ認められる。このような「時間リズム」は二十世紀の音楽にとって本質的ないくつかの構成要素――放送やレコードやテープのように音楽文化に介入する技術的発明、オペラやコンサートといった音楽制度、作曲技法や音楽概念の変化――の基礎をなすものだが、そうしたいくつもの時間リズムはただ違っているというだけでなく互いに無関係である。たしかにわれわれは、重なり合うものからある特定の時点に生まれた結果を記述することはできる。しかし、二十世紀の音楽史を年代的に区分するとき、なぜある特定の「時間リズム」を基礎にするのか、それを説得的に説明するための論理的な論拠を挙げることはできない。

互いに競合する「時間リズム」のうちのひとつを選び、それを「歴史そのもの」の流れにとって基本的な本来の発展の尺度だと断定することはほとんど正当化されえない。「同時代的なものの非同時代性」には、このいわば「形式的な」困難さ以外にも、さらに「内容的な」問題が潜んでいる。すなわち、ある時点に共存する複数の現象や構造のどれが「時代精神」に本当に沿うもの、したがって別の「非同時代的な」現象を相対的に「より以前のもの」とか「もっと後のもの」と判断する目安と見なしうるものなのかということを、どうしたら恣意的でなく決定できるのか、という問題である。(歴史的諸事実は互いの関係が絶えず変化するという点で「非同時代的」なのか、あるいはいくつかの事実は「時代に即している」ものを代表し、他の事実は「非同時代性」によってそれとははっきり違っているのだろうか?) 音楽のジャンル史や様式史は有機体モデル[17]から出発点したが、このモデルが示唆する観念によれば、あるジャンルや様式や世代の中年期――十八世紀の歴史哲学の言葉を借りれば「完成期」(point de la perfection)に達する年齢――が「時代精神」に最も近づき、それと同じ時期に、前の世代や古い様式が「まだ」生き残り(しかし本当はもう「時代に即して」いない)、のちの世代や新しい様式が「すでに」働いているか予告される(しかし本当の「現代性《アクチュアリティ》」にはまだ達していない)ということになる。けれどもいくつもの時代、たとえば疾風怒濤《シュトゥルム・ウント・ドラング》やロマン主義や表現主義の時代には、「時代精神」が若い世代によって奪い取られたかに見えるので、世代モデルを指針とする芸術史の構想は混乱する。そしてわれわれは――形而上学的根拠からある発展段階の優位性を主張する歴史哲学的図式の魅力に屈しないならば――「時代精神」の想定や実体化を放棄すべきだとさえ考えられる。なぜなら、経験的に確かめられるのはいくつもの構造の重なり合いのみであり、それらは互いに異なり一致できないそれぞれの「時間リズム」に従い、しかも、これら構造内部の発展が到達する段階はさまざまで、どれかひとつの段階が他の段階よりも「本質的」だとはいえないからである。(時代精神についていえることは、「倒置された」時代精神である経済的・社会的構造についてもいえる。)

「同時代的なものの非同時代性」が方法論的にどのような結果をもたらすかという議論のなかには、当然のことながら、音楽史に介入する経済的、社会的、心理的、美的、作曲技法的要素間の階層性についての論争が姿を変えて再登場する。すなわちわれわれは、経済的・社会的土台の優先権を原理的に認めるべきなのか、それとも個々の場合に即して認めるべきなのか、という選択に直面する。さらにまた、かりにその土台を最終審と見なした場合、絶えずその最終審に上訴して、(相対的自律性を歴史記述の原理とするのではなく)音楽史を社会史の総体性のなかに解消させることを有意義だと感じるか否か、という問題も出てくる。つまり音楽史の相対的自律性をめぐる論争において歴史哲学的に、また学問の実際に即して、どちらの立場を採るかによって、時代精神――いわば実体的な年代――について語ることに意味があるのかどうか、そしてかりに時代精神があるとしたら、それはどこで最もうまく捉えられるのか、という判断も変わってくる。

原理的にいえば、歴史的現象の同時代性にあたえらえる意義の目盛りには大きな幅がある。一方の端には絶対的な無関係さがあり(たとえば二つの文化のあいだにまったく影響関係がなく、たんなる抽象的な年代の同時代性という事実が歴史学的にはまったく無意味な場合)、反対の端には、時代精神がある文化の全領域に等しく浸透してはっきりとした有効性をもっている場合がある。前者の場合、年代というものには実体性がなく、後者の場合には、事象はそれが起こる時点によって本来の内実を獲得する。しかしどんな歴史家も、アプリオリにこの両極のどちらかの選択を迫られていると感じる必要はない。学問の日常においては、可能な解決のどちらかを選ぶかという決断よりも、歴史哲学的な問題を意識するほうが重要である。ただ同時代に存在したというだけで事象のあいだに実体的な関連があったと想定することは、許されざる形而上学的先入観であろう。しかしその一方で、互いに矛盾する事実群のカオスを前にして諦めるのではなく、過去のなかで出会う構造のさまざまな「時間リズム」や「年齢」のなかに明瞭なパターンを発見しようという試みを妨げるものもない。日常の学問においては、以上のことを心にとめるだけで十分である。われわれが――われわれが扱うのは互いに結びついた複数のシステムであって、十七世紀以前の中国文化とヨーロッパ文化のように関係なく共存するシステムではない、ということが常に前提ではあるが――構造や制度、理念や行動規範の一致や相互作用をそもそもひとつの歴史的状況として記述できるという事実は、その状況を秩序づけられた状況として、したがってある程度まで「諸構造の構造」として理解できる可能性を原理的に含んでいるのである。

十九世紀の音楽文化

われわれがある音楽文化の――たとえばオペラを除いた十九世紀中部ヨーロッパの音楽文化の――固有な骨格を描こうと試みるとき、その出発点は自由に選ぶことができる。なぜなら、ひとつには、そのシステムのある地点には他のどの地点からも到達できるからであり、また他方で、関連や対応関係の記述は、部分要素間の階層関係について、つまりどの要素が基礎的な要素であるかについては、最初まだ何も語らないからである。だから、美的自律性という原理──芸術音楽は支配的な音楽外の事象における機能を果たすのではなく、それ自体のために聴かれるという要求──を最初に置いたとしても、それを「観念論的」な先入観として誤解したり、不信感の対象とするべきではなかろう。

作品の自律性と商品性　一方では自律性原理と天才美学や独創性理念との、また他方では自律性原理と──奇妙な取り合わせだが──音楽作品の商品性との内的関連は、あまりにも明らかなので、詳しく説明するまでもないであろう。そしてこの場合、決定的な変化は十八世紀末に起こったという点で、事実間の対応関係は同時に年代的な対応関係でもある。しかし適切な重点の置き方を知ることは難しい。経済的要因がすべての基礎であるという命題は、十九世紀に関するかぎり非マルクス主義者でも認めざるをえないが、錯綜した歴史の細部を前にすると困難に遭遇する。第一に、商品性というものが作品の理念を支配したかどうかは疑わしい。十九世紀の場合、作曲家の生活の経済的基礎において、作曲が占める割合はわずかなものでしかなかったからである。宮廷における伝統的な地位さえ「市民の時代」にまったく姿を消したわけではなかった。しかし、十七世紀や十八世紀とは違って、宮廷への経済的・社会的依存関係は、そこで書かれた作品にほとんど影響を及ぼさなかった。（委嘱作品は添え物へと低下した。）第二に、商品としての作品を支配した法則──目立つために独創的であろうとし、そのあとは成功を利して自己模倣をおこなうという欲求──は芸術音楽の場合、部分的にしか実行されなかった。自分自身の亜流になることは独創性の理念に反するものとして忌避された。独創性という理念には、「内奥からの」作曲という要求とともに、新しさへの要請が含まれていたからである。以上の議論から、経済的・社会的現実に対する自律性原理の優位性を読み取るべきだというのではない。ただ少なくとも、依存関係の網目は正統マルクス主義の教説が認めるよりもいっそう複雑に絡み合っている、ということを示すにはこれで十分であろう。

演奏会制度　制度の上で自律性原理に対応するのが市民的な演奏会活動である。これは十八世紀に始まったものを土台として、一八一五年以後の王政復古時代[18]に確立され、世紀の中頃――難解な室内楽が公開演奏会に採り入れられたことによって、また「通俗的《トリヴィアール》」な要素が交響曲演奏会のプログラムから排除されたことによって――その「理念型的」な形態に達した。それ自体のために――「精神能力のある素材における精神」（エードゥアルト・ハンスリック[19]）の客観化として――聴かれることが芸術音楽の意味と要求であるかぎり、ショーペンハウアーによって強調されたような観照[20]こそが自律的な作品に唯一ふさわしい受容方法であり、この態度は演奏会の（のちにはさらにオペラの）行動規範として徐々に浸透していった。演奏会制度に付随する社交的・娯楽的な特徴や顕示的な特徴を、また名技の誇示に対する楽しみや社会的自己表現をもとめる市民階級の要求を否定する必要はまったくないが、それにもかかわらず、美的自律性の理念が十九世紀に浸透した決定的な傾向であったと、そしてこの傾向の表われとして世紀中葉に交響曲演奏会のレパートリーにおいて芸術性への厳格な要求が一般化したのだと主張することができる。（独奏協奏曲が「交響的協奏曲」に変わったことがその典型である。）

器楽の解放　自律性原理を含む美的要求に相関するものは、さまざまな作曲技法にも見られる。それを規定する特徴のなかには、器楽の自立化（たんなる導入機能と間奏機能といった音楽外的目的からの解放）、調的和声が果たす形式形成的な役割（大規模な形式の調性が純音楽的に、歌詞や標題の支えなしに、内的まとまりをあたえうるという発見）、さらには主題・動機労作や「発展的変奏」[21]（アーノルト・シェーンベルク）といった方法が数えられる。それ自体のために存在することを要求する音楽は談話ないし「音話《クラングレーデ》」（ヨーハン・マッテゾン[22]）という姿をとる。つまりそれは、調構造のなかにも主題的・動機的関連のなかにも働いている論理の音による表現という姿をとる。（「音楽的論理」

という言葉はヨーハン・ニコラウス・フォルケルに由来するらしいが、(23) これは十九世紀の基礎概念のひとつとなった。）音楽はしたがって調性の論理と動機の論理――両者は密接に関連している――によって自律性原理にひそむ要求を満たし、また同時に、多くの批評家が十八世紀半ばから起こった器楽の解放をそう見ていた美的不遜さを正当化する。今日では自明なものとなっていること、すなわち歌詞や標題を表現するのではなく、踊りの役にも立たず、名技によって驚かせるのでもない音楽の存在権は、一八〇〇年頃にはむしろ逆説であった。（そのことをよく物語るのが、E・T・A・ホフマンが「純粋な器楽」と呼んだもののわかりにくさを取り除くために、解釈学によって、つまり暗黙の標題を創作することによって、説明するという傾向であった。(24)(25)）

教養の理念　十九世紀のブルジョワジーによって理解されたような美的自律性はけっして、体制化されたブルジョワ階級ではなくそれに反抗したボヘミアンたちのスローガンであった「芸術のための芸術《ラール・プール・ラール》」という原理と同一視してはならない。この美的自律性は音楽の孤立化ではなく、むしろ逆に、その時代の中心的な傾向であった教養理念に音楽が関与することを意味した。フィヒテやヴィルヘルム・フォン・フンボルトの意味における教養《ビルドゥング》が日常的・効用的なものからの距離、「必要性の王国」に対抗する精神の自由を前提としそれをもたらすものだとすれば、音楽は「それ自体のための完結した世界」(26)（ルートヴィヒ・ティーク）として美的観照の対象であり、日常生活の経済的・社会的重圧から解放されるための手段となることができた。つまり、音楽はまさに自律的な芸術として、マルクスの半世紀前にすでにフンボルトが語った「疎外」(27) への反証となったのである。（市民的な「自由芸術《フライエ・クンスト》」は、「必要性の王国」に対する反世界という機能において、「アルス・リベラーリス」の遺産を受け継いだ。これは古代において貴族の余暇から、「家計《オイコス》」の領域への距離から生まれた哲学的観照であった。）

音楽の理解　自律性原理は、前述のとおり、十八世紀末の遺産である天才の美学や独創性の理念と密接に結びついていた。自律的な音楽の形式や美学は「音楽的論理」によって正当化されたが、この音楽はそれだけでなく、天才の仕事として哲学的な資格証明――ノヴァーリスの言葉を借りれば「必然的存在権」――も得たのである。そして芸術音楽は聴き手に二重の要求を課した。すなわち、聴き手は一方で音の論理をいわば追作曲しながら理解しなければならず、他方では作曲家の独創性を感情移入によって捉えねばならない。そしてこの二重の要求は、理性的な追創造と共感的な感情移入のあいだで変化する、音楽の「理解」という概念になかで合体する。そしてこの概念は十九世紀のカテゴリーであって、その時代の受容美学――その時代には一度も書かれなかった――の中心をなしたであろうものである。（「純粋な器楽」を理解できるということ――ただ快いものとして感じるのではなく――はいまでこそ当然のこととなっているが、一八〇〇年頃にはむしろ逆説であった。）

独創性の原理　完全な独創性が天才の作品を形成するということは、十九世紀に支配的だった見解によれば、音楽作品のなかで――それが「散文的」ではなく「詩的」であるかぎり、ということはつまり、シューマンの美学によれば作品が芸術の領域に属し、軽薄なあるいは学問的な陳腐さによってその領域から追放されないかぎり――作曲家が自分自身を表現することを意味する。（表出原理の雑な理解――美的な自己と経験的・日常的な自己との同一視――によって、音楽作品は音による伝記の断片だという解釈が生まれた。）しかし独創性の原理はその一方で、作曲家は、重要な判断を下すサークルに属したければ、新しいことを言わねばならないということも意味する。十八世紀末以来、美学は芸術が真純であるためには新しくなければならないと要請した（しばしば聴衆の一部から激しい抵抗にあったけれども）。そして新しさを求める美学の要求のなかには、無理に歴史哲学をもちだすまでもなく、初期の産業時代を担っていた進歩の観念を再発見することができる。

古典性と新しさ　しかし進歩の観念はそれ自体として、不動なものとして、この時代の美学思想を決定したのではなく、天才賛美と、つまりは天才の作品は歴史を超越するという命題と、結びついていた。古典的な作品という概念——ようやく一八〇〇年頃から、つまり文芸理論よりも百年遅れて浸透した概念——を指針とすることから、徐々に、演奏の難しさが増したことと関連しあいながら、ベートーヴェンの交響曲を中核とするような演奏会の固定したレパートリーが育っていった。新しさの要請にとってレパートリーの固定化は一方で反証と障害になるが、他方では——「音楽の博物館」[28]を軽蔑する人たちは認めないだろうが——ひとつの支えでもありえた。十九世紀に求められた質的な新しさと、十八世紀には当然のことであったたんなる年代的な新しさとは区別しなければならない。十八世紀のように音楽作品が再演される見込みがほとんどないときには、はじめて聴いたときによくわからなければならなかった。その場合は、故意に不成功の危険を冒すのでないかぎり、質的に徹底して新しい必要はなかった。作品が再演される可能性のあるとき——なぜなら最初には理解できなかった要素が天才の証しだとわかり、したがって未来のレパートリーの構成要素になる可能性を排除したくなかったから——にはじめて、徹底的に新しく挑発的なことをあえて試みることがそもそも意味をもったのである。徹底した進歩性は——ヴァーグナーに最もはっきり見られるように——未来の古典性への期待と結びついている。

「詩的なるもの」　歴史から傑出する古典的な作品という理念を指針としてレパートリーが形成されると、その結果として過去の音楽は、きわめて遠い時代の音楽でさえ、十九世紀の作曲家に対して一般的な規範という姿ではなく——作曲家はたしかにその規範を学びはしたが、もはやそれを決定的なものとは見なさなかった——、個性的な作品という姿で立ち向かった。（もちろん十七世紀にも作曲の達人は昔の曲を勉強したが、それを繰り返しのきかない個別的存在としてではなく、極端にいえばある規範の模範的な証拠として理解した。クリストフ・ベルンハルトがその作曲教程に採り上げたパレストリーナの奉納唱《レスポンソリウム》(29)は範例《エクセンプラ・クラシカ》としての機能を果たしたのであって、ヴァーグナーが作曲家になろうとして写譜したベートーヴェンの『第九交響曲』とは意味が違っていた。）ロマン主義の時代が理解した技術《クンスト》というものは、傑作のなかに例が見られるような規則に基づく職人芸《ハントヴェルク》ではなく、むしろ作曲家が関与した（あるいはそこから締め出された）領域、「詩的なるもの」の領域であった。そして――レパートリーを、少なくとも理念的なレパートリーを形成した――傑作は、この領域の観念を伝えはしたが、それを模倣することは許されなかった。

ジャンル伝統の危機　職人芸の規則が威信を失ったことは、音楽ジャンルの伝統がもっていた意義の消滅と深く関わっていた。かつての音楽ジャンルは――型どおりにいえば――社会的機能と作曲上の規範との関連、つまりジャンルが果たすべき音楽外的な目的と、使用可能でしかも適当と思われた音楽的手段との、関連として形成された。（マドリガーレでは許されたことでも、モテットでは禁じられることがあった。）そして社会的、音楽外的機能と音楽内的技法からなる複合体が伝承を形成し、それが未来の作曲家に彼のメチエの精華を伝えたのである。それに対して十九世紀になると、一方で音楽の機能性が美的自律性によって取り除かれるか、あるいは音楽の地階に追放され、他方では一般的な作曲規範の拘束力が個々の作品の美的現在性によって抑圧された。作品の属するジャンルがまったく意味を失ったというわけではないが（そうなったのは二十世紀になってからのことである）、芸術作品は範例ではなくまずもって個別的存在として理解され、ジャンルは作品を規定する二次的な特徴と化した。

（1）規範的な音楽の制作論《ポエーティク》への反証としての天才美学（2）音楽の機能性を抑圧ないし軽視した自律性原理（3）美的自律性と相関する教養理念（4）一方では音楽的論理の追創造としての、また他方では作曲家の個性と独創性への感情移入としての、音楽の理解というカテゴリー（5）自律性思考の制度化としての、また同時に――それとは正反対に――音楽の商品性の結果としての市民的演奏会制度（6）器楽の解放（7）新しさの要請と進歩という観念との微妙な関係のなかで不動のレパートリーを形成する、歴史を超えた古典的作品の存在（8）模倣することなく見習うべき独創性の賛美（9）音楽ジャンルの伝統の危機（10）そして最後に「詩的なるもの」の重視と（自明なものと見なされるか無視された）「機械的なもの」の軽視、これらが十九世紀における音楽文化の特徴である。そしてこれらの特徴こそが、同じ歴史的状況の、互いに補完的で互いから派生する、さまざまな部分要素として、「諸構造の構造」としての記述を――年代に関しては理念型的な構築のさいに許される多少の自由をもって――可能とするのである。

第十章
受容史の諸問題

なぜ受容史なのか

歴史的関心はここのところ目立って――しばしば宣伝色や攻撃色をともなって――作用史ないし受容史に向かっている（前者はプロセスの出発点となる対象を、後者はそのプロセスが向かう公衆を強調する）。このような変化は、自律的で自足した作品という概念がここ数十年のあいだにまず芸術において、のちには芸術の理論において危機に陥ったことの表われであり結果だと理解することができる。それはイデオロギー批判という思考形式を特徴とする時代における芸術作品の――音楽についてもいわれる流行語を使えば――権威喪失とさえいえるかもしれない。音楽の形象が「理念的対象」として理解され、その「本来の」意味が部分的にしか、あるいはまったく理解されないときでも、厳然として不動のものとされていたかぎり、受容史の記述は、無用とはいわないまでも、二義的な企てだと見えざるをえなかった。なぜなら、そこで重要だったのは唯一妥当な解釈という目標であって、なぜたいていの解釈が不適切であったかという理由ではなかったからである。作品に内在する、あるいは内在すると考えられた事実内容と真理内容の解明にとって、さまざまな解釈を支えた歴史的条件についての反省は、それほど重要だと思われなかった。人びとが知ろうとしたのは、さまざまな解釈を生んだ原因ではなく、それらの解釈が到達した説得性の度合いであった。発見の脈絡は美的根拠づけの脈絡の背後に退いた。つまりその場合には、さまざまな要素が次第に合体して十全で妥当な理解が生まれるのではなく、作品の意味――アプリオリにあたえられた、しかし最初から把握されるとはかぎらない内実――は十全な豊かさをもって提示され、その意味の部分要素はすでに間然するところなく一体化していた。(解釈の当否を判断する基準は、その解釈が作者の意図を伝えるドキュメントと一致しているかどうか、そして十分な精密さと、また同時に十分な整合性に達しているかどうか、ということであった。)

従来の音楽史記述は作用史や受容史を抑圧ないし無視してきた、というのがまさに紋切り型の非難である。しかしこの非難は的はずれで、おそらく、〔受容史の主張者が〕自分の学問的問題をはっきり浮き上がらせたいという欲求から起こったものであろう。第一に、作用史の主題のひとつ――前の音楽作品があとの作品に及ぼした影響という主題――はいつでも音楽史学の中心的な対象に属していた。いくつかの記述においては、作曲家によって行なわれた受容とでもいえるものが、複数の音楽作品――強い意味での芸術作品として、孤立した美的観照の対象として、むしろ互いに反目するような作品――を互いに結びつけるまさに唯一のきずなをなしている。第二に、問題は事実に対する盲目とか注目というよりも、むしろ事実を解釈する仕方の変化である。音楽作品が異なった時代や異なった条件のもとで絶えず繰り返し違って解釈されてきたという事実は、これまで一度として無視されたり否定されたことがない。けれども人びとは音楽作品を「理念的対象」と考えたので、解釈の変化をこの理念的対象と関係づけ、作品の「本来の意味」への接近として理解した。そしてこの「本来の意味」こそが、それを完全に解明することはできないとしても、ともかく人びとが手を変え品を替えて到達しようとした目標だったのである。唯一妥当な解釈という観念がまだ懐疑に蝕まれず、人びとがさまざまな道を通ってそこに到達しようと努めていたときには、さまざまな接近度の基礎をなす歴史的前提を研究することはあまりやりがいのある仕事だとは思われなかった。したがって、作品の事実内容と真理内容は既存の客観的なものでアプリオリに確定している、という観念が放棄されたときにはじめて、つまり、作品の意味へ近づくやり方や度合いの変化だけでなく、作品の意味そのものの変化が主張されたときにはじめて、受容の仕方の変化をもたらした歴史的条件が、〔音楽史の研究にとって〕ひとつの本質的で不可欠な要素になる。すなわち、今や決定的な裁定者として登場するのは、受容史家が否定する作品の理念ではなく、ある特定の受容を形成した歴史的瞬間である。そして作品の意味――抽象的な楽譜テクストのうちにあたえられている意味ではなく、具体的な受容つまりテクストを具体化する受容のうちではじめて出現する意味――がそもそもどのようにして形成されるかを理解するためには、その裁定者に立ち戻らなければならないのである。

受容史の問題点

「理念的対象」という理論――現実の聴衆による妥当なあるいは不当な理解とは関係なく、芸術作品にそれ自体としての内実を認める理論――は、受容美学によって大幅に信用を失った。このことは、形而上学という表現がほとんど哲学的な罵言とさえなった時代にあっては、それほど意外なことではない。伝統的な作品美学が今日正当化されるとすれば、それは――形而上学的な意味においてではなく――せいぜい発見手法《ホイリスティッシュ》的な意味においてのみである。つまり作品美学を正当化できるのは、歴史家だと自認する解釈者は自分をまずもって未知な作品とその要求の媒介者となすべきで、自分自身の歴史的位置とそれに特有な先入観の媒介者にすべきではない、という議論だけである。作品美学の危険が、もはや信じられていない形而上学の幻想を抱かせることだとすれば、受容美学の危険はその狭量さにある。つまり、自分自身の時代を支え制約する前提から完全に独立することはけっしてできないという疑いようもない事実から、歴史家は自分を先入観のなかに――それを完全に中和することはいずれにせよできないのだから――意識的に閉じこめ、したがって（現在は適当な言葉がないので古風な言い方をすれば）いわば無教養の立場から人文学の研究《ストウーディア・フマニターティス》を行なうことが許されるという怪しげな、なかば諦めた、なかば不遜な、結論をひき出す傾向である。

極端な相対主義、たとえばベートーヴェンの『英雄』はそれを受容する聴衆の頭数だけ存在するという挑発的な主張は、たいていの受容美学者と受容史家が避けがたいと感じる告白というよりも、彼らが避けたいと思っている致命的な帰結である。フェーリクス・V・ヴォディチュカは「ドグマ主義」――作品内容の理念的存在を想定すること――も「主観主義」――作品のアイデンティティを無数の個人的反応へ解消すること――も非難し、その中道を求めた。彼は「考察された作品の美的性格や意義については一般に複数の解釈が存在し、原理的にはそのおのおのが同じ妥当性と説得力をもつが、それらはしかし時代的に、社会的に、またある程度まで個人によって、限定されている」と考える（「文学作品の具体化」[1]）。しかし彼はその一方で、受容史の対象を個人の反応に見るのではなく規範や規範体系のうちに、つまり伝承されたテクストが歴史的、社会的、民族的に限定できる集団や層のなかで解釈されるされ方を規定する、規範や規範体系のうちに見るのである。しかし、互いに相反する異なった解釈が対等な権利で共存し、しかもどうして作品のアイデンティティが失われないのかという問題に、ヴォディチュカは答えていない（ローマン・インガルデンとの論争において、インガルデンの出発点がまさにこのアイデンティティ問題であったことを彼は忘れている）。しかしそれはともかく、ヴォディチュカの方法論的試案は、――極端な主観主義の命題が学問的な構想であるよりも、むしろ形而上学を破壊したいという願望に支配されているかに見えるのと違って――実現可能な計画である。

ハンス・ローベルト・ヤウスによれば、文学の――そして類比的には音楽の――テクストを美的対象に変える具体化は、一面的に作品から発する作用として考えてもいけないし、また読者によってそのカテゴリー的な枠組みが決定される、受容として理解してもならない。それはむしろ「間主観的な対話」の構造である。

芸術作品の作用と受容を仲介するプロセスは現在の主体と過去の主体との対話である。そこにおいては、現在の主体が過去の話に潜在していた答えを、いま自分が見出した問いへの答えとして認識し提出するときにはじめて、過去の主体が現在の主体に対して再び「何かを語る」ことができる（ガーダマーによれば、それが自分に対してのみ語られているかのように、何かを語ることができる）（「ラシーヌとゲーテのイフィゲネイア」[2]）。

過去の芸術作品からはいつも主体が語るわけではないということを別にしても、「現在の主体が見出す問い」という概念には、まだ解決できない難題がひそんでいる。つまり――あるテクストを理解するということはそのテクストが答えとなっている問いを知ることだ、というコリングウッドの箴言[3]どおり――テクストの最初の意味に含まれていた問いが、いまだに、あるいは再び、現在的な重要性をもつのだろうか。それとも逆に、現在の状況から自然に生じる問いかけは、それが歴史的な正当性をもつか否かにかかわりなく、その問いかけに対する答えという意味でのテクストが十分に自足した意味関連を保ちつづけ、ちぐはぐで無関係な断片に解体されないかぎり美的にいつも正当化される、という前提から解釈を行なっていいのかどうか、という問題である（しかしその場合、「意味関連」の判断基準は作品が示す――古典主義的とかマニエリズム的とかいう――様式の前提次第で変化する）。

「受容されるものは何であれ、受容者のやり方に応じて受容される[4]」（Quidquid recipitur, recipitur ad modum recipientis）。しかし、テクストを――沈黙させるのではなく――語らせるためには、テクストに対して問いを提出するだけでは十分でない。受容史家はテクストがみずから語ることはないと主張するが、これは逆にいえば、的外れの問いに対してテクストは支離滅裂に答えるか、あるいはまったく答えない、ということにもつながる。そして本当の難題は個別的な場合にある。すなわち、解釈が正当でしかも新鮮であるためには、それがどの程度まで一方で作品の要求によって、また他方では受容者の精神によって支えられ規定されねばならないのか、それを決めることの難しさにある。

受容史はいかにして可能か

受容史家は一方で音楽作品の妥当な解釈と不当な解釈の区別に対して——いわば生来——不信感をもっているが、しかし他方では、無定見な相対主義には陥りたくないので、受容の仕方を選択し等級化するための判断基準を完全に放棄することも望まない。それに加えて、受容史がそもそも物語りうるプロセスであって、いかなるパターン化も許さないようなたんなるデータの集積ではない、ということもけっして自明だとはいえない。そして〔妥当性の〕判断基準をどこに求めるかという問題と、受容の変化をどのようにしてまとまりのある歴史として記述するかという問題は、互いに密接な関係をもっている。

(1) **時代を代弁する受容**　受容史家が出発点となしうる第一の前提は、作品解釈の受容史的な判断基準は、その解釈が音楽形象の「本来的な意味」に近いか遠いかではなく、その解釈がそれを生んだ時代、国民、階級ないし社会集団をどのくらい正確かつ強力に代弁しているかにある、という主張である。換言すれば、決定的なのは過去の再構築の中味ではなく、現在の精神による知的構築の中味だということになる。その場合、そうした受容史の記述が主として指針とするのが思想史なのか社会史なのかということは、――重点が哲学にあるか政治にあるかという違いにもかかわらず――方法論的にそれほど重要ではない。いずれの場合にも、歴史記述の基点となるのが音楽作品ではなく、作品が受容されるときの条件をなす精神的あるいは社会的構造、つまりヴォディチュカなら規範体系と呼ぶものだからである。そうなると、音楽の受容史は精神史ないし社会史の一部という姿をとる。たしかにその材料は音楽作品の受容に関するドキュメントから出てくるが、このような意味における受容史の構造は音楽史からみれば他律的なものとなる。なぜならこのような受容史は物語りうる歴史としての内的関連を、音楽的事実にはほとんど左右されないような、精神史ないし社会史の連続性に負っているからである。

歴史の代弁性という判断基準は〔妥当な受容を〕選別するための規範として、また受容の変化を歴史記述の名に値するような形で記述するための原理として、有効である。しかしその前提として、われわれは作品本来の意味に即した解釈という観念を放棄して、解釈の妥当性をその解釈が出てきた時代、あるいはその解釈が支配的な見解として浸透していた時代の精神との、親近性のうちにのみ求めることになる。この場合には、事実的な――作品に即した――妥当性に対して、歴史的な――歴史的状況に基づいた――妥当性という言葉を使えるかもしれない。しかし歴史の代弁性を決定的な判断基準にまで高めると、そのときに犠牲にせざるをえないものはけっして小さくない。つまり作品のアイデンティティというものを犠牲にせざるをえないのである。そうなると伝承された形象はたんに音響的基層を示すものとなり、その本質的な要素――それによって音響現象がそもそもはじめて音楽として形成される――は決定的な特徴において可変的で交換可能なものだということになる（かりに歴史的に変化するのは本質的でない要素だけだと考えるなら、受容史の記述そのものが無意味なものとなってしまうであろう）。

（2）**意味の展開としての受容**　それに反して、妥当な解釈とふさわしくなかったり的外れだったりする解釈の区別に固執するならば、つまり、音楽作品は完全にではなくても大きな本質的な部分において解釈者が捉えたり捉え損なう明確な意味をもっているという通常の観念、そして歴史理論的な詭弁に最大限抵抗する観念に、固執するならば、作品のアイデンティティという理念は救われる。しかしその反面、解釈が音楽作品本来の事実内容と真理内容に近いか遠いかを恣意的にではなく根拠をもって判断するためのしっかりした基準点を定めなければならない、という困難に遭遇する。そしてわれわれがどのような立場を選んでも、そこにはいつも歴史哲学的な意味合いが潜んでいて、それが受容史家の構想に――厳格に経験的な手法をとるという意図に反して――なにがしかの思弁を混入させることになるのである。

しかし作品の「本来的な意味」――作品のアイデンティティを保つためにそれを想定すると、解釈が歴史を代弁するという要素は副次的なものになる――は、必ずしも最初から存在していたり認識できるものであったとはかぎらない。そして多くの受容史家は、それによってアイデンティティの原理を犠牲にすることなく、次のような観念から出発する。すなわち、現在が作用史の（さしあたりの）目標をなしているが、音楽作品の解釈（言葉による解釈と音による解釈）はこの作用史のなかでさまざまに変化し、互いに補い合い補正し合いつつ絶えず作品の新たな特徴を発見ないし産出するのであって、音楽作品はこうしたさまざまな解釈を通じてそもそもはじめて本来の姿に到達する、つまり作品のなかに潜んでいたものが具体化される、という観念である。ヴァルター・ベンヤミンが呼んだような作品の「余生《ナハレーベン》」(5)は真理内容の発展として現われる。そして重要な作品ではとりわけ、この真理内容が最初ほとんど常になかば隠れていてようやく徐々に出現したり、あるいは受容ののちの段階になってからはじめて作品にあたえられるのである。（したがって作品のアイデンティティは、作用史の連続性に、また作用史が目指し――たぶん到達することなく――接近する、完成された解釈という目標に基づいている。）

音楽作品の作用史は作品がもつ意味の展開にほかならない（ともかく重要な作品においては。重要性の美的判断基準と意味の展開度を判断する受容史的基準とのあいだには、けっして不当でない解釈学的循環が成立する）ということの命題に対しては、作品は――「時代精神」の表現として――それが書かれた時代にもっとも正当に理解されるという対立命題が存在する。これら二つの命題はいずれも科学哲学的に正当な主張であり、また学問現場の慣習法にも等しく沿うものだが、しかし妥協の余地がない完全に正反対の主張である。音楽作品を正当に歪曲せずに理解するための唯一の道は作曲者と同時代の人びとのカテゴリーと判断を再構築することにあるという信念は、歴史家たちのあいだでしっかりと根づいている。しかしこの信念をそのまま認めると、受容史にとっては破壊的なことになるであろう。なぜならそうなると、受容史が後世の作用を研究することは、芸術作品を「理念的対象」だとする命題に従う場合とほとんど同じように、中心問題――理念的なあるいは本源的な意味における作品――に到達するためには、研究の主題とすべきでなく本来は取り払わなければならない、たんなるごみくずを扱うことになるからである。

以上で簡単に述べた二つの見解は、経験的というよりもむしろ形而上学に基づいているので、歴史哲学の構想をときとして大ざっぱに分類する二つの図式をそこに認めることは難しくない。すなわち退化の図式と進歩の図式である。音楽作品の唯一妥当な理解は同時代者たち――そして自分を想像上の同時代者と感じることのできる歴史家たち――によってのみ期待できるという命題は、その後の作用史が退化の歴史、疎外の歴史として見られることを暗に意味し、そこでは、復古はたしかに可能だが、最初の状態を凌駕する可能性はまったく閉ざされてしまうことになる。残されるのは硬化か退化かという不幸な選択だけである。それに反して、成立した時代を凌駕するような作品においてはのちの解釈のほうが傾向として、あるいは少なくとも潜在的に、いっそう豊かな解釈である――なぜなら作品の内実は歴史のなかではじめて開示されるから——という信念は、明らかに進歩の観念によって支えられている。作曲史ではますます疑問になった進歩の観念が、いわば作曲史から受容史のなかに場所を移すのである。

(3) 受容の適齢期 〔受容史を可能にする〕 さらに第三の歴史哲学的図式がある。それはすなわち、作用史の始まりもその(さしあたりの)終点も相対的な完成の状態を示すのではなく、むしろ、作用史の発展は初期的で手探り状態の始まりから——十八世紀の歴史哲学がいうような——完成点(point de perfection)へ向かって前進し、次にはそこで到達されたものの下降ないし硬化が起こるという思想である。この考えは多くの現象に適用できるにもかかわらず、音楽作品の受容史という観念にこれまでほとんど影響をあたえなかったように思われる。この思想によれば、ベートーヴェンの『第九交響曲』の作用史は十九世紀中葉に頂点を迎えたといえよう。その頃には、この作品が交響的音楽の真髄としてヴァーグナー、ブルックナー、ブラームスに決定的な影響をあたえただけでなく、ヴォルフガング・グリーペンケルルの『ベートーヴェン崇拝者たち』[6]といった小説のテーマにさえなったからである。同様にブルックナーの交響曲の場合には一九二〇年代に「適齢期《カイロス》」がきたといえるだろうし、一九七〇年前後がやがてグスタフ・マーラーの作用史における頂点と見なされる日がくることも考えられないわけではない。

歴史的「適齢期《カイロス》」という理念を指針とする——したがって直線的な進歩の図式にも退化の図式にも従わない——作用史から音楽史記述の原理を導き出すという試みは広範囲な結果をもたらし、詳しく検討すればそれが逆説的というよりもむしろ妥当なものだと思われるにもかかわらず、その試みはまだ行なわれていないように見える。年代的な骨格を作曲データよりも受容データ(構造史のデータと同様にそれもしかし漠然としたものでしかありえない)によって決定するという音楽史においては、バッハの作品は——ジャンルの違いによって——十九世紀のいろいろな時期に、シューベルトの後期交響曲はその世紀の中葉に、ヴァーグナーの『指輪』はバイロイトの最盛期に、そしてチャールズ・アイヴズの遺作は一九六〇年代に位置づけられることになろう。一八二九年に起こったことは、厳密にいえば、『マタイ受難曲』の「再発見」ではなくむしろその「発見」であった。バッハの作品は、作曲者が最初そう考えたように、もともと歴史的に周縁的な存在でしかなかった。そしてようやく十九世紀になってそれが自律的な音楽へと読み替えられたときにはじめて——驚くべきことは、この作品が読み替えに耐え、それによってその芸術性がそもそもはじめて捉えられたように見えることである——、十八世紀にはテーレマンの陰で認められなった歴史的偉大さを発揮したのである。（バッハの作品がもともとそれと無縁の芸術概念の範例《パラダイム》になったという事実は、歴史哲学を当惑させる、まさにとてつもない出来事である。）ジャック・ハンジンが主張したように、[7]十八世紀の音楽史は——バッハがフィーリプ・エマーヌエルに及ぼした影響にもかかわらず——バッハにほとんどあるいはまったく触れなくても書くことができるが、十九世紀の音楽史をバッハなしに書くことは不可能である。

音楽作品の作用史における適齢期ないし完成点《ポワン・ド・ペルフェクション》という観念は思弁的で形而上学的に聞こえるので、歴史家たちに奇異な印象をあたえるかもしれない。歴史家というものは、経験的知識の地盤を少しでも離れるように説得されると良心の不安を感じるからである。しかし一九二〇年代がブルックナー交響曲の受容史における——しかも統計的に把握できる外的な受容史だけでなく、解説や分析にみられる内的受容史における——頂点であったという主張は、ただ規範としてではなく、発見的手法《ホイリスティク》としても理解することができる。その場合にはこの主張を、ブルックナー解釈のある個別的で特定の段階をドグマ化し、そこから他の時代について判断をくだすいわば裁定機関として歴史から際立たせる試みとして理解してはならない。そうではなく、それはたんに一九二〇年代の認識が（歴史的状況が変化しそのような認識をもはやもつことができなくなった数十年後の今日でも、そのような認識は依然として理解できるし、その意義も認めることができる）、ブルックナー受容全体の発展を見渡し概念的に解明するための有利な出発点をなすということを意味するのである。厳格な経験主義にとっては怪しげな規範的主張を（少なくとも一時的に）

保留したとしても、われわれがブルックナー受容の頂点だと感じた段階の分析から得られたカテゴリーや視点を指針として放棄しなければならないというわけではない。それらのカテゴリーや視点はむしろ、他の受容段階を比較的に考察するための前提や確かな足場となるからである。そしてそのような考察によってこそ、受容の諸段階が内的関連性をもつ受容史的発展の段階として――しかも変化する思想史的・社会史的諸条件の関数としてだけでなく――そもそもはじめて記述できるようになるからである。

受容の妥当性

音楽作品の受容には説得力の差があるという主張は、経験主義者だと自認する懐疑主義者たちの疑惑にさらされている。彼らは、権利の不平等さとちがって権利の平等さは価値決定に基づいていないかのように、歴史に記録されたすべての解釈が「原理的に対等の妥当性と説得性をもつ」(フェーリクス・V・ヴォディチュカ)と主張するからである。厳格な経験主義によれば、見解の相違を区別する要素は第一にその見解が明らかにする事実内容、第二にはその見解を支える社会層、そして第三にはその見解がもつ説得力やその欠如だけだということになる。(説得力が等しくないことは明らかである。そしてそれにもかかわらずさまざまな見解が平等な権利をもつという命題は、明らかに形而上学的あるいは道徳的な動機をもっている。)

妥当な受容の仕方とふさわしくない受容の仕方を区別する互いに競合する諸原理のなかには、ここ数十年来政治の歴史にみられる道徳的主張と同じものをいくつか認めることができる(しかし政治史と受容史に関係があるからといって、一方が他方に還元されるという意味ではない。学問としての歴史内部のコンテクストにおいては、ほとんど常に外的な動機をもつ因果関係の議論よりも、関連性や相関関係を発見することのほうが重要である)。受容の妥当性や不当性に関する歴史的・美的判断を合法化するための裁定者としては——型どおりにいうならば——第一に解釈の由来、第二にその解釈が現象について明らかにする内容の豊かさ、第三にある主張を共有する人びとの数、そして第四にはすでに述べたようなすべての解釈の対等性という原理が挙げられる。（ヴォディチュカの想定するのが個人ではなく集団の見解だということは、この命題から生じる相対主義を和らげはするが、それを解消することにはならない。〔彼の立場からすれば〕ある受容の仕方の存在権を決定するのは、基本的にその受容の仕方が存在するということだけだからである。）

（1）**解釈の由来**　作曲家の意図や、その作品を最初に聴いた聴衆のうちで支配的であった解釈を指針とする歴史家は、明らかに——自分の価値決定のもつ道徳的・政治的色合いを必ずしも意識することなく——解釈の「由来」をその真純性の証しとして受け容れる。作曲家やその同時代者たちによる音楽作品の解釈がいかにみすぼらしく不十分に見えようとも、歴史家は伝承された解釈の代わりに自分自身の解釈を主張することにためらいを感じ、自分の歴史的良心を無視するよりもむしろ自分の美的良心を押さえ込むのである。つまり彼は、後世の歴史家が「真純な《オーセンティック》」判断を軽視するのは不遜な時代錯誤だと感じ、それがまるで歴史的意識と歴史のメチエに反する罪であるかのように恐れるのである。

（以上で略述した権威主義とでもいえるものは、解釈学の論議で非難の的になっている。それはもう周知のことなので、説明を加えずに想起するだけで十分であろう。（1）音楽作品に関する外的証拠が直接または間接に作曲者の意図を記録している場合でさえ、その証拠がもつ説得性に疑問の余地がないとはいえない。露骨な言い方をすれば、作者は自分のしていることを知っているとは限らないからである。（2）作曲家の意図が作品のなかで実現されている場合——実現されていてはじめて意図が問題になる——、その意図と歴史家が作品のテクストに沿って行なう解釈とを正当に区別する基準は欠けている。（3）最初の聴衆は共通の時代精神によって結ばれていたという理由から、その聴衆による音楽作品の解釈を歴史哲学的に特権化できるという主張は、まったく疑わしい形而上学的仮説である。冷静に考えれば、同時代者による反応の証拠は、自分の意図に関する作曲者の説明と同様に、歴史家にとってはたんに解釈の材料にすぎず、けっして最終審ではないからである。）

（2）**作品の解釈**　これと反対の命題――政治的・道徳的にいえば伝統や権威の原理を成果の原理で置き換える命題――は、解釈が作品のなかで――テクストを歪めることなく――いっそう高度な精細さを、また同時に密度と統一性を、発見し明らかにできればできるほど、それはいっそう妥当な解釈だという主張である。しかもそこでは、その解釈がどこからきているか、そしていかなる歴史的条件で――その条件は作品の成立期の条件と一致する必要はない――その解釈が可能になったかは関係がない。換言すれば、音楽作品の「本来の」意味を決定するのは作曲家の判断や、その作品が最初に想定していた社会的支持層の判断ではなく、むしろ作品の豊かさや内的まとまりに関する美的判断基準に照らして、その作品が許すかぎり最も説得力のある解釈である。そこでは美的・構造主義的な正当化が歴史的・伝統主義的な正当化にとって代わる。

（3）**作品の成功と名声**　ある解釈や受容の仕方がどのくらい普及しているかという判断基準は、その陳腐さや粗雑さを美学者は軽蔑するだろうが、歴史家はしかしその判断基準の広範囲な影響力を見誤ったり無視したりしてはならない。（秘教主義者でさえ、彼らが信じる主義の内容ではなくても、すくなくともその噂は広めたいと思うものである。）しかしながら、音楽の実践において生まれた成功が音楽史記述にとってもつ意味を正しく判断するためには、数量化できる演奏の成功と、それができない名声《プレスティージ》の作用とをまずもって区別しなければならない。作品の名声というものは、すっかり忘れられた演奏の成功がひきずった影であることもあるし（メンデルスゾーンの『パウロ』[8]）、演奏の成功とは関係ない場合もあるし（バッハの『フーガの技法』[9]）、演奏の成功を凌駕したり（ヴァーグナーの

『パルジファル』)、演奏の成功に先行することもある(ベルリオーズの『トロイアの人びと』[10])。演奏と名声というカテゴリーの複雑な相互作用を詳しく再構築しなくても、われわれは一般的に次のことを主張することができる。(1)音楽史記述は主として作品の名声から出発し、また逆にその名声の定着化に貢献する。(2)一見抽象的な名声がときおり演奏によって現実化されつつ伝承されるおかげで、音楽の実践にはそれが演奏の成功だけに依存していたならもちえなかったような連続性があたえられる(だから抽象的なものが結果においてまったく具体的なものとなる)。(3)難解な曲の名声はほとんど常に、同じ作曲家による他の作品の成功を前提としている(シェーンベルクの無調作品が――美的にはそれを軽視した人たちによってさえ――歴史的に重視されたということは、『グレの歌』の勝利がおそらく無視できない理由だったのかもしれない)。

受容史を形成するもの

音楽作品ないし作品群の作用史を再構築するために提案された方法の違いは、その方法が引き合いに出す材料――十九世紀と二十世紀の音楽ジャーナリズムを参照することはほとんど避けられない――よりも、むしろその方法の認識目標と重点の置き方にある。(そもそも音楽の受容史とは何かということさえ、目下のところけっしてはっきりしてはいない。しかしそれでも、われわれが際限なく集めることのできる記述や判断は、時代、社会、地域ないし民族――つまり歴史学の「三つの次元」――によってその妥当性が規定され限定されている支配的な規範と関係づけることによって説明され、本質的なドキュメントとそうでないものが区別される、という信念は一般化しているように思われる。)

やがて歴史記述によって――十九世紀にいわれた「高等批評」[11]によって――典範《カノン》化された判断と受容の仕方の成立、定着そして普及をジャーナリズムの史料にうちに観察するという可能性は、これまでほとんど利用されていないようにみえる。（明らかに歴史家たちは、自分の仕事の前史がジャーナリズムにあったことを思い出したくないので、ジャーナリズムを研究テーマにすると、音楽史学は直接に音楽的事象を扱う、という先入観に抵触するのではないかと恐れるのである。）ドキュメントのなかから何を選択するかという尺度は——選択基準を反省しなければ、受容史は歴史の他の分野以上に、伝承されたごみくずのなかで窒息してしまう——、典範の形成に重点を置く場合、のちに「歴史の」評決として受け容れられ忠実に伝承されたこの典範《カノン》が成立したとき、その証拠がどのような機能を果たしたのかということであろう。そしてこの目標設定にあたって受容史家が解決しなければならない中心的な問題は、互いに競合するさまざまな意見——ベートーヴェンの後期弦楽四重奏曲、リストの交響詩、あるいはシェーンベルクの無調ピアノ小曲についての——のうちなぜひとつが最終的に一般化し、他の意見はなぜそうでなかったのか、その原因を再構築することであろう。

典範《カノン》の成立を記述するのではなく——つまりジャーナリズムから歴史記述へ移行するのではなく——ある時代にとって特徴的な見解のパノラマを描こうとするならば、選択基準はある判断を公表した新聞や雑誌がその判断にあたえた重みと、またその判断を下した批評家の名声に置かれるであろう。（このことからすれば、フーゴー・ヴォルフの批評は受容史的にはあまり重要でないであろう。）そしてある時代の歴史を概観しようとする受容史家は、自分が頼るドキュメントのための説明をまず第一に、互いに共存したり対立したりする思想史的・社会史的諸傾向のうちに、つまりそうした錯綜した諸傾向が以前には「時代精神」と呼ばれたもののうちに、求めることになろう（この時代精神の「内的統一性」は、単純化を求める歴史哲学者たちの虚構以外のものではない）。

（1）**受容のトポス**　音楽作品の受容史は、繰り返し現われる特定のトポスの形成によって決定されることが少なくない。それらのトポスは、その存在と作用が比較的自立しているので、思想史や社会史のコンテクストから抜き出して、それだけを個別に歴史的研究の対象とすることができるようなものである（ハンス・ハインリヒ・エッゲブレヒト『ベートーヴェン受容の歴史について』[12]）。しかしながら、少し考えてもわかるように、重要な作曲家や作品や作品群に付いて回るさまざまなトポスは、それらが伝える内容だけでなく、それらがそもそもトポスつまり類型化された判断としてどのような機能を果たすかよっても、根本的に区別される。エッゲブレヒトが示したように、ベートーヴェン受容においては一定のキャッチフレーズ——たとえばユートピア的な内容を告知し、世俗化したキリスト論の思考パターンである「苦難を通して栄光へ」(per aspera ad astra)——が、わずかの変形によって、しかもその肯定的な判断を否定的なものに変えることなく、絶えず繰り返された。それに対して十九世紀と二十世紀初期のヴァーグナー批評においては、たしかに重要なトポス——オペラ形式の破壊者、英雄的な創始者、芸術宗教の開祖としてのヴァーグナー——はすでに確立していたが、それと結びついた判断はまだまったく存在しなかった。ヴァーグナーが達成したものの圧倒的な衝撃力を否定した批評家がいたというわけではないが、それでも——ズザンネ・グロースマン＝ヴェンドライの研究[13]からわかったように——バイロイト祝祭劇場の創設とその国家主義的な要求が思い上がりとして、『指輪』における人格の神秘的な絡み合いが自由主義の道徳的・政治的挑戦として、『パルジファル』の芸術宗教が正統キリスト教の侮辱として、そして指導動機という技法の知的性格が古典主義的な美学——技巧が真の技巧であるためには隠されていなければならないというのがその格率《マクシム》のひとつである——の侵害として感じられ、断罪されることもあった。この場合、トポスの実体は変わらなかったが——ベートーヴェン受容のトポスとは対照的に——極度に色合いを変えて現われたのである。そしてまたマーラー受容の特徴は、繰り返し現われたトポスに対して対照的な判断が下され、それによって交響曲の道徳的、宗教的あるいは美的意義が肯定的にも否定的にも強調されたことである。それだけでなく、そのような判断の違いが彼の交響曲の歴史的地位——ヴァーグナーの楽劇の場合には、ハンスリックやカルベックのような反対者でさえその歴史的地位を疑おうとはしなかった——にも影響をあたえた。たとえばマーラー批評の抜き難いトポスに属していた「高貴な様式」と「通俗性」との共存がさまざまに、反対者からは意図と実現の分裂として、擁護者からは主題的実体よりもそれが果たした形式的機能が重視されているとして、あるいは「低俗な」音楽の交響的な救出として、また社会的融和の「美的予示」として解釈された。それだけでなく、そうした解釈はマーラーの交響曲がブルックナーの交響曲と同列ないしそれを超える存在なのか、それともマーラーの交響曲は「楽長音楽」であって、無理に已れの影を跳び越そうとする虚しい努力にすぎなかったのか、それを決める手段ともされたのである。

（2）**機能の変化**　トポス研究は明らかにヨーロッパ文学における古代やラテン語中世の名残りに関する研究に由来するもので[14]、そこでの重点は「時代精神」の変化に抵抗する不断の伝統に置かれていた。それに対して、音楽の作用史を機能の変化という視点から記述しようと試みる場合には、それと正反対に、ときには何世紀にもわたる受容史のなかで音楽作品が受けた変化や断絶や読み替えが強調されることになる。機能の変化はトポスの伝統の裏返しである。

分析への道を開く現象のグループ化は、ウンベルト・エーコが建築の美学の試論で提案した区別、すなわち第一機能と第二機能の区別から出発することができよう（『記号学入門』[15]）。エーコが第一機能と呼ぶものはある形象の実用価値であり、第二機能とは象徴価値である。（たとえば玉座は座るためのものであると同時に権力の象徴でもある。）そして彼は、一方の機能は他方の機能と関係なく変化することがまれでないことを示した。つまり用途は意味に影響することなく交換可能であり、その逆もあてはまる。音楽の例をとるならば、教会カンタータの典礼的機能はコンサートのなかで失われるが、しかし歌詞との関係でその音楽によって伝えられる比喩的・宗教的意味はそれにもかかわらず、たぶん減少はしても、保たれるのである。また同様に野外コンサートの一部としての行進曲はそれ本来の実用価値を失うが、その音楽と結びついていた軍事的・愛国的な意味合いは、機能の変化ないし喪失によっても変わることがない。

それと逆に実用価値が生き残り象徴価値が死滅するという現象が、空洞化のプロセスである。たとえば愛国的な感情や観念を思い出させることはあってももはや喚起しないような国歌の場合、その音楽は抜け殻でしかなく、それを祭典などで使うことは無意味になってしまう。その場合の国歌は自分の残がい《カプト・モルトゥム》にすぎない。

ときには第一機能も第二機能も失われたのに、やがて別の機能があたえられたために音楽が伝承されることもある。たとえば十六世紀のサラバンドが古楽のコンサートで演奏されたとき、それは踊りのための音楽として受け取られるわけでもないし、最初はこのサラバンドというジャンルの特徴であった扇情的な性格が感じられることもない（それに反して逆説的なことに、この挑発的な舞曲がそのおそいテンポのせいで当時の教会音楽に近いものとなる）。ハインリヒ・ベッセラーなら「日常音楽《ウムガングスムジーク》」と呼ぶものがそこでは「上演音楽《ダールビートゥングスムジーク》」と化し、機能が変化してもそれが保っている象徴価値は古楽という概念のうちに、つまり美的魅力をなす古風なものというオーラのうちに残っているのである。もともとの第一機能が別の機能と交換されると、第二機能もほとんど常に影響を受ける。たとえばラフマニノフのピアノ協奏曲を映画音楽として使うと、この音楽が暗示する意味も影響を受け、意味論的な変化や付加が映画音楽としての使用を越えて――つまりコンサート・ホールに戻されたときにも――その作品に付いて回るようにさえ見える。

（3）**テクスト批判**　文学的証拠を分析するトポス研究、および編年的な記事を基礎とする機能変化の記述と並んで、音楽的史料から出発して、いわば文献学的なテクスト批判の道を反対の方向に進むような受容史の方法も考えられる。伝承された瓦礫を通して作品の真純《オーセンティック》な姿に迫るのが音楽におけるテクスト批判の目標だとすれば、受容史はまさに文献学が放置した真純でない廃棄物を利用して、のちの世代がもともとの楽譜に不審な特徴を発見して——意識的または無意識的に——楽譜テクストをどのように補正したかを明らかにするのである。

しかし、真純でないと証明された稿に関する報告は——テクストの改訂にとって意味がないので——まったく無用なものであるという格率から出発するテクスト批判は、受容史にほとんど材料を提供してくれない。しかし文献学が、伝承されたすべての史料を研究しなければならないのであれば、文献学を受容史にも利用して——つまり方法論の利他主義をとって——、真純性という概念を指針とする伝統批判からはこぼれ落ちたような異稿の特徴も記述し、具体例として記録すべきではないか、とも考えられる。しかしその一方、受容史家が受容史という自分自身の分野に対する伝道者的な熱意から、真純な——作者の意図に一致する——稿という観念を決定的な裁定者とは見なさずに、作曲者の意図による正当化の代わりに「歴史的正当化」——もともとの稿ではなく歴史的に有効であった稿の優先権——を主張するならば、それは明らかに行き過ぎである。たしかに、われわれが頼りにする作者の意図というものは、すべての時代やすべての音楽ジャンルにおいて有効だったわけではない（たとえば民謡の場合や、用途に合わせて変えられた実用音楽の場合には、それが最初に目的とした機会がのちの機会に比べて優先権をもつわけではないのだから、「真純稿」という概念は空洞化される）。しかしながら、独創性という理念から出発する芸術理論に基づくような何世紀もの音楽遺産は、文献学的なテクスト批判の正当な対象であって、それを受容史で置き換えることはできないのである。

『音楽史の基礎概念』　訳者注

▼序文

（1）「訳者あとがき」で述べたとおり、本書の原題は「音楽史の基礎」である。

（2）ベルンハイムはドイツの歴史家で、以下のような史学方法論の著作で知られている。*Lehrbuch der historischen Methode und der Geschichtsphilosophie.*（歴史方法論と歴史哲学教程）Leipzig 1889. *Einleitung in die Geschichtswissenschaft,* 1905.（『歴史とは何ぞや』坂口昂・小野鉄二訳、岩波文庫）

（3）マルクスは思想や理論が、意識的にせよ無意識的にせよ、特定の階級的利害に基づくとき、それを虚偽意識としてのイデオロギーと呼んで批判の対象とした。そこから転じて、一般に思想や理論の存在拘束性への批判をイデオロギー批判という。

（4）Johann Gustav Droysen. *Historik. Vorlesungen über Enzyklopädie und Methodologie der Geschichte.*（史学概論。歴史の知識と方法論に関する講義）ed. R. Hübner, Darmstadt ^{7}1974. その一部 *Grundriß der Historik* の邦訳がある（樺俊雄訳『史学綱要』刀江書院）。ドロイゼンはプロイセン学派の代表的な歴史家で、『史学概論』はベルリン大学における一八五七年の講義録を編集したものである。

（5）知識の存在拘束性を研究課題とする社会学で、一九二〇年代にマックス・シェーラーやカール・マンハイムによって確立された。

（6）ブルクハルトは古代ギリシアとイタリア・ルネサンスの研究で知られる文化史家。『世界史的諸考察』（藤田健治訳、二玄社)、『イタリア・ルネサンスの文化』(柴田治三郎訳、中央公論社「世界の名著」45)などの名著がある。リールはミュンヒェン大学教授やバイエルン国立博物館の館長を務めた文化史家・音楽著述家。*Naturgeschichte des Volkes.*(民族の自然史)1851-69や *Zur Geschichte der romantischen Oper.*(ロマン主義オペラの歴史について)Berlin 1928等の著作がある。

(7)「ロシア・フォルマリズム」は一九一〇—一九二〇年代にヤーコブソンなどを中心にロシアで現われた文学研究の運動で、詩の韻律などの形式面を分析し、文学の構造を内在的に解明しようとして、その後の構造主義言語学にも大きな影響をあたえた。

(8) チェコの構造主義言語学(プラハ学派)はロシアのトルベツコイやヤーコブソンの影響を受けて、マテジウスらを中心に音韻論、構造美学、詩的原語などの研究に貢献した。ヤン・ムカジョフスキー『チェコ構造美学論集』(平井正・千野英一訳、せりか書房)を参照。

(9) ドロイゼンは自然科学の方法を「説明」、歴史学の方法を「理解」とし、ディルタイがこれを受けて「理解」(「了解」とも訳される)を精神科学一般の基本的方法として確立した。

(10)〔原注〕Ernst Troeltsch. *Der Historismus und seine Probleme.*(歴史主義とその諸問題)Tübingen 1922.

(11)〔原注〕Alfred Heuß. *Verlust der Geschichte?*(歴史の喪失か), Göttingen 1959.

(12) 当時のダールハウスは「新音楽学叢書」(*Neus Handbuch der Musikwissenschaft*)の第六巻となる『十九世紀の音楽』(*Die Musik des 19. Jahrhunderts*, Laaber 1980)を執筆中であった。

▼第一章　歴史の喪失か

(1) 作品が他の作曲家や作品に及ぼした影響や(肯定的または否定的)働きかけの歴史を作用史(Wirkungsgeschichte)という。作用史や作用美学は受容史や受容美学と表裏一体の関係にある。作用美学については以下の文献を参照。W・イーザー『行為としての読書——美的作用の理論』(轡田収訳、岩波現代叢書)

（2）Johann Gustav Droysen. *Historik. Vorlesungen über Enzyklopädie und Methodologie der Geschichte*, ed. R. Hübner. Darmstadt [5]1967 : 275.

（3）「ニュー・クリティシズム」は一九三〇年代から五〇年代にかけて米英で行なわれた文学批評の運動で、作者の意図や歴史的背景を度外視し、作品の構造や言語的形式の綿密な分析を主張した。代表者にT・S・エリオットやJ・C・ランサムなどがいる。

（4）解釈とは元来、あらかじめ理解されているものを分節化してより高度な理解に達することである。古典文献や聖書などさまざまな分野に適用されていたその技法、すなわち解釈学（Hermeneutik）を一般化したのが十九世紀のシュライアーマッハーであった。シュライエルマッハー〔ママ〕『解釈学の構想』（久野昭・天野雅郎訳、以文社）を参照。

（5）著者は価値的ニュアンスを避けるために「芸術音楽」ではなく「人為的な音楽」（artifizielle Musik）という言葉を使っているが、訳書では慣用を重んじてあえて「芸術音楽」とした。

（6）アドルノは芸術の材料を自然の所与としてではなく、歴史的なものだと主張した。「材料は芸術家に自然のままの材料として提供されるような場合ですらも、そうした自然のままのものではなく、隅々にいたるまで歴史的なものにほかならない。……材料は、技術の変化が技術がそのつど加工する材料によって左右されているのと同様に、技術の変化によって左右されている。」（アドルノ『美の理論』（大久保健治訳、河出書房新社、二五三ページ）

（7）エルンスト・ブロッホ『希望の原理』（山下肇他訳、白水社）二六二―二九八ページを参照。

（8）Ferruccio Busomi. *Entwurf einer neuen Ästhetik der Tonkunst*. Leipzig [2]1916 : 8-16.（ブゾーニ『新音楽美学論』（二見孝平訳、共益商社書店）

（9）シェーンベルク『音楽の様式と思想』上田昭訳。三一書房、三三二ページ以下。この訳書では「革新主義者シェーンベルク」となっている。

（10）シェーンベルクは現代音楽、特に新ヴィーン楽派の不規則な楽節構造を言語の散文になぞらえて「音楽的散文」(musikalische Prosa) と呼び、「進歩派ブラームス」という論考においてモーツァルトやブラームスの例を挙げ、それがヴィーン古典派以来の進歩的な作曲の特徴でもあることを指摘した。音楽的散文の問題をさらに広く論じたすぐれた研究として以下のものがある。Hermann Danuser. *Musikalische Prosa.*（音楽的散文）[Studien zur Musikgeschichte des 19. Jahrhunderts 46]. Regensburg 1975.

(11)「三つの力《ポテンツ》」については、ブルクハルト『世界史的諸考察』（藤田健治訳、二玄社）三一ページ以下を参照。この著作は一八六〇年代と七〇年代の講演に基づき、その講演を聴いたニーチェに大きな影響をあたえた。第四章注18を参照。

(12) アインシュタイン『音楽における偉大さ』（浅井真男訳、白水社）。この著作は「ヤーコプ・ブルクハルトの思い出に」捧げられていることからもわかるように、随所にブルクハルトの影響が感じられる。邦訳は一九五〇年のドイツ語版によっているが、その後ダールハウスの序文を伴う版も出ている。Alfred Einstein. *Die Größe in der Musik*, mit einem Vorwort von C. Dahlhaus. Kassel 1980.

(13) ヘーゲルの言葉。ヘーゲル『精神現象学』（樫山欽四郎訳、平凡社）を参照。

(14) ランケはベルリン大学教授を勤めた十九世紀を代表する歴史家で、厳密な史料批判に基づく客観的な歴史記述を確立した。『世界史概観――近代史の諸時代』（鈴木成高・相原信作訳、岩波文庫）、『強国論』（相原信作訳、岩波文庫）など多くの著作がある。

(15)「われわれの知識が断片的で、われわれの歴史的知識も不完全であることを、誰でも抽象的には認めている。しかし、歴史的事象に対して物語という形式が支配的に使われることからして、われわれが歴史的事象の完全な経過を、出来事や動機や目的の一貫した連鎖を眼前にしているかのような幻想を抱かせる。」J. G. Droysen. *Historik*（史学概論）, ed. R. Hübner, Darmstadt 1974 : 144.

(16)『失われた時を求めて』のマルセル・プルーストや『ユリシーズ』のジェイムズ・ジョイスのように、意識の流れに基づく小説の手法を指す。

(17) アーサー・C・ダント『物語としての歴史』（河本英夫訳、国文社）二五四―二五六ページを参照。ダントはアメリカの分析哲学者で、彼の言う「説明的スケッチ」(explanation sketch) は科学哲学者カール・ヘンペルによる科学的説明のいわゆる「ヘンペル・モデル」に遡る。このモデルによれば、説明されるべき現象を記述した文は、特定の初期条件を述べた文と一般法則を述べた文から論理的に演繹される。なお、ダールハウスはダントのドイツ語版（*Analytische Philosophie der Geschichte*）に従って「説明的スケッチ」に当たる言葉を「組織化する図式」（organisierendes Schema）と呼んでいるが、ここでは英語の原書に従って「説明的スケッチ」という語を用いた。

（18）「発見的手法」については第七章の注10を参照。

（19）「主題労作」（thematische Arbeit）、「動機労作」（motivische Arbeit）、「主題・動機労作」（thematische-motivische Arbeit）と呼ばれるものは、主題を動機に解体してそれらの動機を変形したり組み合わせたりして展開する技法を指す。バッハのフーガなどにもすでに見られるが、この技法が一般化したのはハイドン以後のソナタ形式における展開部で、特にベートーヴェンでひとつの頂点を極めた。

（20）「発展的変奏」（entwickelnde Variation, developing variation）というのはシェーンベルクが用いた用語で、中核となる楽想――シェーンベルクの言う「基礎形態」（Grundgestalt）――から主題や旋律を発展させる原理を指す。彼はこれを十八世紀以後の西洋音楽を支える原理と見なし、その典型をブラームスに認めた（『進歩派ブラームス』）。この問題については以下の研究が参考になる。Walter Frisch. *Brahms and the Principle of Developing Variation.*（ブラームスと発展的変奏）Berkeley 1984.

（21）「和声的調性」（harmonische Tonalitäte）とは主に十七世紀以降の長調と短調の和声に基づく調性を指すが、その前史はルネサンス時代にまで遡る。ダールハウスは和声的調性の成立に関する研究で一九六六年に教授資格を取得した（Carl Dahlhaus. *Untersuchungen über die Entstehung der harmonischen Tonalität.* Kassel 1968.）

（22）中世のミサ曲はミサ典礼文の各章が別個に作曲されたが、ルネサンス時代になるとミサ通常文全体が一人の作曲家によって通作され、同じ動機や定旋律の使用によって楽章間に音楽的統一が図られるようになった。

（23）*Glareani Dodekachordon.*（グラレアーヌス『十二旋法論』）Basel 1547. 第三部第二四章。「しかし彼〔ジョスカン〕には節度と、理論から生まれた判断が欠けていた。だから彼は作品のいくつかの箇所で、あふれ出る天分の誇示を、本来そうすべきであったように押さえ込むことがなかった。」

(24) ヘーゲル『歴史哲学講義』(長谷川宏訳、岩波文庫)を参照。

(25) Guido Adler. *Der Stil in der Musik.* (音楽における様式) Leipzig [2]1929, R Wiesbaden. 1973. アードラーはヴィーン大学の教授を勤めた音楽学者で、音楽様式史の方法論を確立したことで知られる。

(26) E. Rothacker. *Logik und Systematik der Geisteswissenschaft.* (精神科学の論理と体系) Bonn 1948 : 86-92.

(27) Edward A. Lippman. "Stil", in : *Die Musik in Geschichte und Gegenwart. Allgemeine Enzyklopädie der Musik*, ed. Fr. Blume, vol. 12 : 1302ff.

(28) Guido Adler. *Der Stil in der Musik.*

(29) Guido Adler. *Methode der Musikgeschichte.* (音楽史の方法) Leipzig 1919, R Farnborough 1971.

(30) 主旋律と副旋律の区別がなく、すべての声部が対等な位置にあるような対位法、特に十六世紀の通模倣様式の対位法を指す。

(31) 十九世紀末にヴェルフリンが美術史においてバロック芸術の積極的な意義を認めたのち、音楽史においてもクルト・ザックス(Curt Sachs. "Barockmusik", in : *Jahrbuch der Musikbibliothek Peters* 1919)やローベルト・ハース(Robert Haas. *Die Musik des Barocks* [Handbuch der Musikwissenschaft]. Potsdam 1928)がバロック時代に独自の価値を認めるようになった。

(32) イグナーツ・プレイエルはハイドンに師事したオーストリア出身の作曲家で、その交響曲や室内楽は生前大きな人気を博し、後年はパリに定住して楽譜出版社とピアノ製作会社を興した。

(33) レオポルト・コジェルフはボヘミア出身の作曲家・ピアニストで、その後期の作品はロマン主義を予告している。

(34) 「この芸術を奇跡のように発見し、多種多様な方法で探求するこれらの音はまったく異なった性質のもので、何かを模倣するのではなく、美化するのでもなく、隔離された独自の世界なのである。」(W. H. Wackenroder/Ludwig Tieck. "Die Töne", in : W. H. Wackenroder. *Dichtung, Schriften, Briefe*, ed. G. Heinrich. Berlin 1984 : 345)

(35) Hegel. *Ästhetik*, ed. F. Bassenge. vol. 1, Berlin/Weimar [3]1976 : 81, 295f. ヘーゲル『美学講義』(長谷川宏訳、作品社)を

参照。

▼第二章　歴史と芸術性

（1）Donald J. Grout. *A History of Western Music.* New York 1960.『西洋音楽史』（服部幸三・戸口幸策訳、音楽之友社）、下巻、九〇五ページ以下。この書物はその後何度も増補改訂を重ね、初版の「年表」は削除された。

（2）「主要な文学史はたいてい文化史であるか、あるいは批判的な論文の集合である。前者は芸術の歴史ではないし、後者は芸術の歴史ではない。」（R. Wellek & A. Warren. *Theorie der Literatur.*（文学の理論）Frankfurt/M. 1972 : 277）

（3）芸術の本質はそれ自体によってではなく、その芸術が果たす社会的、文化的、宗教的機能によって規定されるとする説。

（4）〔原注〕O. K. Werckmeister. *Ideologie und Kunst bei Marx.*（マルクスにおけるイデオロギーと芸術）Frankfurt/M 1974 : 33.

（5）J. Müller-Blattau. *Die Kompositionslehre Heinrich Schützens in der Fassung seines Schülers Christoph Bernhard.*（弟子クリストフ・ベルンハルトが伝えるハインリヒ・シュッツの作曲論）Kassel ^{2}1963 : 42f., 82f.

（6）十七世紀初期に、十六世紀声楽ポリフォニーの厳格な対位法様式が第一作法（prima pratica）、歌詞の表現に従って不協和音を自由に使う新しい様式が第二作法（seconda pratica）と呼ばれた。

（7）モンテヴェルディ『マドリガーレ集』第五巻（一六〇五年）の序文。*cf.* Silke Leopold. *Claudio Monteverdi und seine Zeit.* Laaber 1982 : 17f.

（8）情念論（Affektenlehre）はバロック時代の音楽を支配した美学で、音楽は特定の情念を描き出すものとされ、一定の音の動き（フィグール）が一定の情緒内容と結びつけられた。それは個人の感情ではなく情念の類型を描くという点で、ロマン主義美学の感情表出とははっきり区別しなければならない。情緒論（説）とも訳される。

（9）多感主義（Empfindsamkeit）や「多感様式」（empfindsamer Stil）と呼ばれるものは十八世紀中葉に北ドイツで現われた様式で、前打音の情緒的な使用や半音階法、精細なリズムなどによって感受性の豊かな、しばしば主観的な表現を目指した。バッハの次男カール・フィーリプ・エマーヌエルなどによって代表される。

（10）「疾風怒濤」（Sturm und Drang）は十八世紀後半にドイツ文学で現われた運動で、理性を重視した啓蒙主義に対抗して天才の力や熱烈な感情表現を求めた。ゲーテの『若きヴェルテルの悩み』はその典型である。音楽史にこの概念を適用することには異論が多いが、文学との年代的なずれにもかかわらず、グルックの初期オペラやハイドン、モーツァルトの短調の器楽曲はしばしば音楽における「疾風怒濤」的な表現の例として挙げられる。

（11）ストラヴィンスキーは一九一二年にバイロイトを訪れてヴァーグナーを聴いた。後年そのときの印象をこう語っている。「私は『パルジファル』の音楽を、またヴァーグナーの音楽全体を論ずるつもりはない。今ではそれは私からあまりにもかけ離れている。この全体の事柄に反抗を感ずるのは、そのことを命じた根本の考え方なのである。それは芸術作品を宗教の儀式で形づくる神聖で象徴的な祭典と同じ高さにおくことの理念である。そして実際ばからしい儀式によるバイロイトのこの喜劇は、宗教の儀式の無意識な猿真似ではなかっただろうか。」（『ストラヴィンスキー自伝』塚谷晃弘訳、全音楽譜、五四―五六ページ）

（12）Paul Bekker. *Wagner. Das Leben im Werke.*（ヴァーグナー、生涯と作品）Berlin und Leipzig 1924 : 317-361.

（13）ハンスリック『音楽美論』（渡辺護訳、岩波文庫）、特に「序言」を参照。

（14）「理念型」（Idealtypus）はマックス・ヴェーバーの用語で、多種多様で個性的な歴史事象を把握するために、価値関心に従って人為的に構成された理想的な類型を意味し、実在の現象はこの理念型を準拠点とすることによってその個性的な特性が浮かび上がるとした。ヴェーバー『社会科学方法論』（富永祐治・立野保男訳、岩波文庫）、特に六五ページ以下を参照。

（15）アンドレ・マルロー『空想の美術館』（小松清訳、新潮社）による言葉。

（16）「ロシア・フォルマリズム」については序文の注7を参照。

(17) アドルノ『美の理論』（大久保健治訳、河出書房新社）三〇二ページ。

(18) アドルノ『新音楽の哲学』（渡辺健訳、音楽之友社）七〇—七二ページ。

(19) 「不協和音の解放」(Emanzipation der Dissonanz) とは、従来は一定の規則に従って用法が限定されていた不協和音が、現代音楽において「解決」の要求から解放されて自由に使用されたことを意味する。

▼第三章　音楽史の事実とは何か

(1) 「ドキュメントによる伝記」ないし作曲家に関するドキュメント集にはたとえば次のようなものがある。Werner Neumann & Hans-Joachim Schulze, ed. *Bach-Dokumente*, 3 vols. Leipzig 1963-72. Otto Erich Deutsch. *Franz Schubert: Dokumente seines Lebens.* München 1914, ^{2}1964. Otto Erich Deutsch. *Mozart: die Dokumente seines Lebens.* Kassel 1961.

(2) バーニーは英国の音楽史家で十八世紀後半にヨーロッパ各地を旅行し、ハンブルクではC・P・E・バッハに会いその演奏を聴いた。Charles Burney. *The Present State of Music in Germany, the Netherlands and United Provinces.* (ドイツ、ネーデルランド、連合地方における音楽の現状) London 1773. idem. *Tagebuch einer musikalischen Reise.* (音楽旅行の日記) Hamburg 1773.

(3) Johann Gustav Droysen. *Historik. Vorlesungen über Enzykolopädie und Methodologie der Geschichte* (史学概論). ed. R. Hübner. Darmstadt 1974 : 96.

(4) ドロイゼン前掲書。

(5) パウル・ホーフマイスターやルートヴィヒ・ゼンフルによる多声歌曲で、宮廷や市民の社交の場で歌われた。フランスのシャンソンやイタリアのマドリガーレも社交歌の一種といえる。

(6) 参考までに、この引用箇所直前の文章を挙げておく。「われわれの研究の現実において、客観的事実というものはまったく存在しない。何らかの過去において客観的に起こったことは、われわれが歴史的事実と呼ぶものとはまったく別物

である。」（ドロイゼン前掲書、一三三ページ）

（7） Charles Burney. *A General History of Music : From the Earliest Times to the Present Period.*（音楽通史、太古から現代まで）4 vols. London 1776-89, R London 1974 ; Sir John Hawkins. *A General History of the Science and Practice of Music.*（音楽の理論と実践の通史）5 vols. London 1776, R Graz 1969 ; Johann Nikolaus Forkel. *Allgemeine Geschichte der Musik.*（音楽通史）2 vols. Leipzig 1788-1801 ; R Hildesheim 1962, Graz 1967. これほど大部なものではないが、十八世紀以前にも次のような音楽史的著作がある。Wolfgang Caspar Printz. *Historische Beschreibung der edelen Sing- und Kling-Kunst.*（高貴なる声楽と器楽の歴史的記述）Dresden 1690, R Graz 1964.

（8）〔原注〕Max Weber. *Gesammelte Aufsätze zur Wissenschaftslehre.*（科学論文集）1958 : 177.〔訳注〕「何か或る個性的な出来事を規定した原因の数と種類は実際つねに無限であり、また事物の一部分をそれだけが考察されるものとして選び出すための標識は、事物そのもののなかには存しない。無数の個々の知覚に関する『存在判断』の渾沌、これが真面目に実在を『無前提的に』認識しようとする企てが成就する唯一のものだろう。」（マックス・ウェーバー『社会科学方法論』富永裕治・立野保男訳、岩波文庫、五四ページ）

（9） 論理実証主義の科学哲学において、私的経験を記録する基礎命題をプロトロル命題という。この命題が検証を必要とするか否かをめぐってカルナップとノイラートなどのあいだで論争が交わされた。

▼第四章　音楽史の主体を問う

（1） ダントの「説明的スケッチ」については第一章の注17を参照。

（2） Erich. Rothacker. *Logik und Systematik der Geisteswissenschaften.*（精神科学の論理と体系）Bonn 1948 : 86-92.

（3） アルス・ノヴァ時代のモテットは、声部ごとに異なる歌詞をもつ多歌詞性（Mehrtextigkeit, polytexuality）と、声部（特にテノール）内で同じリズム・パターンを反復するというアイソリズム（isorhythm）を特徴としていた。

(4) ポリフォニーを形成する全声部が同一の動機ないし主題を模倣しあう手法を通模倣（Durchimitation）といい、十六世紀のモテットで確立された。

(5) 十七世紀には声と楽器が協奏する宗教曲が一般にコンチェルトと呼ばれた。イタリアのジョヴァンニ・ガブリエーリやモンテヴェルディ、ドイツのミヒャエル・プレトーリウス、ザームエル・シャイト、ハインリヒ・シュッツなどに多くの例がある。

(6) 十六世紀のモテットが一般に通模倣様式で書かれたのに対して、十七世紀には通奏低音に伴奏される独唱のモノディ様式や、声と楽器、強弱・緩急などの対比を好む協奏様式の宗教曲へ移行した。

(7) 〔原注〕Siegfried Kracauer. *Geschichte. Vor den letzten Dingen.* in: *Schriften* vol. 4, ed. K. Witt. Frankfurt/M 1971 : 171. 〔訳注〕ジークフリート・クラカウアー『歴史──永遠のユダヤ人の鏡像』（平井正訳、せりか書房）。クラカウアーはドイツで生まれたアメリカの社会学者で、ナチズムの分析で知られる。

(8) 〔原注〕Hans Robert Jauß. "Geschichte der Kunst und Historie"（芸術の歴史と歴史学）in: *Geschichte, Ereignis und Erzählung*, ed. R. Koselleck & W. D. Stempel. München 1973 : 192. 〔訳注〕ヤウスはドイツの文学史家で、受容美学の提唱者として知られ、『挑発としての文学史』（轡田収訳、岩波書店）などの著作がある。

(9) ウォールター・スコットは十九世紀前半に活躍したスコットランドの詩人・小説家。バラード詩のほか、『ウェイヴァリー』『アイヴァンホー』『タリスマン』などの歴史小説で知られる。

(10) 十五世紀末のフィレンツェで活躍した貴族や文人や音楽家の「仲間《カメラータ》」。その活動の一環としてオペラが誕生したとされている。

(11) マックス・ヴェーバーは一定の目的のための手段が効率的に組織されていることを「目的合理性」と呼び、価値合理性や整合合理性から区別した。

(12) J. G. Droysen. *Historik.*（史学概論）ed. R. Hübner. Darmstadt 1974 : 345.

(13) 〔原注〕Hugo Riemann. *Hondbuch der Musikgeschichte.*（音楽史提要）II/3 : *Die Musik des 18. und 19. Jahrhunderts.* Leipzig

^{2}1922: 256-257.

(14)「汎独音楽協会」（Allgemeiner Deutscher Musikverein）はリストが現代音楽の普及を目的に組織したもので、標題音楽を重視する「新ドイツ楽派」の方向に傾いていた。

(15) 楽長音楽（Kapellmeistermusik）とは、大衆的な需要に応えるための、独創性を欠いた折衷的な様式の音楽を指す。

(16)〔原注〕Jacob Burckhardt. *Weltgeschichtliche Betrachtungen*, Einleitung.〔訳注〕ブルクハルト『世界史的諸考察』（藤田健治訳、二玄社）六ページ。

(17) Jacques Hanschin. *Musikgeschichte im Überblick.*（音楽史概観）Wilhelmshaven ^{2}1990: 16f. ジャック・ハンジンはロシア生まれでバーゼル大学の教授を勤めた音楽史家。その『音楽史概観』は名著としての誉れが高い。

(18) ブルクハルトは相互に規制しあいながら歴史を動かす動力を「ポテンツ」と呼び、国家・宗教・文化がそのような「力」だとした。『世界史的諸考察』（藤田健治訳、二玄社）三一ページ以下を参照。

(19) マルクスがパリ時代の一八四四年を中心に書いた『経済学・哲学草稿』を指す。

(20)〔原注〕Karl Marx. *Frühschriften*, ed. S. Landshut, 1964: 252.〔訳注〕マルクス『経済学・哲学草稿』（城塚登・田中吉六訳、岩波文庫）を参照。

▼第五章　歴史主義と伝統

(1)「歴史は行為し努力するものとしての人間に、保存し尊敬するものとしての人間に、そして苦悩し解放を求めるものとしての人間に属する。この三様の関係に呼応して三様の種類の歴史がある。もし許されるならば、記念碑的歴史、骨董的歴史、批判的歴史の三つに区別することができよう。」（大河内了義訳『反時代的考察第二編——生に対する歴史の功罪』ニーチェ全集（第一期）第二巻、白水社、一二九ページ）

(2)〔原注〕Ferdinand Friedrich Bauer. *Die Epochen der kirchlichen Geschichtsschreibung.*（教会による歴史記述の諸時代）

Tübingen 1852 : 40.

(3) 古くは十六世紀のモンテーニュ、十八世紀にはルソーなどに見られる観念で、西欧社会を批判するための鏡となった。

(4) 「頭の先から足の先まで『歴史的教養』に毒されている人間には、歴史が〔男性的か女性的か〕そのどっちであろうと大した問題ではなかろう。自分自身が男性でもなく女性でもなく、両性具有ですらなく、つねにただの中性、あるいはもう少し教養ある表現をすれば、まさにたんに『永遠に客観的なるもの』にすぎないのだから。以上のように人格が消失して永遠の無主体性に、あるいは世に言うところの客観性に、なり下がってしまうと、もう何ものも人格に働きかけることはできない。」(ニーチェ前掲書、一五七ページ)

(5) Hans Freyer. *Weltgeschichte Europas,* (ヨーロッパの世界史) Wiesbaden 1948, Stuttgart ^{2}1954.

(6) たとえば以下のような研究があった。François-Joseph Fétis. *Traité complet de la théorie et de la pratique de l'harmonie.* (和声の理論と実践総論) Paris 1844. Hermann Helmholtz. *Die Lehre von den Tonempfindungen als physiologische Grundlage für die Theorie der Musik.* (音楽の理論の生理学的基礎としての音感覚論) Braunschweig 1863. Alexander Ellis. "On the Musical Scales of Various Nations" in : *Journal of the Society of Arts,* 33 (1885) : 485-527. (エリス『諸民族の音階』門馬直美訳、音楽之友社)

(7) 「和声的調性」(harmonische Tonalität) については第一章の注21を参照。

(8) 固有名詞化された意味での「歴史学派」(Historische Schule) は、十九世紀の中頃からドイツの国民経済学において歴史的方法を主張した一派を指す。歴史的発展法則の発見を唱えたヴィルヘルム・ロッシャーなどに対して、後期には精密な実証研究を主張するグスタフ・フォン・シュモラーなどの「新歴史学派」も現われた。

(9) ハイデガー『存在と時間』(桑木務訳、岩波文庫) 一三〇—一四〇ページ。この訳書では「事物的存在者」(Vorhandenes) が「目のまえに存在するもの」、「道具的存在者」(Zuhandenes) が「手もとにあるもの」と訳されている。

(10) 〔原注〕Robert Weimann. *Literaturgeschichte und Mythologie.* (文学史と神話学) Frankfurt a. M. 1971 : 51.

(11) 〔原注〕Hans Georg Gadamer. *Wahrheit und Methode.* Tübingen ^{3}1972. 〔訳注〕この問題は特に同書の第二部第二章「解釈

学的経験の理論要綱」で論じられていて、第一部の邦訳（『真理と方法』1　轡田収他訳、法政大学出版局）には含まれていない。

（12）　第一章の注6を参照。

（13）　音楽の自然的所与に関する議論は特に以下の文献を参照。Walter Wiora, ed. *Die Natur der Musik als Problem der Wissenschaft.*（学問の問題としての音楽の自然）[Musikalische Zeitfragen 10] Kassel 1962.

（14）　高さの異なる二音が継時的に鳴ったときには、二音の音程が距離として、つまり量的に知覚されるが、二音の同時的な音程においてはこの量的な知覚が後退して、音程は「固い」とか「柔らかい」、「明るい」とか「暗い」といったように、むしろ質的に知覚される。音楽心理学において、音程がもつこの質的側面を「ゾナンツ」（Sonanz）という。そしてこのゾナンツの違い（ゾナンツ度）は一定の尺度で測れないニュアンスの差であり、同じ音程も歴史的・民族的な脈絡によって異なったゾナンツとして知覚される。たとえば長2度は、ルネサンス音楽においては解決を要求する「固い」音程であったが、現代音楽の脈絡では特に「固い」ゾナンツ度をもつとは感じられないのである。

（15）　エドマンド・バークは十八世紀後半に活躍した英国の政治家・政治思想家で、合理主義や革命に反対した保守主義の代表者。たとえば以下を参照。バーク『フランス革命の省察』（半沢孝麿訳、みすず書房）

（16）　理解を助けるために、この言葉が出てくる文脈を引用しておこう。「哲学の課題は、たとえ、ときには芸術作品によって実現されているものをみずから越えてしまうことがあろうとも、作品およびその連関の理念を組み立てることである。その方法は、作曲のやり方と作品とのからみあいを諸要素において明示する。したがってそれは、対象自体の帰結がその対象の批判に一変するまで、ふたつの音楽的現象群の理念をそれぞれに規定・追及しようとつとめる。やり方というものは内在的なものである。つまり、現象の相互一致性〔整合性〕は、その現象自体からしか展開されえないような意味において、その現象の真理の保証人ともなるし、非真理の酵素ともなる。その矛盾の指導的カテゴリーは、それ自体、二重の本質をもっている。すなわち、作品が矛盾を形成し、そのような形成のさいに、その形成の不完全さの印のなかにまたしても矛盾を出現させるということ、これは作品の成功の尺度であるのだが、同時に他方では、矛盾の力がこの形成を嘲笑

し、作品を破壊するのである。」（アドルノ「新音楽の哲学」渡辺健訳、音楽之友社。四一ページ）

（17）十八世紀には、音楽理論においても「自然の体系」が主張された。たとえばJean-Philippe Rameau. *Traité de l'harmonie réduite à ses principes naturels*, Paris 1722.（ラモー『自然の原理に還元された和声論』）

（18）エルンスト・ブロッホの主著『希望の原理』（山下肇他訳、白水社）による言葉。

（19）バッハの『マタイ受難曲』は一八二九年にベルリンで、作曲者の死後はじめて演奏された。指揮者は弱冠二十歳のメンデルスゾーンであった。『マタイ』（初稿）の作曲は一七二九年とされていたが、近年は一七二七年説が大勢を占めている。

（20）十九世紀には南仏のソレーム修道院を中心にグレゴリオ聖歌の復興運動が起こり、また「真の」または「純粋な」教会音楽を求めてパレストリーナが模範とされた。ヴィーン古典派の大家たちによる教会音楽の世俗性が批判され、教会音楽の理想をめぐって論争が交わされ、それぞれの理想を実現するために多くの団体が結成された。ティボー『音楽の純粋さについて』（Anton F. Justus Thibaut. *Über Reinheit der Tonkunst*, Heidelberg 1825）は最も影響力のあった文書のひとつである。

（21）シラーは『素朴文学と情感文学について』（*Über naive und sentimentalische Dichtung*, 1800）で素朴な詩人と情感的な詩人を区別し、前者が「単純な自然と感情にのみ従う」のに対して、後者は「対象から受ける印象について反省する。そして詩人自身が感動し、われわれも感動させるとき、それはもっぱらその感動に基づいている」と述べた。

（22）エードゥアルト・グレルはベルリン・ジングアカデミーの指揮者を勤めた作曲家で、十六世紀のポリフォニーを範とする教会音楽で知られる。ミヒャエル・ハラーはレーゲンスブルクで活躍した作曲家・聖職者で、教会音楽の刷新を求めた「チェチリア運動」を代表するひとり。

（23）ドリア旋法の第六音は長6度なので、短調のなかでこの長6度音が使われたときには、短6度音の変位として独特な効果をもち、「ドリア6度」と呼ばれる。

（24）ストラヴィンスキーのバレエ音楽『プルチネッラ』（初演は一九二〇年で、のちに組曲版も作られた）は十八世紀イタリアの作曲家ペルゴレージのさまざまな作品の編曲だとうたっているが、全一八曲のうち約半数の原曲はペルゴレージの作品ではないことが判明した。Helmut Hucke. "Die musikalischen Vorlagen zu Igor Strawinskys *Pulcinella*", (ストラヴィンスキー『プルチネッラ』の原曲) in: *Helmut Osthoff zu seinem 70. Geburtstag*, Tutzing 1969 : 241-250.

(25) 「道具的存在者」(Zuhandenes) についてはハイデガー『存在と時間』(桑木務訳、岩波文庫) 一三〇—一四〇ページを参照。

(26) ハインリヒ・ベッセラーはハイデガーにも哲学を学んだ音楽学者。「日常音楽」(Umgangsmusik) と「上演音楽」(Darbietungsmusik) という概念については次の文献を参照。Heinrich Besseler. *Das musikalische Hören der Neuzeit*, (近世の音楽聴) Berlin 1959. idem. "Umgangsmusik und Darbietungsmusik im 16. Jahrhundert", (十六世紀における日常音楽と上演音楽) in: *Archiv für Musikwissenschaft*, 16 (1959) : 21-43. どちらも没後編集された論文集 *Aufsätze zur Musikästhetik und Musikgeschichte*, (音楽美学と音楽史論文集) ed. P. Gülke, Leipzig 1978 に再録されている。

▼第六章　歴史の解釈学

(1) 西洋の文化においては、可聴域周波数の大小を「高い」「低い」という空間の比喩で表現することを指している。

(2) 「解釈学的循環」(hermeneutischer Zirkel) とは、全体を知るためには部分を、部分を知るためには全体を知らなければならないという循環を指す。ハイデガーはこれを先行理解と解釈との循環として捉え、それは悪循環ではなく、解釈の基本構造として積極的に評価した。

(3) この問題を一般化すれば、ハイデガーが『存在と時間』のなかで定式化した「先行理解と解釈」の循環構造だといえる。

(4) J. G. Droysen. *Texte zur Geschichtstheorie*. (歴史理論のためのテクスト) ed. G. Birtsch & J. Rüsen, Göttingen 1972 : 14.

(5) バッハの時代に「教会カンタータ」という言葉はなく、たんに「教会曲」(Kirchenstück) と呼ばれた。

(6) ドイツ・バロック時代の音楽修辞学においては特定のフィグール（旋律進行や対位法的手法）が一定の表現と結びつけられた。しかしここで挙げられている「ヒュポテュポーシス」（Hypotyposis）というのは歌詞で語られているもののイメージを生き生きと表現するためのフィグールで、個別的なイメージに対応するさまざまな下位フィグールを含むものであった。音楽のフィグール論については以下の文献が参考になる。Dietrich Bartel. *Handbuch der musikalischen Figurenlehre.*（音楽フィグール論便覧）Laaber 1985. およびその英訳 *Musica Poetica: Musical-Rhetorical Figures in German Baroque Music.*（ムジカ・ポエティカ。ドイツ・バロック音楽における音楽修辞学のフィグール）Lincoln 1997.

(7) アドルノ『新音楽の哲学』（渡辺健訳、音楽之友社）四七ページ以下を参照。

(8) 〔原注〕Wilhelm von Humboldt. "Über die Aufgabe des Geschichtsschreibers". in: *Werke*, ed. A. Flitner & K. Giel, vol. 1. Darmstadt 1960 : 569f.

(9) 〔原注〕Hegel. *Die Vernunft in der Geschichte.*（歴史における理性）ed. G. Lasson, Leipzig 1917 : 144–146.

(10) たとえばブルクハルト『世界史的諸考察』（藤田健治訳、二玄社）五ページを参照。

(11) 〔原注〕J. G. Droysen. *Texte zur Geschichtstheorie*, ed. G. Birtsch & J. Rüsen. Göttingen 1972 : 14.

(12) 日本では「道徳形而上学」と訳されているカントの著書 *Grundlegung zur Metaphysik der Sitten* (1795) をもじった言葉。

(13) たとえば以下を参照。Wilhelm Dilthey. *Der Aufbau der geschichtlichen Welt in den Geisteswissenschaften.* Frankfurt/M. 1970 : 157-167, 252-272. ディルタイ『精神科学における歴史的世界の構成』（尾形良助訳、以文社）

(14) 完成された作品を意味するエルゴン（ergon）に対して、エネルゲイア（energeia）はその作品を生み出す力や活動を意味する。

(15) 〔原注〕Wilhelm Windelband. "Geschichte und Naturwissenschaft", in : idem. *Präludien* 2, Tübingen ^{9}1924 : 149. 〔訳注〕ヴィンデルバント『歴史と自然科学／道徳の原理について／聖』（篠田英雄訳、岩波文庫）

(16) 〔原注〕Heinrich Rickert. *Kulturwissenschaft und Naturwissenschaft.* Tübingen ^{6}1926 : 78. 〔訳注〕リッケルト『文化科学と自然科学』（佐竹哲雄・豊川登訳　岩波文庫）一三七ページ以下を参照。

(17) ヴェーバー『社会学および経済学の「価値自由」の意味』(松城和郎訳、創文社) を参照。

(18) ウェーバー『社会学の基礎概念』(阿田吉男・内藤莞爾訳、角川文庫) を参照。

▼第七章　価値判断は対象か目的か

(1) ハーバマース『認識と関心』(奥山次良他訳、未来社) を参照。

(2) 「間主観性」(Intersubjektivität, intersubjectivity) とはもともとフッサールの現象学における概念で、世界を構成する複数の主観性の機能的な共同性を指し、このような共同的な主観性によって客観性が保証されるとする。「相互主観性」「共同主観性」とも呼ばれる。

(3) ヴェーバーの『社会科学論文集』(富永祐治・立野保男訳、岩波文庫。これはいわゆる「客観性論文」すなわち『社会科学的ならびに社会政策的認識の客観性』の翻訳である) および『社会学および経済学の「価値自由」の意味』(松代和郎訳、創文社) を参照。

(4) ヴァーグナーの楽劇『ニーベルングの指輪』を構成する『ラインの黄金』『ヴァルキューレ』『ジークフリート』『神々の黄昏』の四作を指す。

(5) ここで「典範」と訳した「カノン」とは元来、誰もが認めるような教理や戒律、また聖書の正典や規範的な芸術作品を指す。著者が意味するところは、誰もが「歴史に属する」と認めるような作品、したがってわれわれの空想美術館を構成する音楽作品のことである。

(6) ヘンデルはグルックについて、「こいつは対位法がわかっていない。うちのコックがワルツを知らないように」と言った。

(7) M. Weber. "Kritische Studien auf dem Gebiet der kulturwissenshaftlichen Logik", (文化科学的論理の領域における批判的研究) in: idem. *Gesammelte Aufsätze zur Wissenschaftslehre*, ed. J. Winkelmann, Tübingen ^{7}1988: 215-290.

(8) フォン・ウッフェンバッハはドイツのアマチュア音楽家で、青年時代にヨーロッパ各地を旅行して旅日記を残した。故郷フランクフルトで彼が組織した演奏会については、ゲーテの『詩と真実』でも言及されている。*cf.* E. Preußner. *Die musikalischen Reisen des Herrn von Uffenbach*（フォン・ウッフェンバッハ氏の音楽旅行）. Kassel und Basel 1949.

(9) 『音楽のアリアドネ』（Ariadne musica）は二〇の調による前奏曲とフーガの曲集（一七一五年出版）で、バッハの『平均律クラヴィーア曲集』に影響をあたえた。

(10) 著者は Heuristik とか heuristisch という言葉をよく用いるが、これは理論や公理からの演繹によって知識を獲得するのではなく、あらかじめ推測されていたものを間接的に発見する方法を意味している。

(11) ヨーゼフ・マティーアス・ハウアーは二十世紀前半のオーストリアの作曲家。シェーンベルクとは異なる方法による「十二音技法」を考案したが、広く認められることはなかった。

(12) パンテオンは古代ローマの万神殿、またそれにちなんでフランスの偉人を祀ったパリの建物を指す。「パンテオンの一員」ということは音楽史の古典的存在ということの比喩で、「空想美術館に入る」ということと同義である。

(13) 「ドグマ」という概念はキリスト教神学では教義、法学では定説といった意味をもつ。

(14) U. von Wilamowitz-Möllendorf. *Zukunftsphilologie! eine Erwiderung auf Friedrich Nietzsches "Geburt der Tragödie"*（未来の文献学！　ニーチェの「悲劇の誕生」への反論）. Berlin 1873. ヴィラモヴィッツ＝メレンドルフはドイツの古典学者で、ギリシア悲劇の翻訳で知られる。

(15) E. Rothacker. *Die dogmatische Denkform in den Geisteswissenschaften und das Problem des Historismus.*（精神科学におけるドグマ的思考形式と歴史主義の問題）Mainz 1954.

(16) 言語学の「深層構造」（Tiefenstruktur, deep structure）はチョムスキーの用語で、現実の発話である表層構造に対して、それを生み出す抽象的な観念構造を意味する。

(17) ニーチェはヴァーグナーと決別したのちに語っている。「繰り返して言うが、ヴァーグナーが驚嘆と愛着に値するのは、微小なものの案出、細部の仕上げという点だけである、――この点で彼を第一級の名人、最小の空間に無限の意義と甘美さを押し込める現代の最も偉大な音楽上の細密画家だと公言するのは、まったく正しい主張である。彼の色彩、半陰影、消えかける光の隠微さなどの豊富さはあまりにも人を魅了するので、あとではほかのほとんどすべての音楽家が粗野すぎるように思われるほどなのだ。——私の言うことを信じるなら、ヴァーグナーの最高概念を、今日世間に気に入られているものから取り出してはならない。そういうものは大衆を言いくるめるために案出されたもので、われわれのような者はあまりにいかがわしい塗りたてのフレスコ画にぶつかったように飛びさがるのだ。」（浅井真男訳『ヴァーグナーの場合』『ニーチェ全集』（第二期）第三巻、白水社、二三三―二三四ページ）

(18)　「人間の生活が時代を追って向上するところに進歩があるのであり、したがってどの時代もその前の時代を完全に凌駕するものであり、したがってまた、最終の時代がつねに最も卓れたものであって、先行する時代はただ後続する時代の運搬者にすぎないものであると考えるなら、それは神の不公平ということになるであろう。かくのごとくにいわば媒介された時代は、それ自身において意味をもつことがないであろう。それはただ後続する時代の階梯たるかぎりにおいてのみ若干の意味をもつだけで、神的なるものに直接つながるということはないであろう。だが私は主張する。各時代は神に直接するものであり、その価値はそれから派生してくるものが何であるかにかかわるのでなく、それが存在そのもの、当のそのもの自体のなかに存するのであると。まさにそれによって、歴史の考察、わけても歴史における個体的生命の考察が、比類なき独自の魅力をもつことになる。けだし各時代が、いまやそれ自身において妥当する何物かとしてみられなければならなくなり、なによりも考察に値するものとなってくるからである。」（ランケ『世界史概説』鈴木成高・相原信作訳、岩波文庫、三七ページ）

(19)　一五四五年から一五六三年にかけて、カトリック教会のパウルス三世は反宗教改革の一環として北イタリアのトレントで何度か公会議を招集した。そこでは典礼音楽の刷新についても論じられ、歌詞が明瞭に聞き取れないという理由で、多声音楽をいっさい排除しようとする動きがあった。パレストリーナの『教皇マルチェルスのミサ曲』はこの動きに対抗して作曲され、その結果、教会も多声音楽を承認せざるをえなかった、という伝説が生まれたが、これには歴史的な根拠がない。このミサ曲の成立事情と年代についてはいまだにはっきりしていない。

(20) ニコーラ・ヴィチェンティーノは十六世紀イタリアの作曲家で、古代ギリシア音楽の復興を志してその音階を用いた楽器を製作したり理論書を出版した。十六世紀後半から十七世紀初頭にかけて、このような古代復興の試みは音楽においても数多く行なわれた。

(21) アドルノ『美の理論』（大久保健治訳、河出書房新社）二八九ページ以下を参照。

(22) たとえば、アードラー編の音楽史に寄稿した以下の章を参照。Friedrich Ludwig. "Musik des Mittelalters bis zum Anfang des 15. Jahrhunderts." (十五世紀はじめまでの中世の音楽) in: G. Adler ed. *Handbuch der Musikgeschichte*. Berlin ^{2}1930, vol. 1 : 157-295.

(23) 「最も独創的な才能でさえ、誕生の時期によって定められたある種の限界を越えることができない。すべてのことがすべての時代に可能だというわけではなく、ある種の着想は発展のある段階になってはじめて可能になる」(H. Wölfflin. *Kunstgeschichtliche Grundbegriffe*. Vorwort zur 6. Auflage. München 1922) 邦訳（『美術史の基礎概念』守屋謙二訳、岩波書店）は第一版からの翻訳で、この序文を含んでいない。

(24) 一九三〇年代のナチ時代には、政治色のないビーダーマイヤー時代のメーリケやシュティフターなどに関する研究が多く現われた。この情報については、岩崎英二郎氏（学士院会員）からご教示いただいた。

▼第八章　音楽史の「相対的自律性」について

(1) 「唯物論的歴史観によれば歴史において最終的に規定的な要因は現実生活の生産と再生産である。それ以上のことをマルクスも私も今まで主張したことはありません。さて、もしだれかがこれを歪曲して、経済的要因が唯一の規定的なものであるとするならば、さきの命題を中味のない、抽象的な、馬鹿げた空文句にかえることになります。」（エンゲルスからヨーゼフ・ブロッホへの手紙、一八九〇年九月二十一日付け。大内兵衛・細川嘉六訳『マルクス＝エンゲルス全集』第37巻、大月書店、四〇一―四〇二ページ）

(2) 第五章の注26を参照。
(3) 第一章の注23を参照。
(4) ミサ通常文の五章(キリエ、グローリア、クレード、サンクトゥス、アニュス・デイ)は個々に作曲されていたが、主として十五世紀の前半から一人の作曲家によって通作され、楽章間に音楽的統一が図られるようになった。
(5) デーヴィッド・リースマンがアメリカ社会の性格を論じた著書『孤独な群衆』(加藤秀俊訳、みすず書房)による言葉。
(6) 「アルス・リベラーリス」(ars liberalis)は中世の学校教育における基本科目であった「七つの自由学芸」(septem artes liberales)、すなわち文法学、修辞学、弁証学、算術、幾何学、天文学、音楽から成る。そこで教育された「音楽」は作曲や演奏ではなく音楽の数学的理論であった。
(7) 「発見的手法」(Heuristik)については第七章の注10を参照。
(8) エルンスト・ブロッホ『希望の原理』山下肇他訳、白水社を参照。
(9) アドルノ『美の理論』(大久保健治訳、河出書房新社)三八三ページ以下、および「音楽と現代音楽 ペーター・ズーアカンプの思い出に」(相沢啓一訳、『現代思想』一九八七年十一月号、七八―九三ページ)を参照。
(10) アドルノ『新音楽の哲学』(渡辺健訳、音楽之友社)四七ページ以下を参照。
(11) アドルノの「解読」という概念についてはたとえば以下を参照。Adorno. "Ideen zur Musiksoziologie". (音楽社会学考) *Klangfiguren. Musikalische Schriften* I, in: idem. *Gesammelte Schriften* 1, ed. R. Tiedemann, Frankfurt a. M. 1978: 12.
(12) 「人間の頭脳における茫漠とした像ですら、彼らの物質的な、経験的に確定できる、そして物質的な諸前提と結びついている、生活過程の、必然的な昇華物なのである。道徳、宗教、形而上学、その他のイデオロギーおよびそれに照応する意識形態は、こうなれば、もはや自立性という仮象を保てなくなる。これらのものが歴史をもつのではない、つまり、これらのものが発展をもつのではない。むしろ自分たちの物質的な生産と物質的な交通を発展させていく人間たちが、こうした自分たちの現実と一緒に、自らの思考や思考の産物をも変化させていくのである。意識が生活を規定するのではなく、生活が意識を規定する。」（マルクス／エンゲルス『ドイツ・イデオロギー』廣松渉編訳・小林昌人補訳、岩波文庫、三一ページ）

（13）「けれども困難は、ギリシアの芸術と叙事詩がある社会的な発展形態とむすびついていることを理解する点にあるのではない。困難は、それらのものがわれわれにたいしてなお芸術的なたのしみをあたえ、しかもある点では規範としての、到達できない模範としての意義をもっているということを理解する点にある。」（マルクス『経済学批判』序説、武田隆夫他訳、岩波文庫、三二八ページ）。

（14）競合する複数の解釈図式がどれもある事象の説明に有効だと見えるとき、使用する図式の選択を研究者個人の「決断」にゆだねる立場を指す。

（15）ブルクハルトの『世界史的諸考察』（藤田健治訳、二玄社）においては、国家、宗教、文化という「三つの力」とそれら相互の条件づけが、彼の歴史解釈の骨格をなしている。

（16）ブルクハルトの『世界史的諸考察』（藤田健治訳、二玄社）六五ページ。

（17）ここでいう「還元主義」（Reduktionismus）とは、ある事象や存在を別のものに遡って説明することを指す。たとえば人間社会の事象を経済的基盤に、生命現象を物理法則に還元するのがその例である。

（18）第一次世界大戦の発火点となった、オーストリア皇太子フランツ・フェルディナントの暗殺（一九一四年六月二十八日）を指す。

（19）マックス・ヴェーバー『支配の諸類型』（世良晃志郎訳、創文社）を参照。

（20）注12を参照。

（21）サルトル『弁証法的理性批判』第一巻「実践的総体の理論」（竹内芳郎・矢内原伊作訳『サルトル全集』第二六巻）八五ページ以下を参照。

（22）『オーストリア文学・芸術報』*Österreichische Blätter für Literatur und Kunst*（ハンスリックが音楽批評をしていた『オーストリア帝室ヴィーン新聞』*Österreichisch-Kaiserliche Wiener-Zeitung* の付録）の一八五三年七月二十五日、八月一日、八月十五日に「音楽の主観的印象と美学におけるその位置」Über den subjektiven Eindruck der Musik und seine Stellung in der Ästhetik という連載論文が公表され、これがのちに『音楽美について』の第四章と第五章になった。同新聞の一八五四年三月十三日号に出た論文「自然との関係における音芸術」Die Tonkunst in ihren Beziehungen zur Natur は、一八五四年十一月に『音楽美について』の第六章として出版された。

(23) ここで言う「先行理解」(Vorverständnis) とは、全体を理解するためには部分を、部分を理解するためには全体を、あらかじめ知っていなければならないという解釈学的循環を指す。ハイデガーは先行理解を存在論的認識の前提とし、存在を問うためには存在があらかじめ理解されていなければならないとする(『存在と時間』桑木務訳、岩波文庫)。

(24) カントの言う「統制的理念」(regulative Idee) とは、経験の対象を基礎にもつという意味での理論的な概念ではないような理性の観念で、経験の対象との理性的な付きあいを制御する実践的・統制的な原理である。それは客体から引き出されるものではなく、客体と直接に関係づけられるものでもなく、むしろ客体を決定し秩序づける悟性の働きを統御するもので、経験による認識を体系的な統一体へとまとめるための手引きを悟性にあたえる理性の公理である。カント『純粋理性批判』(高峯一愚訳『世界の大思想』10、河出書房) 四二七ページ以下を参照。

(25) ここで「超越論的」(transzendental) といわれるのはフッサールの言う意味ではなく、カントが自分の批判哲学を超越論哲学と呼んだ意味においてであって、認識の仕方や条件に関わる認識のことである。したがって「全体としての歴史」ないし「単数の歴史」とは、個別的な歴史の認識を可能にするアプリオリな認識条件である。

(26) 〔原注〕Boris Eichenbaum. *Aufsätze zur Theorie und Geschichte der Literatur* (文学の理論と歴史論文集), Frankfurt/M 1965: 9.

(27) シュピッタは「芸術学と芸術」という論文のなかで、「芸術と学問の関係は存在《ザイン》と生成《ヴェルデン》との関係である」と述べている (Philipp Spitta. "Kunstwissenschaft und Kunst", in: idem. *Zur Musik*. Berlin 1892: 4.)

(28) 〔原注〕アイヒェンバウムの前掲書、一二七ページ。

▼第九章　構造史を考える

（1）トーマス・クーン『科学革命の構造』（中山茂訳、みすず書房）を参照。

（2）ヴィンデルバントは自然科学を「法則定立的」（nomothetisch）、歴史科学を「個性記述的」（idiographisch）と規定した。第六章の注15を参照。

（3）アドルノ『不協和音　管理社会における音楽』（三光長治他訳、音楽之友社）を参照。

（4）ホイジンガ「歴史の形態変化について」（里見元一郎訳『ホイジンガ選集』4、河出書房新社）三四一ページ以下を参照。

（5）この「第四期」というのは、ヴァルター・ヴィオラの著書 *Die vier Weltalter der Musik*, 1961（『世界音楽史——四つの時代』柿木伍郎訳、音楽之友社）による言葉。

（6）アウグスト・ヴィルヘルム・アンブロスはオーストリアの音楽史家。ハンスリックに対抗して『音楽と詩の限界』（辻荘一訳。音楽之友社）を著わし、文化史的な色彩をもつ大部の『音楽史』（*Geschichte der Musik*, 1862-82）を残した。

（7）リールについては序文の注6を参照。

（8）A・B・マルクスは十九世紀を代表する音楽学者のひとりで、『作曲法教程』（*Die Lehre von der musikalischen Komposition*, 4 vols. Leipzig 1837-47）、『ベートーヴェンの生涯と創作』（*Ludwig van Beethovens Leben und Schaffen*, 2 vols. Berlin 1859）、『十九世紀の音楽』（*Die Musik des 19. Jahrhunderts und ihre Pflege*, Leipzig 1855）など多くの著作がある。

（9）一八三一年にパリ初演されて大成功をおさめた『悪魔のロベール』（Robert le diable）は、「グランド・オペラ」という新しいタイプを確立した。

（10）Ernst Bloch. "*Das Materialismusproblem, seine Geschichte und Substanz*".（唯物論の問題。その歴史と実体）in : idem. *Gesamtausgaben*. Basel 1943 : 107-128.

（11）ブルクハルト『イタリア・ルネサンスの文化』（柴田治三郎訳、中央公論社「世界の名著」45）

(12) 英国に対してヨーロッパの市場を閉鎖するために、一八〇六年にナポレオンがとった政策を指す。

(13) フェルナン・ブローデル（後出）を中心とする「アナール派」の歴史家たちは、出来事史に代表される伝統的な歴史記述に反対して、歴史的現象の深層にひそむ長期的な持続の相（構造）を重視し、歴史の総体的な把握を主張した。

(14) Gustav Freytag. *Bilder aus der deutschen Vergangenheit.*（ドイツの過去からの情景）5 vols. Leipzig 1859-67. フライターク『ドイツ社会文化史』（井口省吾訳、名古屋大学出版会）。フライタークはドイツの統一運動にも関わった文学者。

(15) Fernand Braudel. *La Méditerranée et le monde méditerranéen à l'époque de Philippe II.*（フィリップ二世時代の地中海と地中海世界）Paris 1946.

(16) Wilhelm Pinder. *Das Problem der Generation in der Kunstgeschichte Europas.* Leipzig 1927. ピンダー『ヨーロッパ美術史に於ける時代の問題』（神保光太郎訳、第三書房）

(17) 「有機体モデル」については第一章、二四ページ以下を参照。

(18) ここで言う「王政復古時代」はヴィーン会議（一八一四—一五）以後、フランスでは一八三〇年の七月革命まで、ドイツでは一八四八年の三月革命までの期間を指す。

(19) ハンスリック『音楽美論』（渡辺護訳、岩波文庫）。

(20) ショーペンハウアー『意志と表象としての世界』（斉藤忍随訳、白水社）第一巻第三部を参照。

(21) 「発展的変奏」については第一章、注20を参照。

(22) 十八世紀前半の音楽理論家ヨーハン・マッテゾンは作曲を言説に喩え、器楽でさえ言説と同様な構造をもつべきだと主張して「音言語」（Ton-Sprache）ないし「音話」（Klang-Rede）という言葉を使っている。Johann Mattheson. *Der vollkommene Kapellmeister.*（完全なる楽長）Hamburg 1739 : 82.

(23) Johann Nikolaus Forkel. *Allgemeine Geschichte der Musik*（音楽通史）, vol. 1, Leipzig 1788 : 24-26.

(24) A. T. A. Hoffmann. *Schriften zur Musik,*（音楽論集）ed. F. Schnapp, München 1963 : 34.

(25) 十九世紀の音楽評論家レルシュタープがベートーヴェンの『ピアノ・ソナタ』作品二七の二の第一楽章を「ルツェル

ン湖で月光の波に浮かぶ小舟」と解釈したのはその一例である。

(26) W. H. Wackenroder/L. Tieck. "Die Töne", in: W. H. Wackenroder. *Dichtungen, Schriften, Briefe*, ed. G. Heinrich. Berlin 1948 : 345.

(27) W・フォン・フンボルトは「自分自身から出て外なる対象に移行すること」を人間の本性に備わる「疎外」と呼び、「この疎外のうちでも自己を喪失しないこと」が人間の課題だとした（『遺稿』一七九三年）。

(28) アンドレ・マルローの『空想の美術館』（小松清訳、新潮社）をもじった言葉。

(29) ベルンハルトはその『作曲法教程』（*Tractatus compositionis augmentatus*）のいくつかの箇所でパレストリーナの『聖なるローマ教会の慣例にのっとった通年の奉納唱集』（*Offertoria totius anni secundum Sanctae Romanae Ecclesiae consuetudinem*, Roma 1593）から引用した。*cf.* J. Müller-Blattau. *Die Kompositionslehre Heinrich Schützens in der Fassung seines Schülers Christoph Bernhard*.（弟子ベルンハルトが伝えたシュッツの作曲教程）Kassel ^{2}1963.

▼第十章　受容史の問題

(1)〔原注〕Felix V. Vodička. "Die Konkretisation des literarischen Werks",（文学作品の具体化）in: *Rezeptionsästhetik*, ed. Rainer Warnig. München 1975 : 90.

(2)〔原注〕Hans Robert Jauß. "Racines und Goethes Iphigenie," in: *Rezeptionsästhetik*. München 1975 : 384.

(3) R. G. Collingwood. *Denken. Eine Autobiographie*, eingel. von H.-G. Gadamer. Stuttgart 1955 : 74.「何か哲学者の主張を前にしたとき、彼がその主張の答えとして考えた問いが何なのか、それをできるだけ正確に決定する前に、その主張を理解したなどとけっして信じてはならない。」

(4) この文章は新プラトン派の論文「原因論」（Liber de causis）に由来し、トマス・アクィナスがそこから引用して『神学大全』第一巻の「De propositionibus modalibus 10」後世に伝えた。*cf.* O. Bardenhewer. *Die pseudoaristotelische*

Schrift : Über das reine Gute, bekannt unter dem Namen Liber de causis,（偽アリストテレス。純粋な善について――「原因論」の名で知られる）Freiburg i. Br. 1882, prop. 10.

（5） Walter Benjamin. "Eduard Fuchs, der Sammler und der Historiker",（エードゥアルト・フックス――収集家と歴史家）in : idem. *Gesammelte Schriften,* vol. II/2, ed. R. Tiedemann & H. Schweppenhäuser. Frankfurt/M 1980 : 468.

（6） Wolfgang Robert Griepenkerl. *Das Musikfest oder die Beethovener.*（音楽祭またはベートーヴェン崇拝者たち）Braunschweig 1838, ^{2}1841.

（7） Jacques Handschin. *Musikgeschichte im Überblick.*（音楽史概観）Wilhelmshaven ^{6}1990 : 329.

（8） メンデルスゾーンのオラトリオ『パウロ』（*Paulus*）は一八三六年に初演されて成功を収めたが、十九世紀中頃からは演奏されることが少なくなった。

（9） バッハの『フーガの技法』（*Die Kunst der Fuge*）は未完のままに残され、全曲が公開の席で演奏されたのは一九二七年のことである。

（10） ベルリオーズのオペラ『トロイアの人びと』（*Les Troyens*）は第二部だけが一八六三年に演奏され、全曲の初演は作曲者死後の一八九〇年までもち越された。

（11） 科学的歴史的方法による文学や聖書の研究が高等批評（higher criticism）と呼ばれた。

（12）〔原注〕Hans Heinrich Eggebrecht. *Zur Geschichte der Beethoven-Rezeption.* Mainz 1972.

（13） Susanne Großmann-Vendrey. *Bayreuth in der deutschen Presse.*（ドイツの新聞雑誌に見られるバイロイト）4 vols., Regensburg 1977-1983.

（14） E. R. Curtius. *Europäische Literatur und lateinisches Mittelalter.*（ヨーロッパ文学とラテン語中世）Bern 1948.

（15）〔原注〕Umberto Eco. *Einführung in die Semiotik.* München 1972 : 312.〔訳注〕エーコ『記号論』（池上嘉彦訳、岩波現代選書）

訳者あとがき

一九八九年三月十三日の早朝、カール・ダールハウスは、長い闘病生活の末にベルリンの病院で息をひきとった、享年六十歳九カ月だった。

ダールハウスの訃報は国内外に大きな衝撃をあたえた。過去三十五年間、途切れることなく驚異的な量の研究を、しかも音楽史に限らず美学、理論、歴史学方法論などきわめて多岐にわたる研究を発表しつづけ、その卓越した文章力とあいまって、音楽学や音楽界の内部だけでなく広い範囲の読者たちにも絶大な影響をあたえてきたからである。

ダールハウスは一九二八年六月十日にハノーファーで生まれた。一九四七年から一九五二年までゲッティンゲン大学のルードルフ・ゲルバーのもとで音楽学を専攻し、かたわら哲学、ドイツ文学、歴史学、美術史を学んだ。学生時代にはアドルノの『新音楽の哲学』やジャック・ハンジンの『音楽史概観』と『音の性格』、またシェーンベルクの作品と著作から大きな刺激を受けた。在学中の一九五〇年から五八年まで、ゲッティンゲンのドイツ劇場で著名な演出家ハインツ・ヒルペルトのもとで学芸員として働き、古今の演劇台本を読みあさり、自分でも多数の演目解説を手がけた。そのときに学んだ演劇の理論と実践の知識が、のちの開拓者的なオペラ研究の土台となった。一九五三年にジョスカン・デプレのミサ曲に関する分析的な研究で博士号を取得し、同年最初の論文『カントの音楽美学』を発表し、同じ年の学会発表では、十七世紀のフィグール論に関する定説を批判して「センセーション」（R・シュテファン）を巻き起こした。しかし、その後の研究生活は平坦ではなかった。一九六〇－六二年には『シュトゥットガルト新聞』の音楽編集者となって各地を旅行し、ヘンツェ、ヒンデミット、クレーベ、ノーノ、オルフなど、多くの作品の初演に立ちあった。このようなジャーナリズムの経験も、彼の著作がやがて広い読者層を獲得する一因となった。一九六二年にはヴァルター・ヴィオーラの招きでキール大学の研究員となり、一九六六年に画期的な業績『和声的調性の成立に関する研究』(*Untersuchungen über die Entstehung der harmonischen Tonalität*, Kassel 1968, 英訳一九九〇、仏訳一九九三)を提出して教授資格を取得した。

一九六七年にH・H・シュトゥッケンシュミットの後任としてベルリン工科大学の教授に就任し、やがて数々の大学から招かれたにもかかわらず、一九六八年にプリンストン大学、一九七七年にイリノイ大学の客員教授を勤めたことを除けば、ダールハウスは生涯ベルリンに留まり、工科大学であるにもかかわらず、この大学をドイツにおける音楽学研究の一大拠点へと育て、世界各地から集まった数多くの弟子を育てた。それと同時に、ベルリン自由大学の親友R・シュテファンとともに、ベルリンを現代音楽研究の中心へと発展させ、ドイツの音楽学に新風を巻き起こした。

一九七〇年代からの関心は十九世紀の音楽とヴァーグナーのオペラに集中し、多数の著作を経て、画期的な『十九世紀の音楽』(*Die Musik des 19. Jahrhunderts* [Neues Handbuch der Musikwissenschaft 6], Wiesbaden 1980. 英訳一九八九)が書かれ、晩年になってからも、病苦をおして『ベートーヴェンとその時代』(*Ludwig van Beethoven und seine Zeit*, Laaber 1987. 英訳一九九一。杉橋陽一訳、西村書店一九八六)、『古典派とロマン派の音楽美学』(*Klassische und romantische Musikästhetik*, Laaber 1988) のような大作が生まれた。歴史家ランケは八十歳で世界史を書き始め、生前に九巻を出版したが、ダールハウスも「ヨーロッパ音楽史」を企画し、一九八八年夏の激しい発作ののち、その最初の草稿を口述筆記させた("Anfänge der europäischen Musik—Erste Niederschriften zu einer Musikgeschichte Europas", *In rebus musicis : Zur Musik in Geschichte, Erziehung und Kulturpolitik. Richard Jakoby zum 60. Geburtstag*, ed. A. Eckardt & R. Stephan, Mainz 1990)。

ダールハウスの仕事は音楽学の研究と教育に限られず、ドイツ音楽評議会議長（一九七六 - 八〇）、ドイツ音楽学会会長（一九七七 - 八〇）その他の要職を歴任し、『ヴァーグナー全集』や『ブロックハウス・リーマン音楽事典』の編集責任者にもなった。

ダールハウスの業績はその量の多さと質の高さにおいてまさに驚異的である。それらは現代音楽の研究成果を歴史研究に生かしたり、オペラ研究に新しい方法を導入することによって、ドイツの音楽学に新たな地平を拓いただけでなく、国際的にも常に注目され、その著書は、現在確認できるだけでも、十五カ国で翻訳されている。彼は自分があくまで歴史家であることを自認していたが、その関心と研究は音楽美学と音楽理論にまでおよび、いわばこれらの諸領域を相互に関連させたところに彼の特徴がある。たとえば一九六七年の『音楽美学』（杉橋陽一訳、シンフォニア。森芳子訳、音楽之友社）も、超歴史的な規範を述べるのではなく、美的理念の歴史性を強調する。『古典派とロマン派の音楽美学』や『分析と価値判断』（*Analyse und Werturteil*, Mainz 1970. 英訳一九八三）でも、歴史的認識と美的認識を仲介し、作品分析において芸術的な理解と歴史的な理解を総合しようとした。彼の分析にはフランクフルト学派の影響が濃厚で、作品の隠れた構造を指摘するよりも、作品のなかに「歴史の沈殿物」（アドルノ）を発見し、分析の結果を歴史的コンテクストのなかで考えようとする。また逆に、ダールハウスの歴史記述のなかには常に美学的な思考が導入される。それは知識や情報を提供するよりも、むしろ現象や作品の美的・歴史的意味を問おうとする。したがって記述の構造はけっして線的ではなく、常に錯綜していて複雑である。曖昧さのない明快さを求める実証主義とは異なり、彼はアドルノのように真理の多義性を認めるので、対象に応じて自己反省的な方法論の多元主義を採り、自分の命題に対して絶えず弁証法的な反省を加える。したがって、彼の文章には「しかし」「しかしながら」「一方では……他方では……」といった表現が頻出する。音楽史に関するダールハウスの研究は中世から現代にまでおよぶが、その根底には美的現在性をもつ自律的な音楽作品という理念への揺るぎない信念があった（これが逆にダールハウス批判の主眼ともなった）。

著者が序文でも述べているように、本書は『十九世紀の音楽』を執筆するにあたって直面した歴史理論と方法論の諸問題を考察した著作であると同時に、音楽学的思考の根本問題にも深い反省を加えている。それはいわば「ドロイゼンとの対話」（ダヌーザー）を通じて、音楽という対象に中心をおきながらも、音楽内在的な考察にとどまらない音楽学的な歴史記述がいかにして可能か、という方法論的反省であり、若いときに影響を受けたフランクフルト学派の批判理論、フェルナン・ブローデルを中心とするアナール派の歴史理論、さらにはマルクス主義の歴史観と対決することによって、既存の歴史解釈や美学体系から解放された「音楽固有の歴史」、しかも物語的な歴史ではなく「構造としての歴史」がいかにして可能か、という徹底的な自己反省の軌跡でもある。本書は整理された体系的な記述というよりも、いわば自己反省の備忘録ともいえる性格なので、ほとんど注もなしに数多くの哲学者や歴史家の所説に言及しつつきわめて複雑な議論が展開される。ダールハウス独特の（ドイツ人が等しく名文だと称賛する）錯綜した文章とあいまって、訳者が知るかぎり、これはダールハウスのなかでも最も難解な著作だといえる。美術史や文学史とちがって、音楽史においてはこのような歴史理論的に根本的な反省が（個別的な論文を除けば）これまで皆無であった。その意味でも本書は画期的な仕事であり、音楽学の内部だけでなく、多くの読者にとっても興味深い書物だといえよう。なお、本書には英訳（一九八三）とイタリア語訳（一九八〇）も出ている。

＊

本書は Carl Dahlhaus. *Grundlagen der Musikgeschichte*, Köln 1977 の全訳である。原題は『音楽史の基礎』だが、これ

は音楽史の基礎的な事実を述べた教科書といった誤解をあたえかねないので、訳書では（ヴェルフリンにあやかって）『音楽史の基礎概念』と改めた。翻訳にあたっては英訳（*Foundations of Music History*, transl. by J. B. Robinson, Cambridge University Press, 1983）も参照した。著者の長大で錯綜した文体を忠実に日本語化することは訳者の能力にあまることだったので、しばしば原文を分断したり語句の順序を入れ替える工夫をこらした。また、難解で抽象的な内容にかんがみて、理解を助けるために、訳者の責任で小見出しを付け、訳者の補足は角括弧内に入れた。注は［原注］と記したもの以外はすべて訳注であるが、『ダールハウス著作集』第一巻（Carl Dahlhaus. *Gesammelte Schriften 1 : Allgemeine Theorie der Musik I : Historik - Grundlagen der Musik - Ästhetik*, ed. Hermann Danuser, Laaber 2000）に付された編者の出典注も参照した。人名索引と事項索引は独自に作成した。

二〇〇四年二月

角倉一朗

訳者略歴
角倉一朗（すみくら・いちろう）
一九三二年生まれ、一九五七年東京芸術大学楽理科卒
西洋音楽史専攻、東京芸術大学名誉教授
主要著書
『バッハ――人と作品』
『バッハ作品総目録』
主要訳書
マックス・ウェーバー『音楽社会学』（共訳）
リュック＝アンドレ・マルセル『バッハ』
カルル・ガイリンガー『バッハ』
スメント『バッハの教会カンタータ』他

本書は二〇〇四年に小社より刊行された。

音楽史の基礎概念《新装復刊》

二〇一五年　五月　五日　印刷
二〇一五年　五月二五日　発行

著　者　カール・ダールハウス
訳　者　©　角　倉　一　朗
発行者　及　川　直　志
印刷所　株式会社　三　陽　社
発行所　株式会社　白　水　社

東京都千代田区神田小川町三の二四
電話　営業部　〇三（三二九一）七八一一
　　　編集部　〇三（三二九一）七八二一
振替　〇〇一九〇―五―三三二二八
郵便番号　一〇一―〇〇五二
http://www.hakusuisha.co.jp

乱丁・落丁本は、送料小社負担にてお取り替えいたします。

株式会社松岳社

ISBN978-4-560-08441-0

Printed in Japan

事項索引

〔ア行〕
アイソリズム(Isorhythmik)　66
『悪魔のロベール』(Robert le diable)　181, 182
新しさ(Neuheit)／新しいもの(das Neue)　21, 22, 42, 52, 55, 130, 144, 145, 154, 196, 199, 200, 202
アナール派(誌)(Annales)　187, 192
亜流(Epigonen, Epigonentum)　72, 130, 131, 153, 196
アルス・リベラーリス(Ars liberalis)　151, 198

異化(Verfremdung)　78, 80, 85, 173
偉大さ(Größe)(音楽の)　17-20, 134, 213
イデオロギー(Ideologie)　19, 88, 102, 120, 142, 155, 156, 157, 158, 165, 179, 186, 189
　イデオロギー批判(Ideologiekritik)　3, 14, 73, 102, 119, 155, 156, 157, 163, 164, 174, 203
意図(作曲家の)(Intention)　15, 49, 50, 52, 53, 54, 56, 57, 68, 100, 103, 104, 107, 113, 159, 180, 204, 215, 216, 220, 222
『糸を紡ぐグレートヒェン』(Gretchen am Spinnrad)　60
異文化(fremde Kultur)　77, 78, 80
意味／意義(Sinn, Bedeutung)　52, 86, 96, 100, 103, 107, 152, 180, 184, 221
　(作品の)　155, 157, 165, 173, 204, 207, 210-212, 216, 220
　(歴史の)　20, 82
　意味関連(Sinnzusammenhang)　116, 184, 207
　意味論(Semantik)　221

失われた時(temps perdu)　98

映画音楽(Filmmusik)　221
影響(Einfluss)　38, 39, 43, 52, 70, 71, 100, 129, 134, 143, 144, 183, 185, 194, 204, 212, 213, 219
『英雄』(Eroica)　47, 206
英雄史(Heroengeschichte)　177
エートス(Ethos)　105
エネルゲイア(Energeia)　111
エルゴン(Ergon)　111
演奏(Aufführung)　13, 15, 40, 48, 51, 55, 64, 136, 137, 180, 200, 216, 217, 221
　演奏会(Konzert)　11, 57, 86, 87, 137, 138, 185, 190, 193, 200, 202, 220, 221
　演奏会制度(Konzertwesen)　197, 202
エンハーモニック(Enharmonik)　144

オペラ(Oper)　11, 58, 68, 86, 87, 104, 124, 125, 128, 143, 144, 181, 193, 195, 219
　オペラ・セリア(opera seria)　131
　グランド・オペラ(Große Oper)　129, 130
オラトリオ(Oratorium)　131
『オルフェーオとエウリディーチェ』(Orfeo ed Euridice)　127
音画(Tonmalerei)　104
音楽概念(Musikbegriff)　32, 55, 104, 193
音楽学(Musikwissenschaft)　14, 54, 139, 166, 172, 173

音楽言語(Musiksprache)　95
音楽技法(musikalische Technik)　35
　音楽技法史(musikalische Technikgeschichte)　44
音楽形式　→形式
音楽史学(Musikhistorie)　3, 5, 12, 13, 14, 15, 17, 24, 50, 52, 55, 108, 127, 132, 134, 135, 166, 170, 185, 204, 218
音楽史記述　→歴史記述
音楽社会学　→社会学
音楽修辞学(musikalische Rhetorik)　32
音楽素材(musikalisches Material)　43, 45, 46
音楽体験　→体験
音楽聴(Musikhören)　94
音楽的散文(musikalische Prosa)　17
音楽的論理(musikalische Logik)　21, 23, 197, 199, 201
『音楽のアリアドネ』(Ariadne musica)　130
音楽美学　→美学
音楽文化(Musikkultur)　12, 22, 71, 116, 126, 165, 179, 185, 187, 191, 193, 195-202
音楽文献学　→文献学
音楽理論(Musiktheorie)　80, 88, 116, 151, 163, 185
音高(Tonhöhe)　101
音色(Tonfarbe)　45
音組織(Tonsystem)　80, 151
音程(Interval)　97
音話(Klang-Rede) 197

〔カ行〕
懐疑主義(Skeptizismus)　60, 159, 190, 214
階級(Klasse)　122, 164-165
解釈(Interpretation, Auffassung, Deutung)　13, 33, 34, 41, 42, 46, 47, 50, 52, 57-62, 65, 100, 101, 103-107, 111, 114, 115, 157, 169, 173, 174, 180, 183, 199, 203, 204, 205, 207, 208, 209, 210, 211, 213, 214, 215-216, 220
　解釈学(Hermeneutik)　13, 53, 65, 88, 100-117, 169, 198, 215
　解釈学的循環(hermeneutischer Zirkel)　101, 122, 135, 169, 211
　解釈図式(Interpretationsschema)　158, 159, 162
　解釈体系(Deutungssystem)　60, 62
　解釈の解釈(Deutung von Deutungen)　52
　機能的解釈(funktionale Auffassung)　104, 111
　構造的な解釈(strukturelle Auffassung)　106-107
　人格的な解釈(personale Auffassung)　105-106
　表象的な解釈(gegenständliche Auffassung)　104-105
　歴史的解釈(historische Interpretation/Auslegung)　13, 14, 52, 61, 166
　歴史的解釈学(historische Hermeneutik)　→解釈学
解読(Entzifferung)　89, 157, 189
　社会の解読(gesellschaftliche Dechiffrierung)　155
科学主義(Szientismus)　79
科学哲学(Wissenschaftstheorie)　3, 61, 115, 120, 125, 133, 158, 164, 183, 211
歌曲(Lied)　60, 137
楽劇(Musikdrama)　129, 136, 219
楽長音楽(Kappelmeistermusik)　72, 220
過去意識(Vergangenheitsbewusstsein)　93
歌詞(Text)　33, 66, 107, 197, 198, 220

仮説(Hypothese)　51-53, 59, 67, 111, 140, 161, 162, 167, 216
法則仮説(Gesetzhypothese)　113
価値(Wert)　113, 114, 214
価値関係(Wertbeziehung)　122, 126, 128, 133, 134, 142
価値関連(Wertzusammenhang)
価値基準　42, 43
価値構造(Wertstruktur)　114
価値自由(Wertfreiheit)　113
価値判断(Werturteil)　34, 114, 118-146, 141, 144
価値評価(Wertung)　122-124, 125, 126, 128, 132, 133, 134, 142
実用価値(Gebrauchswert)　220, 221
象徴価値(Symbolwert)　220, 221
楽器(Instrument)　26, 45
楽器法(Instrumentation)　44
カメラータ(Camerata)　19, 68, 143
還元主義(Reduktionismus)　164
間主観性(的)(Intersubjektivität)　105, 122, 130, 141, 207
感情移入(Einfühlung)　33, 35, 65, 102, 105, 109, 199, 202
カンタータ(Kantate)　104, 134, 220
観念論(Idealismus)　68, 119, 159, 163, 165, 170, 182, 189, 196

器楽(Instrumentalmusik)　70, 197-198, 202
聴き手(Hörer)　12, 14, 15, 41, 57, 94, 95, 101, 105, 132, 133, 140, 150, 199
記述命題(deskriptiver Satz)　125, 133
機能(Funktion)　18, 19, 23, 26, 27, 32, 41, 66, 68, 100, 103, 104, 107, 114, 137, 148, 149, 150, 157, 158, 186, 188, 191, 196, 220-221
機能関連(Funktionszusammenhang)　23, 35, 40, 44, 47, 52, 56, 176, 177, 181, 182, 183, 184, 185, 187
機能規定論(Funktionsbestimmung)　31
機能史(Funktionsgeschichte)　18, 183
機能主義(Funktionalismus)　142, 183
機能性(Funktionalität)　99, 201
機能性原理(Funktionalitätsprinzip)　41
機能的芸術理論(funktionale Kunsttheorie)　32
機能的音楽(funktionale Musik)　105, 148, 150
社会的機能(soziale Funktion)　32, 36, 40, 74, 156, 201
実用的機能(Gebrauchsfunktion)　98
規範体系(Normensystem)　142, 144, 206, 209
規範命題(normativer Satz)　125, 133
技法史(Technikgeschichte)　18, 21, 22, 46, 47, 159
客観化(Objektivierung)　126
客観主義(Objektivismus)　60
客観性(Objektivität)　83, 95, 118, 119, 120, 121-122, 128, 130
教会音楽(Kirchenmusik)　92, 104, 131, 136, 137, 143, 221
教会旋法(Kirchentöne)　→旋法
『教皇マルチェルスのミサ曲』(Missa Papae Marcelli)　143
協奏曲(Konzert)　197, 221
協奏様式　67
教養(Bildung)　78-77, 81, 148, 150, 198, 201
協和音(Konsonanz)　86
近代精神(Moderne)　31
近世(Neuzeit)　18, 77, 103, 107, 177

空想の美術館(imaginäres Museum)
37, 128, 132, 133, 138, 139, 145, 187
国別史(Nationalitätengeschichte) 177, 180, 185
グレゴリオ聖歌 →聖歌
『グレの歌』(Gurrelider) 217

経験科学(empirische Wissenschaft) 60, 141
経験主義(Empirizismus) 132, 213, 214
経済(Ökonomie) 147, 158, 171, 189
経済学(Ökonomie) 113
経済史(Wirtschaftsgeschichte) 187
経済的土台(ökonomische Basis) 186, 187, 188, 194
経済的要因(ökonomischer Faktor) 154, 162, 163-164, 196
形式(Form) 15, 17, 22, 25, 29, 35, 37, 44, 67, 91, 94, 96, 128, 149, 153, 157, 173, 174, 189, 197, 199, 220
形式原理(Formprinzip) 67, 128
形式史(Formgeschichte) 49, 178
形式主義(Formalismus) 35, 69, 154, 172
形而上学(Metaphysik) 21, 25, 26, 28, 39, 73, 86, 98, 106, 109, 111, 116, 141, 152, 157, 173, 194, 195, 205, 206, 211, 213, 214, 216
芸術音楽(artifizielle Musik) 15, 19, 23, 41, 71, 103, 123, 125, 138, 145, 196, 197, 199
芸術概念(Kunstbegriff) 31, 42, 148, 153, 156, 213
芸術学(Kunstwissenschaft) 28, 29, 54, 146
芸術作品 →作品
芸術史(Kunstgeschichte) 28, 64, 73, 147, 156, 163, 165, 173, 194
芸術性(Kunstcharakter) 29, 30-62, 40, 46, 47, 54, 72, 89, 98, 99, 150, 151, 155, 173, 174, 197, 213
芸術宗教(Kunstreligion) 219
芸術哲学(Kunstphilosophie) 31
芸術のための芸術(l'art pour l'art) 148, 198
芸術理論(Kunsttheorie) 29, 31-35, 36, 42, 54, 55, 106, 130, 157, 164, 203, 222
啓蒙主義(Aufklärung) 77, 80, 91, 116, 135
決断主義(Dezisionismus) 136, 159, 160, 161, 162
弦楽四重奏曲(Streichquartett) 131, 218
言語学(Linguistik) 139
現代音楽(Neue Musik) 34, 86, 87, 89, 90, 106, 115, 138, 154
現代芸術(moderne Kunst) 175
現代史(Zeitgeschichte) 177
現代社会(moderne Gesellschaft) 176
現代性(Akutualität) 89, 193
現在意識(Gegenwartsbewusstsein) 93

交響曲(Symphonie) 47, 56, 57, 70, 71, 94, 129, 131, 137, 160, 197, 200, 212, 213, 219, 220
交響詩(Symphonische Dichtung) 69-72, 96, 218
考古学(Archäologie) 23, 109
行進曲(Marsch) 220
構造(Struktur, Gefüge) 67, 71, 90, 209
(音楽の) 23, 26, 32, 38, 41, 54, 96, 107, 129, 152
(歴史の) 20, 29, 48, 55, 57, 59, 60, 62, 63, 64, 65, 72, 91, 114, 137, 176, 177, 180, 181, 182, 183-186, 187,

189, 191, 192, 194, 195, 202, 209
音楽構造(musikalische Struktur)　49, 50
構造化(Strukturierung)　126, 133
構造概念(Strukturbegriff)　35, 183, 190
構造史(Strukturgeschichte)　4, 56, 72, 176-202, 212
構造主義(Strukturalismus)　4, 34-35, 36, 37, 54, 176, 216
構造分析　31, 54, 55, 56, 106, 115
深層構造(Tiefenstruktur)　139
精神構造(Mentalitätsstruktur)　187
全体構造(Gesamtstruktur)　185
高等批評(höhere Kritik)　217
古楽(Alte Musik)　14, 70, 93, 94, 221
国民主義／国家主義(Nationalismus)　71, 120
国民精神(Nationalgeist)　136
国民様式　→様式
個人様式　→様式
個性(Individualität)　29, 33, 38, 39, 54, 55, 72, 107, 149, 176, 200, 201
個性記述的(idiographisch)　113
古代(Antik)　32, 77, 104, 116, 144, 163, 164, 177, 220
古典(的／性)(klassisch, Klassik)　26-29, 38, 86, 87, 88, 89, 90, 131, 132, 135, 136, 143, 152, 202
古典主義(Klassizismus)　26, 77, 87, 157, 164, 179, 207, 219
古典性(Klassizität)　200
古典・ロマン派(Klassik)　27, 27, 28, 45, 54, 70, 71, 87, 108
孤独な群衆(einsame Masse)　150
コンサート　→演奏会
コンテクスト(Kontext, Zusammenhang)　57, 58, 61, 169, 188, 191, 218
社会的コンテクスト(sozialer Kontext)　40, 41, 168, 169, 181
歴史的コンテクスト(geschichtlicher Kontext)　86, 214

〔サ行〕
作品(Werk)　14-15, 17, 19, 25, 29, 30, 32, 33, 34, 35, 36, 41, 43, 45, 46, 49, 52, 53, 55, 56, 88, 98, 104, 105, 107, 111, 112, 114, 115, 129, 131, 133, 140, 148, 159, 165, 168, 173, 180, 182, 200, 202, 206, 216-217, 219, 220, 221
音楽作品(musikalisches Werk)　11, 12, 13, 15, 21, 22, 28, 31, 33, 35, 37, 38, 39, 40, 42, 47, 48, 50, 51, 55, 72, 85, 86, 87, 89, 97, 127-128, 132, 139, 155, 158, 174, 179, 183, 196, 199, 204, 208, 209, 210, 211, 212, 213, 213, 215, 216, 217, 218, 220
芸術作品(Kunstwerk)　21, 23, 29, 34, 35, 38, 42, 47, 54, 84, 98, 128, 137, 143, 144, 150, 152, 157, 158, 173, 203, 204, 205, 206, 207, 211
作品概念(Werkbegriff)　15
作品史(Werkgeschichte)　18, 20-23, 55
作品のアイデンティティ(Identität des Werkes)　206, 209, 210
作品美学(Werkästhetik)　23, 205
作品分析　→分析
自律的作品(autonomes Werk)　41
作曲(Komposition)　14, 56, 60, 64, 72, 95, 150, 185, 196, 200, 201, 212
作曲家(**者**)／(Komponist)／作者(Autor)　15, 18, 20, 21, 25, 27, 28, 29, 32, 33, 34, 35, 36, 38, 39, 44, 48, 49, 50, 52, 53, 54, 55, 56, 57, 64, 69, 71, 72, 96, 103, 104, 105, 106, 107,

123, 125, 127, 131, 138, 144, 149, 151, 153, 154, 159, 166, 172, 177, 179, 180, 181, 185, 189, 190, 196, 199, 200, 201, 204, 211, 213, 215, 216, 217, 219, 222
作曲技法(Kompositionstechnik) 18, 19, 32, 36, 46, 66, 67, 69, 86, 95, 104, 107, 139, 140, 145, 149, 177, 179, 187, 187, 193, 194, 197
作曲史(Kompositionsgeschichte) 18, 21, 22, 44, 169
『さまよえるオランダ人』(der fliegende Holländer)
作用史(Wirkungsgeschichte) 12, 19, 40-43, 85, 91, 124, 129, 157, 203, 204, 210, 211, 212, 213, 217, 220
サラバンド(Sarabande) 221

時間リズム(Zeitrhythmus) 192, 193, 194, 195
識者と愛好家(Kenner und Liebhaber) 189
事実(歴史の)(Faktum, Tatsache) 19, 20, 21, 37, 38, 39, 47, 54-55, 67, 68, 115, 119, 120, 123, 126, 136, 143, 159, 167, 181, 184, 186, 187, 190-192, 195, 196, 204
音楽的事実(musikalisches Faktum) 3, 41, 48, 55, 57, 113, 209
音楽史的事実(musikgeschichtliche Tatsache) 48-62, 55, 168
社会的事実(soziales Faktum/Tatsache) 18, 150
歴史的事実(geschichtliche Tatsache) 41, 49, 51, 52, 53, 57, 58, 59, 60, 61, 62, 72, 120, 123, 129, 135, 164, 193
事実関連(Realzusammenhang) 116
事実判断(Sachurteil) 34, 124-126
自然(Natur) 80, 86, 91, 92, 171
音楽の自然(Natur der Musik) 86, 87, 88
自然科学(Naturwissenschaft) 28, 39, 61, 63, 112, 113, 115, 145, 162, 171
自然史(Naturgeschichte) 178
自然の模倣(imitatio naturae) 33, 105
思想史(Ideengeschichte) 34, 36, 47, 69, 72, 98, 157, 159, 166, 172, 173, 174, 175, 179, 187, 209, 214, 218
時代精神(Zeitgeist) 11, 29, 63, 89, 96, 112, 140, 141, 170-171, 172, 193, 194, 195, 211, 215, 218, 220, 218, 220
実証主義(Positivismus) 28, 38, 39, 80, 102, 164, 170, 171
室内楽(Kammermusik) 70, 197
室内様式(Kammerstil) 32
疾風怒涛(Sturm und Drang) 33, 193
実用音楽(Gebrauchsmusik) 66, 98, 222
指導動機(Leitmotiv) 219
実用価値(Gebrauchswert) →価値
事物的存在者(Vorhandenes) 82
市民社会(階級)(bürgerliche Gesellschaft/-klasse) 150, 151, 197
ジャーナリズム(Publizistik) 217, 218
宗教(Religion) 73
社会学(Soziologie) 3, 11, 113, 114, 115, 122, 161, 165, 183, 189, 190
音楽社会学(Musiksoziologie) 137
知識社会学(Wissenssoziologie) 4
社会現象(gesellschaftliches Phänomen) 16
社会構造(Sozialstruktur) 29, 138, 156, 192, 194, 209
社会史(Sozialgeschichte) 18, 20, 36, 40-43, 47, 72, 100, 116, 150, 152, 157,

159, 164, 167, 173, 174, 179, 181, 183, 186-190, 194, 209, 214, 218
社会層(gesellschaftliche Schicht)　48, 49, 55, 214, 216
社会的機能　→機能
社会的条件(gesellschaftliche Bedingung)　29
社会的目的(sozialer Zweck)　32
ジャンル(Gattung)　18, 23, 32, 36, 48, 57, 64, 65, 66, 71, 104, 107, 128, 129, 131, 132, 137, 138, 143, 144, 148, 201, 202, 212, 221, 222
　ジャンル概念(Gattungsbegriff)　18, 58
　ジャンル史　36, 49, 66, 166, 172, 173, 178, 180, 185, 193
　ジャンル論(Gattungstheorie)　36
宗教史(Religionsgeschichte)　166
宗教的コンチェルト(geistliches Konzert)　66, 104
十二音技法(Zwölftontechnik)　44, 45, 46, 144
主観化(Subjektivierung)　126
主観主義(Subjektivismus)　206
主体(音楽史／歴史の)(Subjekt)　54, 63-75
主題・動機労作(thematisch-motivische Arbeit)　21, 23, 97, 140, 197
趣味(Geschmack)　149
受容(Rezeption)　12, 14, 15, 40, 41, 55, 57, 137, 150, 165, 181, 184, 197, 204, 206, 207, 208-216
　受容過程(Rezeptionsvorgang)　41, 64
　受容史(Rezeptionsgeschichte)　40, 55-57, 91, 139, 157, 203-222
　受容美学(Rezeptionsästhetik)　151, 199, 205, 206
自由(な)芸術(freie Kunst)　148, 151, 198
上演音楽(Darbietungsmusik)　148, 221
状況(Zustand, Umstand)　12, 13, 18, 33, 176, 202, 207, 213
象徴価値(Symbolwert)　→価値
象徴主義(Symbolismus)　175
書法(Schreibweise)　33
状況(Zustand)　12, 13, 22, 33, 113, 143, 180, 182, 183, 184, 185, 187, 192, 195, 202, 209, 213
　社会的状況(soziales Zustand)　18, 152, 181
生涯史(Lebensgeschichte)　64, 65
小説(Roman)　20, 67, 102, 212
情念(Affekt)　32, 33, 105, 106
　情念論(Affektenlehre)　33, 36, 106
商品性(Warencharakter)　196, 202
職人芸(Handwerk)　150, 151, 201
抒情的ピアノ小品(lyrisches Klavierstück)　71, 72
書法(Schreibweise)　32, 33
自律性(Autonomie)　23, 202
　自律性概念(Autonomiebegriff)　148, 155-158
　自律性原理(Autonomieprinzip)　40, 41, 147, 150, 153, 154, 172, 196, 197, 198, 199, 201
　自律性美学(Autonomieästhetik)　31, 42
　自律的芸術(autonome Kunst)　21, 150, 188
　自律的作品(autonomes Werk)　41
　相対的自律性(relative Autonomie)　147-175, 194
　美的自律性(ästhetische Autonomie)　41, 67, 98, 147-155, 158, 190, 195, 197, 198, 201
史料(Quelle)　13, 49, 50, 51, 52, 57, 60,

136, 143, 217, 221, 222
史料批判(Quellenkritik)　50
史料批判的循環(Quellenkritischer Zirkel)　50
人格(Person)(作曲者の)　32, 33, 34, 38, 39, 54
神学(Theologie)　77, 138, 142
真純(性)(authentisch, Authentizität)　22, 41, 145, 199, 215, 221, 222
美的真純性(ästhetische Authentizität)　145
新ドイツ派(die Neudeutschen)　96
人文主義(Humanismus)　79, 144, 169
進歩(Fortschritt)　32, 45, 93, 199, 200, 202, 211, 212
心理学(Psychologie)　53, 106, 113, 115, 161, 173
真理内容(Wahrheitsgehalt)

聖歌(Choral)　26, 94, 137, 145
声楽コンチェルト　→宗教的コンチェルト
政治(Politik)　4, 17, 18, 30, 53, 96, 134, 152, 179, 180, 181, 192, 209, 215, 216, 219
政治史(politische Historie)　11, 12, 13, 14, 18, 21, 36, 71, 134, 179, 180, 181, 214
精神科学(Geisteswissenschaft)　171
精神史(Geistesgeschichte)　64, 166, 187, 209
制度(Institution)　12, 22, 104, 114, 137, 151, 166, 172, 177, 180, 181, 186, 187, 192, 195
音楽制度(musikalische Institution)　193
社会制度(soziale Institution)　48, 56
生の哲学(Lebensphilosophie)　111, 112
成立史(作品の)(Entstehungsgeschichte)　12, 159, 183
成立年代(Entstehungsdatum)　179
世界観(Weltanschauung)　4
世界史(Universalgeschichte, Weltgeschichte)　73, 78, 79, 80, 109
世代(Generation)　49, 192, 193
絶対音楽(absolute Musik)　19, 41, 42, 123, 140
説明(Erklärung)　21, 28, 38, 51, 52, 58, 63, 68, 70, 100, 101, 102-103, 107, 112-114, 159, 160, 161, 166, 168, 182, 183, 198, 216, 218
因果的説明(kausale Erklärung)　115, 188
機能的説明(funktionale Erklärung)　115, 188
説明的スケッチ(explanation sketch)　21, 63
歴史的説明(historische Erklärung)　113, 153, 161
折衷主義(Eklektizismus)　36, 172, 189
セリー音楽(serielle Musik)　87
前衛(Avantgarde)　89
先行理解(Vorverständnis)　169
全体性(全体史)(Totalität)　165-172
全体性原理(Totalitäts-Prinzip)　167-168
全体としての歴史(Geschichte im Ganzen)　65, 69, 73, 171-172
旋法(Modus, Kirchentöne)　71, 95
旋律(Melodie)　26, 45, 140
旋律法(Melodik)　44, 45
選択原理(Selektionsprinzip)　47
先入観(Vorurteil)　119

『荘厳ミサ曲』(Missa solemnis)　53
相対主義(Relativismus)　141, 206, 208, 215

相対的自律性(relative Autonomie) →自律性
疎外(Entfremdung) 15, 78, 79, 82, 84, 150, 151, 154, 156, 157, 198, 211
素材の傾向(Tendenz des Materials) 106, 154
ソナタ形式(Sonatenform) 96, 169
ゾナンツ度(Sonanzgrad) 86
存在判断(Existenzurteil) 53, 59
存在論(Ontologie) 65, 113, 161

〔タ行〕
第一作法(prima pratica)/第二作法(seconda pratica) 32, 104
対位法(Kontrapunkt) 26, 43, 44
対応関係(Entsprechung) 32, 37, 187, 190-192, 195, 196
『第九交響曲』 13, 201, 212
体験(Erlebnis) 111-112
　音楽体験(musikalische Wahrnehmung) 42, 84, 134
大衆社会(Massenkultur) 18, 150
大衆文化(Massenkultur) 18
対話(Dialog) 100-102, 105, 207
対話構造(Dialogstruktur) 84
『タウリスのイフィゲネイア』(Iphigenie auf Tauris) 127
多感主義(Empfindsamkeit) 33, 105, 106
多元主義(Pluralismus) 159-161, 162, 166
他者性(Andersheit) 13, 79, 88, 92, 98
多声音楽(mehrstimmige Musik) 26
単旋聖歌 →聖歌
『タンホイザー』(Tannhäuser) 30

知的構築(Konstruktion) 58, 59, 159, 183, 184, 208
チェコ構造主義 →構造主義
『椿姫』(La traviata) 30
中世(Mittelalter) 22, 177, 220
超越論(Transzendentalismus) 65, 171
調構造(tonale Struktur) 197
聴衆(Publikum) 49, 57, 87, 138, 150, 180, 189, 199, 205, 206, 215
調性(Tonalität) 71, 80, 94, 125, 130, 169, 197, 198
通奏低音(Generalbass) 94
通俗音楽(Trivialmusik) 17, 18, 19, 103, 150
通模倣(Durchimitation) 66

出来事(Ereignis) 12, 13, 15, 20, 21, 22, 41, 49, 50, 51, 52, 56, 58, 59, 63, 64, 83, 109, 113, 114, 143, 152, 159, 160, 161, 163, 174, 176, 177, 179, 180, 181, 182, 213
　音楽的出来事(musikalisches Ereignis) 15
　政治的出来事(politisches Ereignis) 51
　出来事史(Ereignisgeschichte) 4, 56, 179, 180-183
テクスト(Text) 13, 15, 19, 35, 40, 41, 50, 53, 55, 57, 65, 83, 107, 111, 112, 169, 180, 181, 183, 206, 207, 208, 215, 216, 222
　真純なテクスト(authentischer Text) 50, 52, 56
　テクスト批判(Textkritik) 221-222
データ(Datum) 49-51, 52, 53, 58, 59, 60, 208, 212
　作曲データ(Kompositionsdatum) 56
　作用データ(Wirkungsdatum) 56
哲学(Philosophie) 3, 5, 15, 30, 36, 43, 44, 66, 73, 79, 102, 118, 120, 126, 140,

142, 171, 172, 173, 199, 209
哲学史(Philosophiegeschichte)　166
伝記(Biographie, Biographik)　21, 28, 29, 33, 34, 35, 38, 39-40, 63-65, 105, 111, 129, 173, 179, 199
現実主義的伝記(realistische Biographik)　40
伝記研究(Biographik)　40, 65, 189
ドキュメントによる伝記(Dokumentarbiographie)　49
理想主義的伝記(idealistische Biographik)　40
天才(Genie)　199, 200
天才美学(Genieästhetik)　196, 199, 201
伝承(Überlieferung)　13, 15, 20, 53, 55, 66, 76, 78, 79, 81, 82, 83, 90, 91, 92, 96, 104, 116, 135, 143, 201, 206, 209, 218, 221, 215, 221, 222
音楽伝承(musikalische Überlieferung)　51
電子音楽(elektronische Musik)　87, 94, 138
『天地創造』(Die Schöpfung)　133
伝統(Tradition)　23, 66, 71, 76-99, 133, 134, 136, 159, 201, 202, 216, 220
伝統主義(Traditionalismus)　17, 71, 79, 85, 88, 90-92, 96, 216
伝統批判(Traditionskritik)　76-78, 79, 80, 81, 82, 85, 87, 89, 90, 92, 136, 142, 143, 222
典範(音楽の)(Kanon)　127-128, 131, 132, 133, 134-146, 217, 218
典礼(Liturgie)　18, 23, 32, 53, 66, 137, 143, 149, 220

『ドイツ・レクイエム』(Ein deutsches Requiem)　181
道具的存在者(Zuhandenes)　82, 98
同時代性／非同時代性(Gleichzeitigkeit/Ungleichzeitigkeit)　30, 170, 192-195
統制的理念(regulative Idee)　171
道徳(Moral)　18, 77, 78, 81, 125, 134, 153, 214, 215, 216, 219
党派性(Parteilichkeit)　4, 118, 120, 125
ドキュメント(Dokument)　13, 29, 32, 33, 34, 35, 41, 42, 47, 49, 50, 52, 67, 84, 89, 97, 98, 105, 130, 134, 139, 141, 155, 157, 168, 174, 204, 209, 217, 218
独創性(Originalität)　21, 22, 29, 52, 54, 103, 107, 108, 123, 130, 131, 154, 179, 196, 199, 202, 222
ドグマ(Dogma)　19, 32, 123, 213
ドグマ主義(Dogmatismus)　161, 169, 206
ドグマ論(Dogmatik)　138-142, 159
閉じられた形式(geschlossene Form)　15
土台＝上部構造(Basis=Überbau)　147, 156, 158, 162, 164, 165, 170, 186
ドリア6度(dorische Sechste)
『トリスタン』(Tristan)　34, 46
トレント公会議(Tridentiner Konzil)　143
『トロイアの人びと』(Les Troyens)　217
『ドン・パスクァーレ』(Don Pasquale)　30

〔ナ行〕
内容(Inhalt)／内実(Gehalt)　29, 35, 72, 87, 97, 98, 103, 148, 156, 158, 173, 174, 189, 204, 211, 215, 219
事実内容(Sachgehalt)　33, 35, 105, 107, 164, 203, 204, 205, 210, 214, 219
真理内容(Wahrheitsgehalt)　35, 105, 164, 203, 206, 210
内容美学(Inhaltsästhetik)　189

表現内容(Ausdrucksgehalt)　54
日常音楽(Umgangsmusik)　98, 148, 149, 188, 221
人間学(Anthropologie)　53, 111, 112
人間性(Humanität)　20, 80, 156
認識関心(Erkenntnisinteresse)　18, 53, 59, 115, 160, 168, 182, 187
認識と関心(Erkenntnis und Interesse)　118, 119-120
認識目標／目的(Erkenntnisziel/-zweck)　12, 40, 113, 114, 217
認識論(Erkenntnistheorie)　52, 132, 133, 167
ニュー・クリティシズム(New Criticism)　13

ネーデルランド楽派(Niederländer)　66
年代(Chronologie)　37, 56, 65, 94, 103, 109, 111, 145, 171, 179, 195, 196, 200, 212

〔ハ行〕
『パウロ』(Paulus)　216
拍節(Metrik)　45
拍節リズム(Taktrhythmik)　94
発見的手法(Heuristik)　21, 73, 137, 153, 160, 161, 184, 205, 213
発展(Entwicklung)　45, 46, 71, 73, 94, 116, 123, 131, 175, 177
(音楽の)　21, 23, 25, 28, 153, 154, 213
(歴史の)　155, 212
発展史(Entwicklungsgeschichte)　128, 134
発展段階(Entwicklungsstufe)　25, 27, 41, 194, 214
発展的変奏(entwickelunde Variation)　21, 197
発展プロセス(Entwicklungsprozess)　185
バッハ・ルネサンス(Bach-Renaissance)　41
パトロン制度(Mäzenatentum)　150
パラダイム転換(Paradigmenwechsel)　176
『パルジファル』(Parsifal)　217, 219
『春の祭典』(Le sacre du printemps)　46
バロック(Barock)　27, 28, 104
半音階法(Chromatik)　143, 169
判断(Urteil)
記述的判断(deskriptives Urteil)　131
規範的判断(normatives Urteil)　131
事実判断(Sachurteil)　144
道徳的判断(moralisches Urteil)　125
判断基準(Kriterium)　26, 29, 45, 54, 67, 118, 128, 130, 131, 135, 139, 143, 191, 207, 208, 209, 211, 216
美的判断(ästhetisches Urteil)　71, 125, 127, 131, 132, 133, 134, 143, 150
歴史的判断(historisches Urteil)　116, 119, 131
汎独音楽協会(Allegemeine deutsche Musikverein)　70

美(的)意識(ästhetische Bewusstsein)　50, 51
美学(Ästhetik)　13, 18, 23, 26, 29, 32, 33, 34, 35, 36-39, 36, 37, 38, 38, 39, 40, 41, 42, 46, 47, 53, 71, 77, 86, 87, 98, 103, 104, 106, 123, 124, 125, 131, 134, 140, 156, 173, 180, 181, 199, 200, 216, 219, 220
音楽美学(Musikästhetik)　17, 103, 108, 139, 140, 141, 174, 185
感情美学(Gefühlsästhetik)　34, 35
美学的前提(ästhetische Prämisse)

22, 26, 54, 55, 56, 72, 77, 78, 106
美学理論(ästhetische Theorie)　98
美術史(Kunstgeschichte)　192
ビーダーマイヤー(Biedermeier)　146
美的意識(ästhetisches Bewusstsein)　98
美的価値(ästhetischer Wert)　83, 99
美的観照(ästhetische Kontemplation)　13, 14, 89, 109, 150, 188, 198, 204
美的感受性　19
美的規範(ästhetische Norm)　46, 135, 139, 142, 143
美的現在(ästhetische Präsenz)　12, 13, 14, 15, 38, 51, 84, 97, 152, 201
美的自律性(ästhetische Autonomie)　→自律性
美的体験(ästhetische Wahrnehmung/Erfahrung)　39, 47, 48, 51, 89, 97
美的知覚(ästhetische Wahrnehmung)　89, 90, 153, 173, 175
美的理念(ästhetische Idee)　48, 56, 154, 177, 187, 189
批判主義(Kritizismus)　159
批評(家)(Kritik)　218, 219, 220
表現主義(Expressionismus)　146, 193
表現内容　54
表出(性)(Ausdruck)　33
表出原理(Ausdrucksprinzip)　36, 103, 108, 199
表出性(Expressivität)　71, 105, 123
表出美学(Ausdrucksästhetik)　28, 33-34, 36, 39, 40
開かれた形式(offene Form)　14
表象的解釈(gegenständliche Auffassung)　104-105
標題(Programm)　107, 197, 198
標題音楽(Programmusik)　70, 96, 123
標題交響曲(Programmsymphonie)　70
フィグール(Figur)　32, 105
フォルマリズム(Formalismus)　4, 42, 43, 153, 166, 172, 173-175
フーガ(Fuge)　130
『フーガの技法』(Die Kunst der Fuge)　137, 216
不協和音(Dissonanz)　43, 86
不協和音の解放(Emanzipation der Dissonanz)　44, 45
(不協和音の)解決(Auflösung)　44
(不協和音の)予備(Vorbereitung)　45
舞曲(Tanzmusik)　221
復古(Restauration)　88, 93-95, 211
物象化(Verdinglichung)　15, 84
物理主義(Physikalismus)　116
プラクシス(Praxis)　13, 50, 180
プラトン主義(Platonismus)　87, 88, 106
フランス芸術(Ars gallica)　71
プロセス(Vorgang)　40, 69, 72, 74, 78, 91, 112, 149, 153, 165, 168, 173, 174, 184, 187, 203, 207, 208, 221
音楽的プロセス(musikalische Vorgang)　15
コミュニケーション・プロセス(Kommunikationsvorgang)　56
社会的プロセス(gesellschaftlicher Vorgang)　18, 40
歴史的プロセス(geschichtlichicher Prozess)　35, 98, 151, 183, 184
プロトコル命題(Protokollsatz)　61
文化科学(Kulturwissenschaft)　113
文学理論(Literaturtheorie)　42
文化史(Kulturgeschichte)　22, 36, 38, 42, 152, 168, 179, 183, 184, 188
文芸理論(Dichtungstheorie)　200
文献学(Philologie)　81, 112, 113, 221,

222
音楽文献学(musikalische Philologie) 56
分析(Analyse) 221
(音楽の) 15, 18, 19, 29, 35, 36, 43, 46, 47, 49, 106, 107, 213, 214
(歴史の) 84, 100, 142, 163, 176, 178, 183, 220
機能的分析(funktionale Analyse) 185
構造分析(Strukturanalyse) 31, 54, 55, 56, 106, 115
作品分析(Werkanalyse) 15, 29
『平均律クラヴィーア曲集』(Das wohltemperierte Klavier) 130, 134
弁証法(Dialektik) 44, 45, 71, 79, 82, 88, 101, 114, 118, 120, 126, 131, 135, 140, 141, 161, 169, 174
法則定立的(nomothetisch) 113, 115, 176
ポイエーシス(Poiesis) 13, 51, 180
方法論(Methodologie) 4, 18, 19, 21, 25, 26, 36, 39, 40, 41, 43, 46, 72, 74, 81, 100, 104, 109, 111, 113, 116, 120, 132, 155, 159-161, 166, 170, 173, 174, 175, 177, 180, 184, 186, 187, 189, 192, 194, 206, 209, 222
歴史的方法(historische Methode) 49
保守主義(Konservatismus) 87, 88, 90, 93, 96-99
ポピュラー音楽(populäre Musik) 138
ポリフォニー(Polyphonie, Mehrstimmigkeit) 26, 27, 137

〔マ行〕
『マイスタージンガー』(Die Meistersinger) 181, 182
『マタイ受難曲』(Matthäus-Passion) 14, 94, 136, 213
『魔弾の射手』(Der Freischütz) 58
マドリガーレ(Madrigal) 66, 104, 138, 201
マニエリズム(Manierismus) 26, 27, 146, 207
マルクス主義(Marxismus) 4, 29, 74-75, 82, 120, 121, 122, 147, 148, 155-165, 166, 167, 168, 169, 170, 171, 172, 186, 187, 196

ミサ曲(Messe) 23, 143, 149
ミサ通常文(Ordinarium Missae) 149
『水の精』(Ondine) 58
未来主義(Futurismus) 175
民俗音楽(Volksmusik) 87
民族学(Ethnologie) 80
民族主義 71
民族精神(Volksgeist) 20, 21, 29, 87, 178
民謡(Volkslied) 87, 222

無調(Atonalität) 159, 217, 218
無調音楽(atonale Musik) 87
無名性(Anonymität) 176

名声(Prestige) 133, 136, 137, 138, 140, 143, 144, 216-217

目的合理性(Zweckrationaltät) 68, 74
モテット(Motette) 66, 67, 131, 201
物語的歴史(erzählende/erzählbare Historie/Geschichte) 20, 22, 63, 72, 178, 209
モノディ(Monodie) 67, 104
模倣(Mimesis) 104, 105
模倣美学(Nachahmungsästhetik) 105

〔ヤ行〕
唯物論(Materialismus)　170
有機体モデル(Organismus-Modell)　24-26, 27, 64, 172, 193
ユートピア(Utopie)　16, 17, 45, 75, 122, 153, 156, 157, 158, 219
『指輪』(Der Ring)　124, 125, 212, 219

様式(Stil)　24, 25, 27, 28, 29, 33, 64, 65, 66, 67, 69, 71, 104, 137, 153, 154, 178, 192, 207, 220
　教会様式(Kirchenstil)　32
　劇場様式(Theaterstil)　32
　国民様式(Nationalstil)　29
　個人様式(Personalstil)　29, 54
　作品様式(Werkstil)　29
　室内様式(Kammerstil)　32
　時代様式(Zeitstil)　25, 27, 28, 29, 139, 142
　様式化(Stilisierung)　32
　様式概念(Stilbegriff)　24, 25, 29
　様式史(Stilgeschichte)　24-29, 64, 86, 172, 193
　様式発展(Stilentwicklung)　27
　様式批判(Stilkritik)　25, 26, 27
　様式理想(Stilideal)　27

〔ラ行〕
『リエンツィ』(Rienzi)　129, 130
理解(Verstehen/Verständnis)　4, 13, 14, 21, 24, 33, 35, 39, 40, 54, 55, 57, 82, 83, 87, 88, 100-103, 104, 105, 111, 112-117, 119, 131, 137, 164, 165, 182, 183, 189, 199, 202, 207, 211
　歴史的理解(geschichtliches Begreifen)　88, 100, 107-111, 108, 115
リズム(法)(Rhythmik)　26, 46
理念型(Idealtypus)　36, 57, 129, 180, 183, 184, 191, 197
理念的対象(idealer Gegenstand)　204, 205, 211
流行歌(Gassenhauer)　19
リュート音楽(Lautenmusik)　138

ルネサンス(Renaissance)　146, 184

歴史学(Geschichtswissenschaft, Historik)　4, 11, 12, 13, 16, 17, 29, 32, 39, 49, 50, 52, 53, 60, 61, 63, 75, 78, 80, 81, 83, 84, 85, 87, 100, 111, 113, 114, 115, 120, 122, 124, 135, 136, 142, 143, 152, 165, 167, 168, 169, 170, 173, 217
　歴史学派(Historische Schule)　81
歴史記述(Geschichtsschreibung, Historiographie)　12, 16, 20, 22, 23, 24, 25, 26, 28, 29, 36, 37, 38, 39, 40, 41, 42, 46, 47, 49, 54, 56, 57, 59, 60, 65, 66, 68, 69, 72, 73, 74, 76, 78, 79, 82, 100, 109, 117, 118, 119, 121, 126, 128, 132, 143, 144, 148, 152, 153, 158, 163, 167, 168, 170, 172, 173, 176, 177, 178, 183-186, 192, 194, 209, 217, 218
　音楽史記述(Musikgeschichtsschreibung, musikalische Historiographie)　11, 12, 19, 14-23, 27, 32, 37, 38, 38, 41, 42, 43, 54, 55, 56, 64, 71, 80, 81, 106, 108, 111, 127, 128, 133, 134, 143, 144, 153-155, 159, 166, 177, 180, 181, 186, 204, 212, 216, 217
歴史主義(Historismus)　4, 16, 17, 72, 76-99, 107, 110, 133, 142, 176, 187
歴史性(Geschichtlichkeit)　16, 29, 30-62, 78, 85, 88, 103-107, 135, 162-163, 185
歴史(的)意識(historisches Bewusstsein)　16-17, 23, 24, 32, 42, 51, 58, 76, 79, 81-

82, 83, 85, 89, 90, 98, 132, 157, 177, 215
歴史的意義(historische Bedeutung)　26, 128-134
歴史的解釈　→解釈
歴史的解釈学　→解釈学
歴史的関心(historische Interesse)　14, 35, 81
歴史的関連(geschichtlicher Zusammenhang)　66, 190
歴史的現実(geschichtliche Wirklichkeit)　49
歴史的思考(historisches Denken)　4, 92
歴史的事実　→事実
歴史的認識(historische Erkenntnis)　38, 47, 53, 58, 65, 84, 97, 109, 120, 145, 171, 183
歴史的発展　→発展
歴史的判　→判断
歴史的プロセス　→プロセス
歴史的方法(historische Methode)　82, 83
歴史的理解　→理解
歴史哲学(Geschichtsphilosophie)　3, 19, 20, 22, 25, 26, 41, 43, 46, 64, 71, 74, 80, 82, 89, 106, 107, 108, 155, 156, 162, 163, 167, 170, 186, 187, 191, 193, 194, 195, 199, 210, 211, 212, 213, 215, 218
歴史(の)物語(Geschichtserzählung)　57, 58, 60, 62, 67, 68, 81, 82
歴史法則(historisches Gesetz)　27
歴史理論(Geschichtstheorie)　3, 107, 108, 110, 122, 159, 161, 162, 179, 210
レパートリー(Repertoire)　32, 86, 87, 137, 138, 139, 143, 200, 201, 202
『レ・プレリュード』(Les Préludes)　30
連続性(歴史の)(Kontinuität)　20-21, 28, 39, 57, 64, 65-69, 209, 210, 217

(ロシア・)フォルマリズム(russischer Formalismus)　→フォルマリズム
ロマン主義(Romantik, Romantizismus)　34, 38, 39, 58, 60, 70, 105, 106, 171, 179, 193, 201
　新ロマン派(Neuromantik)　186
　後期ロマン派(Spätromantik)　186

〔ワ行〕
和音(Akkord)　43, 44
和声(法)(Harmonik)　21, 44, 45, 46, 96, 130
　調的和声(tonale Harmonik)　197
　和声理論(Harmonielehre)　116
　和声的調性(harmonische Tonalität)　23, 80, 86, 91, 95

人名索引

〔ア行〕

アイヴズ，チャールズ・エドワード（Ives, Charles Edward 1874-1954） 213

アイヒェンバウム，ボリス（Eichenbaum, Boris） 172, 173

アインシュタイン，アルフレート（Einstein, Alfred 1880-1952） 18

アードラー，グィード（Adler, Guido 1855-1941） 24, 25, 26, 27

アドルノ，テーオドル（Adorno, Theodor Wiesengrund 1903-69） 43, 44, 45, 46, 85, 89, 106, 145, 154, 155, 176

アリストテレス（Aristotelēs 前 384-22） 13, 57, 106, 180, 192

アンブロス，アウグスト（Ambros, August Wilhelm 1816-76） 179

インガルデン，ローマン（Ingarden, Roman 1893-1970） 206

ヴァーグナー，リヒャルト（Wagner, Wilhelm Richard 1813-83） 30, 34, 46, 56, 70, 71, 124, 128, 140, 181, 182, 200, 201, 212, 216, 219

ヴィラモヴィッツ，ウルリヒ（Wilamowitz-Moellendorff, Ulrich von 1848-1931） 138

ヴィンケルマン，ヨーハン・ヨアヒム（Winckelmann, Johann Joachim 1717-68） 64

ヴィチェンティーノ，ニコーラ（Vincentino, Nicola 1511-76） 144

ヴィンデルバント，ヴィルヘルム（Windelband, Wilhelm 1848-1915） 113

ヴェーゼンドンク，マティルデ（Wesendonk, Mathilde 1828-1902） 34

ヴェーバー，カール・マリーア（Weber, Carl Maria von 1786-1826） 58, 60, 136,

ヴェーバー，マックス（Weber, Max 1864-1920） 59, 113, 114, 122, 123, 124, 129, 164, 183, 191

ヴェーベルン，アントン（Webern, Anton von 1883-1945） 94, 138, 154

ヴェルクマイスター，オットー・カール（Werckmeister, Otto Karl） 32

ヴェルディ，ジュゼッペ（Verdi, Giuseppe 1813-1901） 30

ヴェルフリン，ハインリヒ（Wölfflin, Heinrich 1864-1945） 145

ヴォディチュカ，フェーリクス（Vodička, Felix, V.） 206, 214, 215

ヴォルフ，フーゴー（Wolf, Hugo 1860-1903） 218

ウッフェンバッハ，ヨーハン・フリードリヒ（Uffenbach, Johann Friedrich Armand von 1687-1769） 129

エーコ，ウンベルト（Eco, Umbert 1932-） 220

エッゲブレヒト，ハンス・ハインリヒ（Eggebrecht, Hansu Heinrich 1919-99） 218

エリス，アレクサンダー・ジョン（Ellis, Alexander John 1814-90） 80

エンゲルス，フリードリヒ（Engels, Friedrich 1820-1895） 147

オッフェンバック，ジャック（Offenbach, Jacques 1819-80） 138, 191

〔カ行〕

ガーダマー，ハンス=ゲオルク（Gadamer, Hans-Georg 1900-2002） 82, 83, 84, 85, 89, 90, 207

カルベック，マックス（Kalbeck, Max 1850-1921）　219
カント，イマーヌエル（Kant, Immanuel 1724-1804）　65, 171
キルケゴール，ゼーレン（Kierkegaard, Sören 1813-55）　30
グラウト，ドナルト・ジェイ（Grout, Donald Jay 1902-87）　30
クラカウアー，ジークフリート（Kracauer, Siegfried 1889-1966）　67
グラレアーヌス，ヘンリクス（Glareanus, Henricus 1488-1563）　23, 149
グリーペンケルル，ヴォルフガング（Griepenkerl, Wolfgang 1810-68）　212
グルック，クリストフ・ヴィリバルト（Gluck, Christoph Willibald 1714-87）　127, 131, 136, 156
グレル，アウグスト・エードゥアルト（Grell, August Eduard 1800-86）　95
グロースマン=ヴェンドライ，ズザンネ（Großmann-Vendrey, Susanne）　219
クーン，トーマス（Kuhn, Thomas 1922-）　176
ゲーテ，ヴォルフガング（Goethe, Johann Wolfgang von 1749-1832）　207
コジェルフ，レオポルト（Kozeluch, Leopold 1747-1818）　27
コリングウッド，ロビン（Collingwood, Robin George 1889-1943）　207

〔サ行〕

サルトル，ジャン=ポール（Sartre, Jean-Paul 1905-80）　167
シェーンベルク，アーノルト（Schönberg, Arnold 1874-1951）　17, 45, 46, 94, 127, 136, 154, 197, 217, 218
シクロフスキー，ヴィクトル（Schklowskij, Viktor）　173
シュターミツ，ヨーハン（Stamitz, Johann 1717-57）　129
シュッツ，ハインリヒ（Schütz, Heinrich 1585-1672）　136
シュトラウス，リヒャルト（Strauss, Richard 1864-1949）　70, 138
シュピッタ，フィーリプ（Spitta, Philipp 1841-94）　173
シューベルト，フランツ（Schubert, Franz 1797-1828）　60, 212
シュポーア，ルイ（Spohr, Louis 1784-1859）　60, 61
シューマン，ローベルト（Schumann, Robert 1810-56）　72, 127, 140, 151, 191, 199
シュライアーマッハー，フリードリヒ（Schleiermacher, Friedrich 1768-1834）　13, 88, 111
ジョイス，ジェームス（Joyce, James 1882-1941）　20, 67
ジョスカン・デ・プレ（Josquin DesPrez 1440頃-1521）　23, 149
ショパン，フレデリック（Chopin, Fréderic 1810-49）　80
ショーペンハウアー，アルトゥール（Schopenhauer, Arthur 1788-1860）　197
シラー，フリードリヒ・フォン（Schiller, Friedrich von 1759-1805）　94, 95
スコット，ウォールター（Scott, Walter 1771-1832）　67
ストウ，エリザベス（Stowe, Elizabeth 1811-96）　30
ストラヴィンスキー，イーゴリ（Stravinsky, Igor 1882-1971）　34, 46, 94, 95, 127
スポンティーニ，ガスパーロ（Spontini, Gasparo 1774-1851）　61
スメタナ，ベドルジヒ（Smetana, Bedřich

1824-84)　80
ソポクレース(Sophoklēs 前496頃-406)　131

〔タ行〕
ダント, アーサー(Danto, Arthur C. 1924-)　21, 63
チェルニー, カール(Czerny, Carl 1791-1857)　60
チャイコフスキー, ピョートル・イリイチ(Chaikovskii, Pyotr Ilich 1840-93)　154
ティーク, ルートヴィヒ(Tieck, Ludwig 1773-1853)　29, 198
ディルタイ, ヴィルヘルム(Dilthey, Wilhelm 1833-1911)　83, 88, 111, 112
デュマ, アレクサンドル(Dumas père, Alexandre 1802[03]-70)　30
テーレマン, ゲオルク・フィーリプ(Telemann, Georg Philipp 1681-1767)　213
ドニゼッティ, ガエターノ(Donizetti, Gaetano 1797-1848)　30, 192
ドビュッシー, クロード・アシル(Debussy, Claude Achille 1862-1918)　136
トレルチ, エルンスト(Troeltsch, Ernst 1865-1923)　4
ドロイゼン, ヨーハン・グスタフ(Droysen, Johann Gustav 1808-84)　3, 12, 20, 50, 51, 52, 57, 58, 68, 102, 110, 111

〔ナ行〕
ナポレオン, ルイ(Louis Napoleon Bonaparte 1808-73[1852/70])　30
ニーチェ, フリードリヒ・ヴィルヘルム(Nietzsche, Friedrich Wilhelm 1844-1900)　76, 79, 81, 120, 138, 164
ノヴァーリス(Novalis.本名フリードリヒ・フォン・ハルデンベルクFriedrich von Hardenberg 1772-1801)　199

〔ハ行〕
ハイデガー, マルティン(Heidegger, Martin 1889-1976)　82, 98
ハイドン, フランツ・ヨーゼフ(Haydn, Franz Joseph 1732-1809)　96, 127, 131, 133, 156
ハウアー, ヨーゼフ・マティーアス(Hauer, Josef Matthias 1883-1959)　138, 144
バウアー, フェルディナント・クリスティアン(Baur, Ferdinand Christian)　76
バーク, エドマンド(Burke, Edmund 1729-97)　88
バッハ, カール・フィーリプ・エマーヌエル(Bach, Carl Philipp Emmanuel 1714-88)　50, 213
バッハ, ヨーハン・ゼバスティアン(Bach, Johann Sebastian 1685-1750)　19, 41, 50, 70, 87, 93, 94, 104, 127, 131, 134, 152, 212, 213, 216
バーニー, チャールズ(Burney, Charles 1726-1814)　50, 57
ハーバマース, ユルゲン(Habermas, Jürgen 1929-)　78, 118, 120, 149
ハラー, ミヒャエル(Haller, Michael 1840-1915)　95
パレストリーナ, ジョヴァンニ・ピエルルイージ・ダ(Palestrina, Giovanni Pierluigi da 1525/26-94)　68, 92, 93, 94, 95, 131, 143, 144, 201
ハンジン, ジャック(Handschin, Jacques 1886-1955)　72, 213
ハンスリック, エードゥアルト(Hanslick, Eduard 1825-1904)　34, 169, 174, 197, 219
ピュタゴラス(Pythagoras 前582頃-497[96])　116

ピンダー，ヴィルヘルム(Pinder, Wilhelm 1878-1947)　192
フィッシャー，ヨーハン・カスパル・フェルディナント(Fischer, Johann Caspar Ferdinand 1670頃-1746)　130
フィヒテ，インマヌエル・ヘルマン(Fichte, Immanuel Hermann 1796-1879)　198
フェティス，フランソワ=ジョゼフ(Fétis François-Joseph 1784-1871)　80
フォルケル，ヨーハン・ニーコラウス(Forkel, Johann Nikolaus 1749-1818)　57, 198
ブゾーニ，フェルルッチョ(Busoni, Ferruccio 1866-1924)　17
フライターク，グスタフ(Freytag, Gustav 1816-95)　188
フライヤー，ハンス(Freyer, Hans 1887-?)　80
プラトン(Platōn 前429頃-前347)　87, 88, 106, 116
ブラームス，ヨハネス(Brahms, Johannes 1833-97)　17, 46, 70, 96, 140, 181, 212
ブルクハルト，ヤーコプ(Burckhardt, Jacob 1818-97)　4, 17, 72, 73, 109, 163, 165, 184
プルースト，マルセル(Proust, Marcel 1871-1922)　20, 67
ブルックナー，アントン(Bruckner, Anton 1824-96)　212, 213, 220
プレイエル，イグナーツ(Pleyel, Ignaz 1757-1831)　27
ブロッホ，エルンスト(Bloch, Ernst 1885-1977)　16, 153, 182
ブローデル，フェルナン(Braudel, Fernand 1902-85)　192
フンボルト，カール・ヴィルヘルム(Humboldt, Karl Wilhelm 1767-1835)　108, 198
ヘーゲル，ゲオルク・フリードリヒ・ヴィルヘルム(Hegel, Georg Friedrich Wilhelm 1770-1831)　3, 23, 29, 58, 76, 109, 173
ベッカー，パウル(Bekker, Paul 1882-1937)　34
ベッセラー，ハインリヒ(Besseler, Heinrich 1900-69)　98, 147, 149, 188, 221
ベートーヴェン，ルートヴィヒ・フォン(Beethoven, Ludwig van 1770-1827)　34, 45, 53, 57, 69, 70, 93, 94, 96, 127, 131, 137, 160, 161, 164, 189, 190, 200, 201, 206, 212, 218, 219
ペルゴレージ，ジョヴァンニ・バッティスタ(Pergolesi, Giovanni Battista 1710-36)　95
ヘルダー，ヨーハン・ゴットフリート・フォン(Herder, Johann Gottfried von 1744-1803)　64, 79
ヘルムホルツ，ヘルマン(Helmholtz, Hermann 1821-94)　80
ベルリオーズ，エクトル(Berlioz, Hector 1803-69)　69, 70, 71, 217
ベルンハイム，エルンスト(Bernheim, Ernst 1850-1942)　3
ベルンハルト，クリストフ(Bernhard, Christoph 1627-92)　32, 201
ベンヤミン，ヴァルター(Benjamin, Walter 1892-1940)　210
ヘンデル，ゲオルク・フリードリヒ(Händel, Georg Friedrich 1685-1759)　87, 127, 131
ホイジンガ，ヨーハン(Huizinga, Johan 1872-1945)　177
ホイス，アルフレート(Heuss, Alfred 1877-1934)　4
ホーキンズ，ジョン(Hawkins, Sir John

1719-89)　57
ホフマン, エルンスト・テーオドール・アマデーウス (Hoffmann, Ernst Theodor Amadeus 1776-1822)　58, 198
ホメーロス (Homēros)　131

〔マ行〕
マイヤーベーア, ジャーコモ (Meyerbeer, Giacomo 1791-1864)　181, 182
マッテゾン, ヨーハン (Mattheson, Johann 1681-1764)　197
マーラー, グスタフ (Mahler, Gustav 1860-1911)　56, 212, 219, 220
マルクス, アードルフ・ベルンハルト (Marx, Adolf Bernhard 1795-1866)　179
マルクス, カール・ハインリヒ (Marx, Karl Heinrich 1818-83)　3, 4, 29, 74, 82, 120, 121, 122, 147, 148, 155-168, 170, 171, 172, 186, 187, 196
ムソルグスキー, モデスト・ペトロヴィチ (Musorgsky, Modest Petrovich 1839-81)　80
メンデルスゾーン, フェーリクス (Mendelssohn [-Bartholdy], Felix 1809-47)　61, 127, 136, 216
モーツァルト, ヴォルフガング・アマデーウス (Mozart, Wolfgang Amadeus 1756-91)　93, 131
モンテヴェルディ, クラウディオ (Monteverdi, Claudio 1567-1643)　32, 144

〔ヤ行〕
ヤウス, ハンス・ローベルト (Jauss, Hans Robert 1921-97)　67, 206

〔ラ行〕
ラシーヌ, ジャン・バティスト (Racine, Jean Baptist 1639-99)　207
ラッソ, オルランド (Lassus, Orlando di 1532-94)　68, 144
ラフマニノフ, セルゲイ・ワシーリエヴィチ (Rakhmaninov, Sergeĭ Vasil'evich 1873-1943)　221
ランケ, レオポルト (Ranke, Leopold von 1795-1886)　20, 142
リスト, フランツ (Liszt, Franz 1811-86)　30, 70, 96, 140, 191, 218
リッケルト, ハインリヒ (Rickert, Heinrich 1863-1936)　113, 114
リップマン, エドワード (Lippman, Edward A. 1920-)　25
リーマン, フーゴー (Riemann, Hugo 1849-1919)　24, 69, 71, 72, 153, 172
リール, ヴィルヘルム・ハインリヒ (Riehl, Wilhelm Heinrich von 1823-97)　4, 179
ルートヴィヒ, フリードリヒ (Ludwig, Friedrich 1872-1930)　145
ロータッカー, エーリヒ (Rothacker, Erich 1888-1965)　25, 64, 139
ロッシーニ, ジョアッキーノ (Rossini, Gioacchino Antonio 1792-1868)　128

参考文献

Adler, Guido. *Der Stil in der Musik.*（音楽における様式）Leipzig 1911, ²1922, R Wiesbaden 1973.

―. *Methode der Musikgeschichte.*（音楽史の方法）Leipzig 1919, R Farnborough 1971.

Adorno, Theodor W. *Ästhetische Theorien,* ed. G. Adorno & R. Tiedemann. Frankfurt/M 1970.『美の理論』（大久保健治訳，河出書房新社）

―. *Philosophie der neuen Musik.* Tübingen 1949, Frankfurt/M ²1958.『新音楽の哲学』（渡辺健訳，音楽之友社）

―. "Musik und neue Musik", in: idem. *Gesammelte Schriften,* vol. 16, ed. R. Tiedemann. Frankfurt/M 1978.「音楽と現代音楽」（『現代思想』1987/11）

―. "Ideen zur Musiksoziologie",（音楽社会学考）*Klagfiguren. Musikalische Schriften* 1, in: idem. *Gesammelte Schriften,* vol. 16, ed. R. Tiedemann. Frankfurt/M 1978.

―. *Dissonanzen. Musik in der verwalteten Welt,* in: idem. *Gesammelte Schriften,* vol. 14, ed. R. Tiedemann. Frankfurt/M ³1990.『不協和音．管理社会における音楽』（三光長治他訳，音楽之友社）

Ambros, August Wilhelm. *Geschichte der Musik,*（音楽の歴史）3 vols. Leipzig 1862-78.

Bartel, Dietrich. *Handbuch der musikalischen Figurenlehre.*（音楽修辞学便覧）Laaber 1985.（*Musica Poetica : Musical-Rhetorical Figures in German Baroque Music.* Lincoln 1997.）

Bauer, Ferdinand. *Die Epochen der kirchlichen Geschichtsschreibung.*（教会による歴史記述の諸時代）Tübingen 1852.

Bekker, Paul. *Wagner. Das Leben im Werke.*（ヴァーグナー．生涯と作品）Stuttgart 1924.

Benjamin, Walter. "Eduard Fuchs, der Sammler und der Historiker",（エードゥアルト・フックス――収集家と歴史家）in: idem. *Gesammelte Schriften,* vol. II/2, ed. R. Tiedemann & H. Schweooenhäuser. Frankfurt/M 1980.

Bernheim, Ernst. *Lehrbuch der historischen Methode und der Geschichtsphilosophie.*（歴史方法論と歴史哲学教程）Leipzig 1889.

―. *Einleitung in die Geschichtswissenschaft,* Leipzig 1905.『歴史とは何ぞや』（坂口昻・小野鉄二訳，岩波文庫）

Besseler, Heinrich. "Umgangsmusik und Darbietungsmusik",（日常音楽と上演音楽）in: *Archiv für Musikwissenschaft,* 16 (1959),

―"Grundfragen der Musikästhetik",（音楽美学の基本問題）in: *Jahrbuch der Musikbibliothek Peters,* 32 (1925)

―. *Das musikalische Hören der Neuzeit.*（近世の音楽聴）Berlin 1959.

―. *Aufsätze zur Musikästhetik und Musikgeschichte,*（音楽美学と音楽史論文集）ed. P. Gülke. Leipzig 1978.

Betti, Emilio. *Teoria generale della interpretazione.*（解釈の一般理論）Milano 1955.

Bloch, Ernst. *Das Prinzip Hoffnung.* Frankfurt 1959, [4]1977『希望の原理』(山下肇他訳，白水社)
—. *Geist der Utopie.* München 1918.『ユートピアの精神』(好村富士彦訳，白水社)
—. "Das Materialismusproblem, seine Geschichte und Substanz", (唯物論の問題．その歴史と実体) in : idem. *Gesamtausgaben.* Basel 1943.
Braudel, Fernand. *La Méditerranée et le monde méditerranéen à l'époque de Philippe II.* (フィリップ2世時代の地中海と地中海世界) Paris 1946.
—. "Histoire et sciences sociales", (歴史と社会科学) in : *Annales,* 13 (1958).
Burckhaldt, Jacob. *Weltgeschichtliche Betrachtungen.* 1905.『世界史的諸考察』(藤田健治訳，二玄社)
—. *Die Kultur der Renaissance in Italien. Ein Versuch.* Leipzig 1860.『イタリア・ルネサンスの文化』(柴田治三郎訳，中央公論社「世界の名著」45)
Burney, Charles. *A General History of Music : From the Earliest Times to the Present.* (音楽通史．太古から現代まで) London 1776-89, R London 1974.
—. *The Present State of Music in Germany, the Netherlands and United Provinces.* (ドイツ，ネーデルランド，連合地方における音楽の現状) London 1773. (*Tagebuch einer musikalischen Reise.* Hamburg 1773)
Busoni, Ferruccio. *Entwurf einer neuen Ästhetik der Tonkunst.* Trieste 1907, Leipzig [2]1916.『新音楽美学論』(二見孝平訳，共益商社書店)
Collingwood, Robin George. *An Autobiography.* London 1939. (*Denken. Eine Autobiographie.* Stuttgart 1955.)『思索の旅．自伝』(未来社)
Curtius, Ernst Robert. *Europäische Literatur und lateinisches Mittelalter.* (ヨーロッパ文学とラテン語中世) Bern 1948.
Danto, Arthur C. *Analytical Philosophy of History.* Cambridge 1965. (*Analytische Philosophie der Geschichte.* Frankfurt/M 1980)『物語としての歴史』(河本英夫訳，国文社)
Danuser, Hermann. *Musikalische Prosa* (音楽的散文) [Studien zur Musikgeschichte des 19. Jahrhunderts, 46] Regensburg 1975.
Deutsch, Otto Erich. *Franz Schubert : Dokumente seines Lebens.* (シューベルト．生涯の記録) München [2]1964.
—. *Mozart : die Dokumente seines Lebens.* (モーツァルト．生涯の記録) Kassel 1961.
Dilthey, Wilhelm. *Der Aufbau der geschichtlichen Welt in den Geisteswissenschaften.* Berlin 1910, Frankfurt/M 1970.『精神科学における歴史的世界の構成』(尾形良助訳，以文社)
Droysen, Johann Gustav. *Historik. Vorlesungen über Enzyklopädie und Methodologie der Geschichte.* ed. R. Hübner, Darmstadt [7]1974. (一部の邦訳)『史学要綱』(樺俊雄訳，刀江書院)
—. *Texte zur Geschichtstheorie,* (歴史理論のためのテクスト) ed. G. Birtsch & J. Rüsen. Göttingen 1972.
Eco, Umberto. *Einführung in die Semiotik.* München 1972.『記号論』(池上嘉彦訳，岩波現代

選書)

Eggebrecht, Hans Heinrich. *Zur Geschichte der Beethoven-Rezeption.*（ベートーヴェン受容の歴史について）Mainz 1972.

Eichenbaum, Boris. *Aufsätze zur Theorie und Geschichte der Literatur.*（文学の理論と歴史論文集）Frankfurt/M 1965.

Einstein, Alfred. Greatness in Music. New York 1941（*Die Größe in der Musik.* 1950.）『音楽における偉大さ』（浅井真男訳，白水社）

Ellis, Alexander. "On the Musical Scales of Various Nations" in : *Journal of the Society of Arts,* 33 (1885). 『諸民族の音階』（門馬直美訳，音楽之友社）

Engels, Friedrich. "Briefe an J. Bloch, 21. 9. 1890", in : K. Marx/F. Engels. *Werke,* vol. 37. Berlin 1983.「エンゲルスからヨーゼフ・ブロッホへの手紙」（大内兵衛・細川嘉六訳『マルクス＝エンゲルス全集』第 37 巻，大月書店）

Fétis, François-Joseph. *Traité complet de la théorie et de la pratique de l'harmonie.*（和声の理論と実践総論）Paris 1844.

Fichte, Johann. *Die Grundzüge des gegenwärtigen Zeitalters.*（現代の基本的特徴）Berlin 1806.

Forkel, Johann Nikolaus. *Allgemeine Geschichte der Musik.*（音楽通史）Leipzig 1788-1801, R Hildesheim 1962, Graz 1967.

Freyer, Hans. *Weltgeschichte Europas.* Wiesbaden 1948. 『ドイツ社会文化史』（井口省吾訳，名古屋大学出版会）

Freytag, Gustav. *Bilder aus der deutschen Vergangenheit,*（ドイツの過去からの情景）5 vols. Leipzig 1859-67.

Frisch, Walter. *Brahms and the Principle of Developing Variation.*（ブラームスと発展的変奏）Berkeley 1984.

Gadamer, Hans Georg. *Wahrheit und Methode.* Tübingen 1960, [3]1971.（一部の邦訳）『真理と方法』1（轡田収田訳，法政大学出版局）

Glareanus, *Glareani Dodekacordon.*（12 旋法論）Basel 1547.（R New York 1967, Hildesheim 1969）

Griepenkerl, Wolfgang. *Das Musikfest oder die Beethovener.*（音楽祭またはベートーヴェン崇拝者たち）Braunschweig 1838, [2]1841.

Großmann-Venderey, Susanne. *Bayreuth in der deutschen Presse.*（ドイツの新聞雑誌に見られるバイロイト）4 vols. Regensburg 1977.

Grout, Donald J. *A History of Western Music.* New York 1962. 『西洋音楽史』（服部幸三・戸口幸策訳，音楽之友社）

Haas, Robert. *Die Musik des Barock.*（バロック時代の音楽）〔Handbuch der Musikwissenschaft〕, Potsdam 1928.

Habermas, Jürgen. *Erkenntnis und Interesse.* Frankfurt/M 1968. 『認識と関心』（奥山次良他訳，未来社）

Handschin, Jacques. *Musikgeschichte im Überblick.*（音楽史概観）Luzern 1948, Wilhelmshaven

²1990.

Hanslick, Eduard. *Vom Musikalisch-Schönen.* Leipzig 1854, R Darmstadt 1965.「音楽美論』(渡辺護訳，岩波文庫)

Hawkins, Sir John. *A General History of the Science and Practice of Music.* (音楽の理論と実践の通史) London 1776, R Graz 1969.

Hegel, Georg Friedrich. *Phänomenologie des Geistes.* 1807. in : idem. *Werke,* ed. E. Moldenhauer & K. M. Michel, vol. 12. Frankfurt/M ⁴1995.『精神現象学』(樫山欽四郎訳，平凡社)

—. *Vorlesungen über die Philosophie der Geschichte.*『歴史哲学講義』(長谷川宏訳，岩波文庫)

—. *Ästhetik,* ed. F. Bassenge. Berlin/Weimar ³1976.『美学講義』(長谷川宏訳，作品社)

—. *Vernunft in der Geschichte,* (歴史における理性) ed. G. Lasson. Leipzig 1917.

Heidegger, Martin. *Sein und Zeit.* 1927.『存在と時間』(桑木努訳，岩波文庫)

Helmholtz, Hermann. *Die Lehre von den Tonempfindungen als physiologische Grundlage für die Theorie der Musik.* (音楽の理論の生理学的基礎としての音感覚論) Braunschweig 1863.

Heuß, Alfred. *Verlust der Geschichte ?* (歴史の喪失か) Göttingen 1959.

Hoffmann, E. T. A. *Schriften zur Musik,* (音楽論集) ed. F. Schnapp. München 1963.

Hucke, Helmut. "Die musikalischen Vorlagen zu Igor Strawinskys *Pulcinella*", (ストラヴィンスキー『プルチネッラ』の原曲) in : *Helmut Osthoff zu seinem 70. Geburtstag.* Tutzing 1969.

Humboldt, Wilhelm von. "Über die Aufgabe des Geschichtsschreibers". (歴史家の課題について) in : idem. *Werke,* ed. A. Flitner & K. Giel, vol. 1. Darmstadt 1960.

Huizinga, Johann. "Über eine Formveränderung der Geschichte seit der Mitte des 19. Jahrhunderts ", in : idem. *Im Bann der Geschichte. Betrachtungen und Gestaltungen.* Basel 1943.「歴史の形態変化について」(里見元一郎訳『ホイジンガ選集』4，河出書房新社)

Iser, Wolfgang. *Der Akt des Lesens. Theorie ästhetischer Wirkung.* 1976.『行為としての読書——美的作用の理論』(轡田収訳，岩波現代証書)

Jauß, Robert." Geschichte der Kunst und Historie ", (芸術の歴史と歴史学) in : idem. *Geschichte, Ereignis und Erzählung,* ed. R. Koselleck & D. Stempel. München 1973.

—. *Literaturgeschichte als Provokation.* Frankfurt/M 1970.『挑発としての文学史』(轡田収訳，岩波書店)

—." Racines und Goethes Iphigenie", (ラシーヌとゲーテのイフィゲネイア) in : *Rezeptions-ästhetik,* ed. R. Warnig. München 1975.

Kracauer, Siegfried. *Geschichte. Vor den letzten Dingen.* in : idem. *Schriften,* vol. 4, ed. K. Witt. Frankfurt/M 1971.『歴史．永遠のユダヤ人の鏡像』(平井正訳，せりか書房)

Kuhn, Thomas. *The Structure of Scientific Revolution.* Chicago 1963.『科学革命の構造』(中山茂訳，みすず書房)

Leopold, Silke. *Monteverdi und seine Zeit.* (モンテヴェルディとその時代) Laaber 1982.

Lippmann, Edward. "Stil", in : *Die Musik in Geschichte und Gegenwart, ed.* Fr. Blume, vol. 12. Kassel 1965.

Ludwig, Friedrich. "Musik des Mittelalters bis zum Anfang des 15. Jahrhunderts", in : G. Adler,

ed. *Handbuch der Musikgeschichte.* Berlin ²1930.
Malraux, André. *Le musée imaginaire.* Paris 1947.『空想の美術館』（小松清訳，新潮社）
Marx, Adolf Bernhard. *Die Lehre von der musikalischen Komposition,*（作曲法教程）4 vols. Leipzig 1837-47.
—. *Ludwig van Beethovens Leben und Schaffen,*（ベートーヴェンの生涯と創作）2 vols. Berlin 1858.
—. *Die Musik des 19. Jahrhunderts und ihre Pflege.*（19 世紀の音楽）Leipzig 1855.
Marx, Karl. *Frühschriften,* ed. S. Landshut. Stuttgart 1964.『経済学・哲学草稿』（城塚登訳，岩波文庫）
—. *Zur Kritik der politischen Ökonomie.* Berlin 1859. in : K. Marx/F. Engels. *Werke,* vol. 13. Berlin 1975.『経済学批判』（武田隆夫他訳，岩波文庫）
Marx, Karl/Friedrich Engels. *Die deutsche Ideologie,* in : Werke, vol. 3. Berlin 1984.『ドイツ・イデオロギー』（広松渉編訳・小林昌人補訳，岩波文庫）
Mattheson, Johann. *Der vollkommene Kapellmeister.*（完全なる楽長）Hamburg 1739.
Müller-Blattau, Josef. *Die Kompositionslehre Heinrich Schützens in der Fassung seines Schülers Christoph Bernhard.*（弟子クリストフ・ベルンハルトが伝えるハインリヒ・シュッツの作曲論）Kassel ²1963.
Mukarovsky, Jan. *Strukturalismus v estetice a ve vedee o literture.*『チェコ構造主義美学論集——美的機能の芸術社会学』（平井正・千野英一訳，せりか書房）
Neumann, Werner/Hans-Joachim Schulze, ed. *Bach-Dokumente.*（バッハ記録集）3 vols. Leipzig 1963-72.
Nietzsche, Friedrich. “Vom Nutzen und Nachteil der Historie für das Leben”（*Unzeitgemäße Betrachtungen,* Zweiter Stück）. in : idem. *Werke,* ed. K. Schlechta. München ⁶1969.『反時代的考察第二編．生に対する歴史の功罪』（大河内了義訳，ニーチェ全集（第一期）第二巻，白水社）
—. *Der Fall Wagner,* in : idem. Werke, ed. K. Schlechta, vol. 2. München ⁶1969.『ヴァーグナーの場合』（浅井真男訳，『ニーチェ全集』（第二期）第三巻，白水社）
Novalis. *Fragmente,*（断章）ed. E. Kamnitzer. Dresden 1929.
Pinder, Wilhelm. *Das Problem der Generation der Kunstgeschichte Europas.* Leipzig 1927.『ヨーロッパ美術史に於ける時代の問題』（神保光太郎訳，第三書房）
Preußner, Eberhard. *Die musikalische Reise des Herrn von Uffenbach.*（フォン・ウッフェンバッハ氏の音楽旅行）Kassel/Basel 1949.
Printz, Wolfgang Caspar. *Historische Beschreibung der edelen Sing- und Kling-Kunst.*（高貴なる声楽と器楽の歴史的記述）Dresden 1690, R Graz 1964.
Rameau, Jean-Philippe. *Traité de l'harmonie réduite à ses principes naturels.*（自然の原理に還元された和声論）Paris 1722.
Ranke, Leopold von. *Über die Epochen der neueren Geschichte.*『世界史概観．近世史の諸時代』（鈴木成高・相原信作訳，岩波文庫）

Rickert, Heinrich. *Kulturwissenschaft und Naturwissenschaft.* Tübingen [6]1926.『文化科学と自然科学』(佐竹哲雄・豊川登訳，岩波文庫)

Riehl, Wilhelm Heinrich. *Hausmusik.* (家庭音楽) Leipzig 1855.

—. *Naturgeschichte des Volkes.* 1851-69.

—. *Zur Geschichte der romantischen Oper.* (ロマン主義オペラの歴史について) Berlin 1928.

Riemann, Hugo. *Handbuch der Musikgeschichte,* (音楽史提要) 4 vols. Leipzig 1904-13, R New York 1972.

Riesman, David. The Lonely Crowd. 1950.『孤独な群衆』(加藤秀俊訳，みすず書房)

Rothacker, Erich. *Logik und Systematik der Geisteswissenschaft.* (精神科学の論理と体系) Bonn 1948.

—. *Die dogmatische Denkform in den Geisteswissenschaften und das Problem des Historismus.* (精神科学におけるドグマ的思考形式と歴史主義の問題) Mainz 1954.

Sachs, Curt. “Barockmusik”, (バロック音楽) in : *Jahrbuch der Musikbibliothek Peters* 1919.

Schiller, Friedrich. *Über naive und sentimentalische Dichtung.* 1800, in : idem. *Werke,* vol. 20, ed. B. von Wiese. Weimar 1962.「素朴文学と情感文学について」(『シラー美学芸術論集』石原達二訳，冨山房百科文庫)

Schleiermacher, Friedrich. *Hermeneutik,* ed. H. Kimmerle. Heidelberg 1959, [2]1979.『解釈学の構想』(久野昭・天野雅郎訳，以文社)

Schoenberg, Arnold. *Style and Idea.* London 1951. (*Stil und Gedanke,* ed. F. Schneider. Leipzig 1989.)『音楽の様式と思想』(上田昭訳，三一書房)

Schopenhauer, Arthur. *Die Welt als Wille und Vorstellung,* Leipzig 1819, in : idem. *Sämtliche Werke,* ed. W. Freiherr von Löneysen, vol. 1. Frankfurt/M [3]1987.『意志と表象としての世界』(斉藤忍随他訳，白水社)

Schumann, Robert. *Gesammelte Schriften über Musik und Musiker* (1854), ed. M. Kreisig. Leipzig 1914. (一部の邦訳)『音楽と音楽家』(吉田秀和訳，岩波文庫)

Shklovsky, Victor. *O teorii prozy.* (散文の理論) Moscow 1925. (*Theorie der Prosa.* Frankfurt/M 1966).

Spitta, Philipp. “Kunstwissenschaft und Kunst”, (芸術学と芸術) in : idem. *Zur Musik.* Berlin 1892.

Stravinsky, Igor. *An Autobiography.* New York 1962.『ストラヴィンスキー自伝』(塚谷晃弘訳，全音楽譜)

Thibault, Anton F. Justin. *Über Reinheit der Tonkunst.* (音楽の純粋さについて) Heidelberg 1825.

Tieck, Johann Ludwig. “Phantasien über die Kunst”, in : W. H. Wackenroder. *Werke und Briefe.* Heidelberg 1967.

Troeltsch, Ernst. *Der Historismus und seine Probleme.* (歴史主義とその諸問題) Tübingen 1922.

Vodička, Felix V. “Die Konkretisation des literarischen Werks”, in : *Rezeptionsästhetik,* ed. R. Warnig. München 1975.

Wackenroder, Wilhelm Heinrich/Ludwig Tieck. “Die Töne”, in : W. H. Wackenroder. *Dichtung, Schriften, Briefe,* ed. G. Heinrich. Berlin 1948.

Weber, Max. “Die ‘Objektivität’ sozialwissenschaftlicher und sozialpolitischer Erkenntnis”, in : *Gesammelte Aufsätze zur Wissenschaftslehre,* ed. J. Winckelmann. Tübingen 71988.『社会科学方法論』(富永祐治・立野保男訳，岩波文庫)

—. “Der Sinn der ‘Wertfreiheit’ der soziologischen und ökonomischen Wissenschaften”, in : idem. *Gesammelte Aufsätze zur Wissenschaftstheorie,* ed. J. Winckelmann. Tübingen 71988.『社会学および経済学の「価値自由」の意味』(松代和郎訳，創文社)

—. “Soziologische Grundbegriffe”, in : idem. *Gesammelte Aufsätze zur Wissenschaftstheorie.* ed. J. Winckelmann. Tübingen 71988.『社会学の基礎概念』(阿閉吉男・内藤莞爾訳，角川文庫)

—. “Kritische Studien auf dem Gebiet der kulturwissenschaftlichen Logik”, (文化科学的論理の領域における批判的研究) in : idem. *Gesammelte Aufsätze zur Wissenschaftstheorie.* ed. J. Winckelmann. Tübingen 71988.

—.『支配の諸類型』(世良晃志郎訳，創文社)

—. *Die rationalen und soziologischen Grundlagen der Musik.* München 1921.『音楽社会学』(安藤英治・角倉一朗訳，創文社)

Weimann, Robert. *Literaturgeschichte und Mythologie.* (文学史と神話学) Frankfurt/M 1971.

Wellek, René/Austin Warren. *Theorie der Literatur.* (文学の理論) Frankfurt/M 1972. (*Theory of Literature.* 1954)

Werckmeister, Otto Karl. *Ideologie und Kunst bei Marx.* (マルクスにおけるイデオロギーと芸術) Frankfurt/M 1974.

Wilamowitz-Möllendorf, Ulrich von. *Zukunftsphilologie! Eine Erwiderung auf Friedrich Nietzsches ‘Geburt der Tragödie’.* (未来の文献学！ニーチェの「悲劇の誕生」への反論) Berlin 1873.

Winckelmann, Johann Joachim. *Kleine Schriften,* (小論文集) ed. W. Rehm. Berlin 1968.

Windelband, Wilhelm. “Geschichte und Naturwissenschaft”, in : idem. *Präludien* 2. Tübingen 1919, 91924.『歴史と自然科学／道徳の原理について／聖』(篠田英雄訳，岩波文庫)

Wiora, Walter, ed. *Die Natur der Musik als Problem der Wissenschaft.* (学問の問題としての音楽の自然) Kassel 1962.

—. *Die vier Weltalter der Musik.* 1961.『世界音楽史．四つの時代』(柿木伍郎訳，音楽之友社)

Wölfflin, Heinrich. *Kunstgeschichtliche Grundbegriffe.* München 1915, 61922.『美術史の基礎概念』(守屋謙二訳，岩波書店)